SIMÓN BOLÍVAR
(EL LIBERTADOR)

"Un pueblo ignorante es un instrumento ciego de su propia destrucción."

무지한 국민은 스스로의 파멸을 초래하는 눈먼 도구다.

- 시몬 볼리바르

시몬 볼리바르

남미의 **해방자**, 다섯 국가의 **아버지**, 비운의 **혁명가**

기예르모 안토니오 셔웰 지음
이만휘 옮김

행;북

들어가는 글

해방자, 라틴아메리카의 자유를 향해

역사 속 민족 영웅의 위대한 업적을 기리고 조명하는 것은 민족의식의 가장 강력한 원동력이다. 민족의식은 단순히 국토, 인종, 혈통 또는 관습의 문제만이 아니다. 오히려 한 공동체가 공유하는 고귀한 이상과 그 이상을 명징하게 보여주는 인물에 대한 집단적 애착에서 비롯된다. 물론 역사를 구조적·사회적 시각으로 해석하려는 시도도 존재하지만, 역사는 본질적으로 한 시대를 이끈 영웅의 위대한 사상과 업적을 기록하는 과정이었으며, 앞으로도 변함없이 그러할 것이다.

오늘날 우리에게 '그리스인'이란 단순히 발칸반도 남부에서 펠로폰네소스반도를 아우르는 헬라 지역의 여러 도시국가에 거주한 고대인을 지칭하지 않는다. 또 로마인이나 무슬림 정복자들의 지배 아래 정치적·종교적·문화적 영향을 받은 특정 민족을 지칭하는 개념도 아니다. 실제 오늘날의 그리스 민족이 물려받은 순수한 고대 헬레니즘 시대의 유산은 생각보다 훨씬 적다. 하지만 '그리스'라는 위대한 이름은 찬란한 영웅 신화를 통해 인류의 보편적인 정신 속에 살아 숨 쉬고 있다.

빛과 고귀함과 아름다움을 상징하는 아폴로, 힘과 에너지와 인간다운 삶을 상징하는 헤라클레스, 영웅적 행동을 상징하는 레오니다스(Leonidas), 설득력 있는 웅변으로 대표되는 데모스테네스(Demosthenes), 그리고 페리클레스(Perikles)는 아름다움과 학문 그리고 시민사회를 상징한다.

그리스는 단순한 민족의 개념을 넘어 억압에 대한 저항이자 아름다움에 대한 열망이며, 한 차원 높은 감정과 사상을 꿈꾸는 사람들에게 영감을 주는 상징이었다. 결국 '그리스인'이란 상징적인 인물들을 통해 인간 정신의 이상을 구현하려는 모든 인류를 대변한다.

로마 역시 마찬가지다. 그 모습은 마치 강대한 적에 맞서 홀로 다리를 지키는 전사이면서 동시에 국가의 절대 권력을 쥐었다가 다시 민중에게 돌려주는 지도자의 형상으로 상징된다. 로마는 공화정의 미덕과 제국의 권력을 함께 구현해 냈지만, 동시에 타락의 상징이 되기도 했다. 황제를 신으로 숭배하지 않는 종교를 박해하면서도 새로운 신과 사상을 기꺼이 받아들이는 포용성을 보여주었다. 이러한 태도는 로마가 유럽, 나아가 세계 속에서 자신의 존재를 과시하는 동시에 융합과 동화라는 질서로 자리매김한 문명임을 보여준다.

무엇보다 로마는 인간의 지성이 창조한 경이로운 사회적 도구이자 문명의 토대인 '법(法)'을 상징한다. 이 위대한 유산은 호라티우스(Horatius), 술라(Sulla), 카토(Cato), 카이사르(Caesar), 키케로(Cicero), 네로(Nero), 카라칼라(Caracalla), 유스티니아누스(Iustinianus) 같은 인물들을 통해 시대를 초월하며 지금까지 살아 숨 쉬고 있다.

중세의 암흑 속에서도 빛나는 서사는 언제나 인물을 중심으로 이어졌다. 독일에는 신성로마제국의 위대한 프리드리히 바르바로사(Friedrich Barbarossa), 스위스에는 빌헬름 텔(Wilhelm Tell), 러시아에는 이반 대제(Иван III), 스페인에는 엘 시드(El Çid), 잉글랜드에는 아서 왕(King Arthur), 그리고 프랑스에는 샤를마뉴(Charlemagne)가 있었다. 그들은 각각 그 시대의 정신을 구현하고 상징하는 존재라 할 수 있다.

최근에 성립한 근대 국가들도 예외가 아니다. 이 국가들은 짧은 역사에도 불구하고 자신만의 영웅을 가지고 있다. 그들의 위대함은 결코 과거 위인들에 뒤지지 않으며, 어떤 경우에는 더 위대한 인물로 평가할 수 있다.

아메리카 대륙의 국가들은 지금 그들의 위대한 선조들의 전통을 이어 형성해 나가는 과정에 있다. 국가가 강력하고 지속 가능한 공동체로 존경받으면서 유지하기 위해서는 반드시 건국 영웅들을 중심으로 한 민족의식 확립 노력을 소홀히 해서는 안 된다. 영웅은 단순한 과거의 유산이 아니라 국가가 나아갈 방향을 제시하는 상징이기 때문이다.

조지 워싱턴(George Washington)의 위대함은 세월이 흐를수록 더욱 빛을 발한다. 미합중국의 후손들은 조지 워싱턴의 희생과 헌신 그리고 그가 남긴 업적을 더 깊이 이해하게 되면서 그의 유산을 소중히 여긴다. 남아메리카의 국가들 역시 위대한 영웅들을 중심으로 민족적 정체성을 구축하고 있다. 그중 가장 두드러진 인물이 바로 시몬 볼리바르(Simón Bolívar, Simón José Antonio de la Santísima Trinidad Bolívar y Palacios Ponte-Andrade y Blanco)다.

그는 모세와 같은 인물이었다. 하느님의 뜻에 따라 수많은 민중을 이끌었고, 평범한 인간에게는 불가능해 보이는 기적 같은 일을 이뤄냈다.

하느님의 구름 기둥과 불기둥을 따라 광야를 건너고 고난과 승리, 행복과 불행을 넘나들면서 오직 '약속된 땅'을 향해 끊임없이 나아갔다. 그리고 마지막 승리의 순간에 그 땅의 주인이 되지 못하고 '자유'라는 유산을 남긴 채 조용히 역사 속으로 퇴장했다.

이 책은 남미의 위대한 해방자(El Libertador) 시몬 볼리바르의 삶과 업적을 기리는 것이다. 독자들에게 볼리바르가 얼마나 특별한 인물이었는지 제대로 전할 수 있다면 본서는 소기의 목적을 충분히 달성한 것이다. 아메리카 대륙의 시민이라면 누구나 그가 다섯 국가의 해방자이자 아버지이며, 스페인어를 사용하는 남미 전체를 독립시킨 인물임을 잘 알 것이다. 그는 또한 자신의 후계자들이 발전시킨 '통일 남아메리카 건설'을 최초로 구상한 인물이기도 하다. 볼리바르는 적을 무찌르고 민중과 법 앞에 권력을 굴복시켰음에도 마침내 자기 자신을 극복한 사람이었다. 모든 야망을 포기하고 권력을 내려놓았음에도 그에게 자유를 빚진 자들의 배은망덕함 때문에 쓸쓸하게 생을 마감한 인물이다. 이 위대한 인물의 삶을 더 깊이 연구할수록 그는 더욱 커 보이며, 마치 인간을 초월한 존재로 느껴진다.

차례

들어가는 글 | 해방자, 라틴아메리카의 자유를 향해 · 6

1장   아메리카 대륙의 스페인 식민지 · 12
2장   볼리바르의 초기 생애 1783-1810 · 18
3장   베네수엘라 제1공화국의 수립과 실패 1811-1812 · 32
4장   카르타헤나 선언과 해방전쟁의 시작 1812-1813 · 46
5장   베네수엘라의 해방자와 첫 번째 승리 1813 · 59
6장   범아메리카 협력의 이상 1813-1814 · 68
7장   베네수엘라 제2공화국의 붕괴 1814 · 81
8장   잿더미 위에서 쓴 자메이카 서한 1814-1815 · 95
9장   볼리바르의 귀환 1815-1817 · 105
10장 혁명군의 연합전선 1817-1818 · 114
11장 앙고스투라 회의와 볼리바르의 연설 1819 · 123
12장 그란콜롬비아의 탄생 1819 · 132
13장 산타아나 평화회담 1820 · 142
14장 아메리카 연합의 꿈 1821 · 152
15장 과야킬을 둘러싼 정치적 대립 1822 · 165

16장 수크레, 페루의 해방자 1822 - 1824   • 178
17장 볼리비아의 탄생 1825 - 1827   • 192
18장 분리주의자들의 음모 1828   • 207
19장 무너지는 볼리바르의 이상 1829 - 1830   • 218
20장 볼리바르 최후의 포고문 1830   • 230

맺음말 | 라틴아메리카 자유의 상징, 시몬 볼리바르   • 241

부록 1 시몬 볼리바르의 생애   • 252
부록 2 볼리바르 인물 사전   • 258

색인   • 278

1장

아메리카 대륙의 스페인 식민지

스페인의 아메리카 식민 체제

크리스토퍼 콜럼버스(Christopher Columbus)가 스페인 왕실의 후원을 받아 아메리카 대륙을 발견했다는 사실은 널리 알려져 있다. 그는 총 네 차례의 항해를 통해 오늘날 서인도제도로 알려진 여러 섬을 비롯해 남부 아메리카 북부 해안과 중앙아메리카 동부 해안 등을 탐험했다. 미합중국을 이루게 될 영어권 식민지가 세워지기 훨씬 전부터 스페인 사람들은 이미 플로리다와 미시시피강 유역부터 포르투갈령 브라질을 제외한 남아메리카 전역에 이르기까지 광대한 지역에 진출해 자신들의 문화, 제도 그리고 정치 체제를 심어놓았다.

스페인 식민 통치가 시작된 이후 일부 지역 원주민들은 거의 전멸하다시피 했지만, 대체로 스페인 사람들과 원주민들은 잘 융화되었다. 그 결과, 오늘날 라틴아메리카(Latin America) 인구의 다수를 차지하는 메스티소(Mestizo)라는 혼혈 집단이 형성되었다. 여기에 아프리카에서 노예무역을 통해 유입된 흑인 노예들이 또 다른 인종을 구성하면서 라틴아메리카는 한층 더 복합적인 인구 구성을 갖추게 되었다.

오늘날 라틴아메리카의 민족 구성은 매우 다양하다. 주요 집단으로는 유럽계 백인과 식민지 출신 백인인 크리오요(Criollo), 백인과 원주민 혼혈인 메스티소, 백인과 흑인의 혼혈인 물라토(Mulatto), 흑인과 원주민의 혼혈, 흑인과 메스티소의 혼혈, 마지막으로 순수 아메리카 원주민이 있다. 이 가운데 순수 아메리카 원주민들은 여전히 멕시코에서 칠레에 이르기까지 대륙 전역에 널리 분포하면서 그들만의 고유한 언어와 전통을 고수하고 있다. 하지만 우루과이와 아르헨티나에서는 거의 자취를 감추었다. 국가별로 원주민 인구의 비중은 차이가 있지만, 대륙 전체로 볼 때 혼혈을 중심의 한 인종 구성은 라틴아메리카 국가들의 공통된 특징으로 자리 잡고 있다.

➡ 「첫 번째 항해에서 돌아와 스페인 군주 앞에 선 크리스토퍼 콜롬버스(Christopher Columbus before Spanish Monarchs return from First Voyage)」 리카르도 발라카, 1874년, 124.5x186cm, 캔버스에 유화, 아르헨티나국립역사박물관, 부에노스아이레스.

식민지 사회의 모순

　스페인 식민지들이 가진 불만을 모두 설명하는 것은 본 장의 목적에서 벗어나지만, 그 불만들이 대체로 정당하다는 사실에는 의심할 여지 없다. 물론 스페인이 아메리카 대륙에 문명을 전파했고, 일부 식민지에서는 세계적으로 찬사를 받을 만한 성취도 있었다. 하지만 식민지 주민들의 독립 투쟁을 이해하는 데 있어 스페인이 저지른 몇 가지 행정적 실책을 언급하는 것만으로도 충분하다.

　스페인의 식민 통치는 엄격한 규제와 폐쇄적인 통제를 바탕으로 이루어졌다. 인디아스 평의회(Consejo de Indias)의 허락이 없이는 책을 출판하거나 유통할 수 없었고, 이를 어기면 가혹한 처벌을 받았다. 외국과의 통신이나 무역은 철저히 금지되었으며, 국왕의 허가 없이 아메리카 수역을 항해하는 모든 선박은 적으로 간주되었다. 게다가 스페인 본국 출신이라 해도 국왕의 허가 없이 식민지에 들어오면 재산을 몰수당하거나 심지어 사형에 처할 수 있었다.

　상업과 무역 활동은 오직 스페인 사람에게만 허용되었다. 식민지인은 거리에서 물건을 팔거나 상점을 운영할 수 없었고, 원주민과 메스티소들은 단순 육체노동에만 종사하도록 제한되었다.

　무역은 스페인 정부의 철저한 통제 아래 놓여 있었으며, 세금은 터무니없이 가혹했다. 심지어 식민지 간 교역조차 사전 허가 없이는 금지되었다. 페루와 누에바에스파냐(Nueva España, 현 멕시코) 간의 교역은 물론, 칠레와 페루는 북부 식민지에 자국산 와인이나 상품을 수출할 수 없었다. 식민지 내에서는 포도원과 올리브나무를 재배하는 것조차 금지되었다.

　산업을 육성하거나 도로를 개설하고 보수하는 일은 정부의 간섭과 무관심으로 번번이 중단되었다. 스페인 국왕 카를로스 4세(Carlos IV)는 아메리카에서 교육의 기회를 제공하는 것은 바람직하지 않다고 공언한 바 있었다. 게다가 아메리카인들은 공직에 오를 기회마저 박탈당하기 일쑤였다. 아무리 뛰어난 공로를 세워도 아메리카 출신이라는 차별의 낙인을 벗어나기 어려웠다.

➜ 「인종 구성(Cuadro de castas)」 작자 미상, 18세기, 148x104cm, 캔버스에 유화, 멕시코국립인류학박물관, 멕시코시티.

스페인 식민지들은 부왕령(Viceroyalty)과 총독령(Captaincy General)으로 나뉘었으며, 그 아래 아우디엔시아(Audiencia)라는 행정·사법을 관할하는 기관이 있었다. 원주민들은 엔코멘데로(encomendero)라고 부르는 스페인 관리의 '보호' 아래 두었지만, 실제로 무자비하게 착취하는 경우가 대부분이었다. 스페인 국왕들은 '원주민 보호'라는 명목으로 여러 법률을 제정했지만, 스페인과 아메리카의 거리만큼이나 법의 효력도 제대로 미치지 못했다.

게다가 뿌리 깊은 인종 간 반목이 존재했다. 원주민과 메스티소들은 대체로 크리오요, 즉 아메리카 출신 백인들을 증오했다. 크리오요는 종종 스페인 관리들 못지않게 원주민들을 가혹하게 대했기 때문이다.

이러한 역사적 배경 가운데 스페인과 식민지 간의 충돌이 벌어지자 원주민들이 크리오요보다 오히려 스페인을 지지한 것은 결코 이상한 일이 아니었다. 크리오요는 독립운동을 주도하며 사회구조의 개편에 가장 적극적으로 동참했지만, 원주민들이 보기에 그들은 단지 새로운 지배 계급에 불과했다.

결국 이러한 인종적 분열은 라틴아메리카의 독립운동 지도자들에게 예상치 못한 난제였다. 독립을 위한 투쟁은 단순히 스페인 군대와 싸우는 게 아니라 원주민들까지 적으로 돌려야 하는 복잡한 양상으로 전개되었다. 물론 원주민들이 항상 스페인 편에 섰던 건 아니다. 믿고 따를 만한 리더십이거나 시대 상황에 따라 충성의 방향이 달라지기도 했다.

더불어 기억해야 할 점은, 당시 스페인 식민지에서는 교육 수준이 극도로 낮았다는 사실이다. 일부 지역에서는 인쇄기조차 없었으며, 정부 당국도 출판과 교육을 장려하기는커녕 오히려 억제했다. 그로 인해 정보의 소통은 극히 제한적이었으며, 여론을 한데 모으는 것도 쉽지 않았다. 사실상 당시의 '여론'이란 편견과 미신 그리고 사적 이익이나 정부의 권력으로 조장한 오류투성이 인식의 집합체라고 보는 편이 타당했다.

이러한 정치적·사회적·지적 환경 속에서 19세기에 들어서자 아메리카 대륙의 스페인 식민지에는 유럽에서 유입된 각종 사상이 난립하면서 사회적 동요가 본격화되었다. 민중은 기존의 질서가 흔들리고 새로운 사회체제가 출현하는 시기를 직면했으며, 어떤 이들은 이러한 변화가 새로운 희망을 줄 것이라 굳게 믿었다. 하지만 다른 이들은 사회 질서 붕괴의 전조로 보면서 두려워했다. 이런 혼란 속에서 라틴아메리카의 독립운동은 단순한 정치적 투쟁을 넘어 사상과 제도가 맞부딪치는 거대한 변화의 실험장이 되었다.

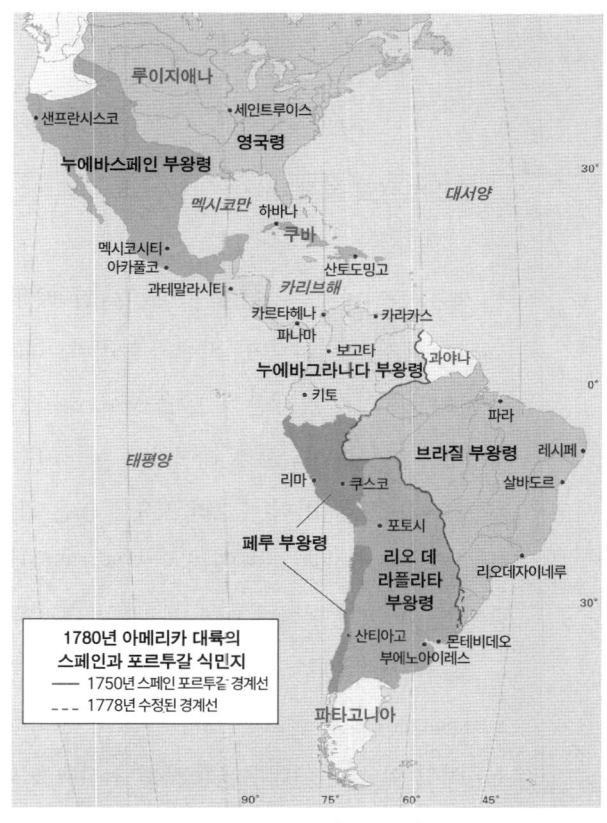

➡ 아메리카 대륙의 스페인과 포르투갈 부왕령(1780년경)

2장

볼리바르의 초기 생애
1783 – 1810

볼리바르의 성장기

시몬 볼리바르는 1783년 7월 24일 베네수엘라의 수도 카라카스(Caracas)에서 아버지 후안 비센테 볼리바르(Juan Vicente de Bolívar), 어머니 마리아 콘셉시온 데팔라시오스(Maria de la Concepción de Palacios) 사이에서 2남 3녀 중 차남으로 태어났다. 아버지는 볼리바르가 아주 어릴 때 세상을 떠났고, 어머니는 그의 교육에 많은 관심을 쏟았다. 그의 개인 교사는 독특한 사상과 습관을 가진 시몬 로드리게스(Simón Rodríguez)로 나중에 볼리바르의 절친이 되어 변함없는 애정과 헌신을 보여 주었다.

볼리바르의 가문은 스페인 귀족 출신으로, 베네수엘라에서는 '만투아노(Mantuano)'라고 불리는 토착 엘리트 귀족의 일원이었다. 넓은 대지를 소유하고 있었고, 베네수엘라 사회 최상류층과 교류하면서 그들 가운데 지도자로 존중받았다.

볼리바르의 어린 시절은 같은 사회적 신분에 속한 다른 소년들과 별반 다르지 않았다. 다만 또래보다 활동적이고 조숙한 면모를 지녔으며, 이러한 기질은 열정적이고 이상주의적인 성향을 가진 남다른 소년으로 변모하게 했다.

그러나 볼리바르는 이른 나이에 불행을 겪고 말았다. 15세 때 어머니마저 세상을 떠나자 후견인이 된 외삼촌 카를로스 팔라시오스(Carlos Palacios)는 그를 스페인 마드리드로 보내 교육을 마치게 했다. 1799년 1월 17일 볼리바르는 베네수엘라의 라과이라항(Puerto de La Guaira)을 출발해 잠시 멕시코의 베라크루스항(Puerto de Veracruz)에 들러 멕시코시티와 누에바에스파냐의 여러 도시들을 방문할 수 있었다. 멕시코시티에서는 자신의 사회적 지위에 걸맞은 대우를 받으며 고위 인사들과 교류할 기회도 있었다. 볼리바르는 어린 나이임에도 불구하고 부왕(Viceroy)과 여러 차례 대화를 나눌 수 있었으며, 부왕은 그의 재치와 총명함을 높이 샀다. 다만 확신에 찬 어조로 아메리카 식민지의 자유를 옹호하자 놀라움을 넘어 경계하기 시작했다.

➡ (좌)「후안 비센테 볼리바르(Juan Vicente Bolívar)」작자 미상, ˊ8세기, 유화, 시몬 볼리바르 생가. 베네수엘라 귀족이자 18세기 군 장교였던 후안 비센테 볼리바르의 초상화. (우) 카라카스에 위치한 시몬 볼리바르의 생가. 현재 박물관으로 운영되고 있으며, 생가의 일부 원형과 유품을 보존하고 있다.

마드리드에 도착한 볼리바르는 친척들과 함께 지내며 스페인 궁정의 최고위층 인사들, 심지어 국왕 카를로스 4세와 왕비까지 접견하기도 했다. 이 시기에 그는 마리아 테레사 토로(María Teresa Toro)라는 젊은 여성을 만나 사랑에 빠졌다. 그녀의 삼촌 토로 후작(Francisco Rodríguez del Toro)은 카라카스에서 볼리바르와 오랜 친분이 있던 인물이었다. 볼리바르는 마리아와 깊은 애정을 나누었지만, 아직 열일곱 살에 불과했기에 마드리드에서 자신의 후견인인 우스타리스 후작(Jerónimo Enrique de Uztáriz)의 조언대로 결혼을 서두르지 않기로 했다.

1801년, 볼리바르는 파리로 향했다. 당시 프랑스는 제1통령 나폴레옹 보나파르트(Napoléon Bonaparte)가 혁명 후의 혼란스러운 사회를 수습하고 재정비하는 시기였다. 나폴레옹은 이집트와 시리아 원정에서 돌아와 마렝고(Marengo)와 호엔린덴(Hohenlinden) 전투에서 잇따라 승리를 거

➡「시몬 볼리바르의 결혼(Matrimonio de Simón Bolívar)」티토 살라스, 1921년, 개인 소장. 1802년 5월 26일 마드리드의 산호세교회에서 볼리바르는 마리아 테레사와 결혼했다.

두었고, 뤼네빌 조약(Paix de Lunéville)을 체결한 직후였다. 그는 당대 내로라하는 인물들로부터 많은 존경을 받았고, 볼리바르 역시 그의 업적에 큰 감명을 받아 아낌없는 찬사를 보냈다. 당시 그의 편지에는 유럽의 위대한 인물로 평가되던 나폴레옹을 향한 존경심으로 가득했고, 이때의 경험은 그의 삶에 큰 영향을 미쳤다.

같은 해 볼리바르는 마드리드로 돌아와 마리아 테러사 토로와 결혼했다. 이들은 함께 베네수엘라로 돌아가 평온한 삶을 살면서 자신의 사업과 재산 관리에 전념할 계획이었다. 그러나 운명은 그에게 또 한 번의 가혹한 시련을 안겼다. 1803년 1월, 카라카스에 도착한 지 10개월 만에 아내가 병으로 세상을 떠난 것이다. 볼리바르는 21살이 채 되지 않은 나이에 이미 아버지와 어머니 그리고 아내까지 도두 잃는 비극을 겪었다. 그러나 이처럼 연이은 상실의 고통에서도 그는 자신의 정신을 더욱 단련시켰고, 보다 위대한 일에 헌신할 준비를 다져 나갔다. 어느 남미의 연설가는 이렇게 말했다.

> 워싱턴과 볼리바르는 모두 자식을 가질 운명이 아니었으니. 우리가 그들의 자식이 될 운명이었기 때문이다.
> ─ 아틸라노 카르네발리(Atilano José Carnevali Parilli)

볼리바르는 다시 유럽으로 떠나기로 결심했다. 고국에는 이제 그를 붙잡을 만한 어떤 것도 남아 있지 않았다. 그는 한 여인만 진심으로 사랑했으며, 오직 그녀만이 볼리바르에게 평온하고 안락한 삶을 선사할 수 있는 유일한 존재였다. 다시는 결혼하지 않기로 결심했다. 그리고 마음의 고통을 잊기 위해 자신의 모든 시간을 조국의 문제를 연구하는 데 몰두하고, 모든 열정도 조국을 위해 바치기로 마음먹었다. 1803년 말, 다시 마드리드로 가서 장인에게 비보를 전했다. 그 후 곧바로 파리로 가서 나폴레옹이 프랑스 황제로 즉위하는 역사적인 순간을 목격하게 된 것이다. 그런데 한때 볼리바르가 공화국의 영웅인 나폴레옹에게 품었던 경의와 존경심은 산산이 무너져 내렸다. 프랑스혁명의 정신을 배신한 독재자이자 제국주의 야망에 찌든 나폴레옹을 본 것이다. 그는 이렇게 말했다.

나폴레옹이 왕이 된 지금, 그의 영광은 마치 지옥의 불꽃과 같았다.

볼리바르는 노트르담 대성당에서의 대관식(1804년 12월 2일)에 참석하지 않았으며, 친구들에게도 나폴레옹을 신랄하게 비판했다. 그는 언제나 아메리카의 자유에 대해 주저 없이 말했고, 그의 발언은 많은 사람의 관심과 찬사를 이끌기에 충분했다.

➔ 「나폴레옹의 대관식(Le Sacre de Napoléon)」 자크루이 다비드, 1807년, 캔버스에 유화, 621x979cm, 루브르박물관. 1804년 12월 파리 노트르담대성당에서 거행된 대관식에서 나폴레옹이 황후에게 왕관을 주고 있다.

1805년 봄, 볼리바르는 그의 가정교사이자 친구인 시몬 로드리게스와 함께 이탈리아로 도보 여행을 떠났다. 밀라노 대성당에서 그는 나폴레옹이 이탈리아왕국의 왕으로 즉위하는 장면(1805년 5월 26일)을 직접 목격했다. 프랑스 황제 앞을 지나가는 대규모 군사 퍼레이드가 웅장하게 펼쳐졌지만, 볼리바르에게는 오히려 군주제에 대한 증오심을 더욱 깊게 각인시키는 계기가 되었다. 이후 피렌체, 베네치아, 로마, 나폴리를 방문하며 유럽의 역사와 정치, 여론의 흐름을 자세히 관찰하고 연구하면서 자신만의 계획을 구상했다. 그 과정에서 그의 목표는 더욱 확고해졌다.

로마에서는 로드리게스와 함께 아벤티노 언덕(Colle Aventino)에 올라 민중의 억압과 고통 그리고 베네수엘라의 자유에 대해 깊은 대화를 나누었다. 자유에 대한 열망이 최고조에 이르자 젊은 볼리바르는 스승의 손을 꼭 잡고 자신의 조국을 해방하겠노라고 엄숙하게 맹세했다.

이탈리아에서 미국으로 건너간 볼리바르는 보스턴, 뉴욕, 필라델피아 등 여러 도시를 방문하고 찰스턴을 거쳐 배를 타고 1806년 말에 베네수엘라로 귀국했다. 카라카스에 돌아온 볼리바르는 자신의 토지와 재산을 관리하는 데 전념했다. 그러나 마음 깊은 곳에서는 조국의 독립과 자유를 향해 불타는 의지와 열망이 전혀 식지 않았다.

베네수엘라는 스페인 식민지 중에서도 상대적으로 덜 중요하게 여겨졌다. 스페인의 관심은 금과 은 등 다양한 광물자원이 풍부한 멕시코와 페루에 집중되어 있었으며, 이곳에서 채굴된 수많은 재화가 스페인 본국으로 보내졌다. 반면 베네수엘라는 겉보기에 낙후해 보였고 금은 같은 광물도 많지 않았다. 베네수엘라는 1731년에 이르러서야 비로소 총독령이 되었고, 이전까지는 다양한 방식으로 간접 통치를 받아왔다. 스페인과의 교류도 극히 제한적이었으며, 1706년부터 1722년까지 16년 동안 베네수엘라의 항구에서 스페인으로 떠난 선박은 단 한 척도 없었다고 전해진다.

식민지의 지역 간 교류는 엄격히 금지되었으며, 주민들은 스페인산 제품만 구매하도록 강제하여 현지 산업이 자생적으로 발전할 수 없었다. 주민들은 과중한 세금에 시달리면서도 교육과 문화적 혜택에서 철저하게 소외되었다.

이처럼 억압된 환경은 시민들의 불만을 고조시키고 변화에 대한 열망을 자극했다. 크리오요들은 루소와 몽테스키외를 비롯한 프랑스 철학자들의 저서를 읽으며 계몽주의 사상에 깊은 영향을 받았다. 미국독립선언의 이념이나 프랑스혁명의 급진적인 사상들 또한 금지 조치에도 불구하고 몰래 유입되어 퍼져 나갔다.

미란다의 실패

1730년경 카라카스에 설립된 캄포냐 기푸스코아(기푸스코아무역회사, Compañía Guipuzcoana)에 맞서 저항 운동이 일어났다. 이 회사는 베네수엘라 주민들에게 심각한 경제적 억압을 가했고, 이에 대한 반발이 점차 고조되었다. 그러나 이 저항 운동은 끝내 실패로 돌아갔으며, 저항의 지도자들은 가혹한 처벌을 받았다.

18세기 말에 스페인은 프랑스의 혁명정부와 맞서기 위해 영국과 동맹을 맺었다. 이 전쟁은 1795년 바젤 조약(Peace of Basel)으로 종결되었으며, 스페인은 산토도밍고(Santo Domingo, 현 아이티와 도미니카공화국) 일부를 프랑스에 빼앗겼다. 1년 후 스페인은 다시 프랑스와 동맹을 맺고 영국과 전쟁을 벌였다. 이 전쟁은 스페인에 또다시 재앙적인 결과를 초래하여 1802년 아미앵 조약(Treaty of Amiens)으로 트리니다드섬(island of

Trinidad)을 영국에 빼앗겼다. 즉 프랑스와 영국은 노쇠한 스페인의 식민지를 반란과 혁명의 기회로 활용하려고 했다.

1797년 카라카스에서 독립을 꾀하는 음모가 시작되었으나 이 또한 실패했고, 주동자들은 사형에 처하고 일부는 추방되거나 투옥되었다. 한편 멕시코와 페루 그리고 아메리카 대륙의 남부에서도 자유를 향한 움직임이 조용히 확산되고 있었다.

당시 유럽에는 프란시스코 미란다(Francisco Miranda)라는 베네수엘라 출신의 저명한 인물이 있었다. 그는 라틴아메리카 독립운동의 선구자 중 한 사람으로, 당시 격변하는 세계사 무대에서 두드러진 활약을 펼쳤다.

카라카스에서 태어난 미란다는 북미 식민지(미국)로 건너가 조지 워싱턴 휘하에서 싸웠으며, 이후 유럽으로 넘어가 프랑스 혁명군에 투신하여 장군의 지위에까지 올랐다. 그는 유럽 각국의 저명한 정치인들과 교류하며 아메리카 해방의 필요성을 역설했지만, 관심과 지원을 얻는 데는 실패했다.

1806년 미란다는 미국 뉴욕에서 소형 함선 세 척에 소수의 병력을 비롯한 무기와 탄약을 마련하고 베네수엘라에 대한 원정을 준비했다. 그해 3월에 카라카스 인근 해안에 상륙을 시도했지만, 이 사실을 사전에 탐지한 스페인군은 철저히 대비하고 있었다. 미란다의 원정대는 패배했고, 이 과정에서 두 척의 선박과 상당수의 병사를 잃고 말았다. 가까스로 살아남은 그는 남은 한 척을 타고 영국령 트리니다드섬으로 피신했다.

➔ 「프란시스코 데 미란다(Francisco de Miranda)」 마틴 토바르 이 토바르, 1974년, 개인 소장

이후 서인도제도에서 영국 해군 제독인 코크런 경(Sir Alexander Cochrane)의 지원을 받아 더 많은 병력을 모집해 다시 베네수엘라로 돌아왔다. 1806년 8월 베네수엘라 북부 코로(Coro)에 상륙하여 일시적으로 그 지역을 점령하는 데 성공했다. 그러나 가장 절실했던 민중의 지지는 얻지 못했고, 이것이 미란다의 원정에 있어 치명적인 타격이 되었다.

미란다는 현지 주민들이 열렬히 호응하여 앞다투어 자신의 군대에 합류할 것이라 기대했으나, 대다수 주민은 외국인으로 구성된 그의 부대를 그저 외세의 침입자로 간주할 뿐이었다. 기대와 달리 민중은 침묵하거나 외면했고, 영국령 자메이카로부터 약속받은 군사적 지원도 이루어지지 않았다. 결국 미란다는 자신의 계획을 단념하고 깊은 실망과 좌절 가운데 런던으로 돌아갔다.

바이욘의 굴욕

이 시기 스페인 본국은 거대한 정치적 혼란과 권력투쟁의 소용돌이에 빠져 있었다. 프랑스군이 포르투갈 정벌을 명분으로 스페인 영토에 진입하자 나약한 국왕이었던 카를로스 4세는 나폴레옹에게 왕위를 빼앗길까 두려워했다. 당시 스페인이 처한 국제 정세 역시 복잡했다. 만약 카를로스 4세가 나폴레옹과 동맹을 맺는다면 영국은 이를 빌미로 아메리카의 스페인 식민지들을 차지해 버릴 수 있었고, 반대로 영국과 손을 잡는다면 코앞의 나폴레옹을 적으로 맞닥뜨리게 될 게 뻔했다.

이러한 위기 속에서 페르난도 왕세자는 아버지에 대한 반역 음모를 꾸미다가 발각되어 체포되었다. 그런데 페르난도가 나폴레옹의 고위 관료들과 비밀리에 결탁하고 있었다는 사실이 드러나자 이에 격분한 카를로스 4세는 프랑스 황제에게 불만을 표했다. 결국 나폴레옹의 중재로 왕세자는 석방될 수 있었다.

이 혼란을 틈타 프랑스군은 사실상 스페인 전역을 장악하게 되었고, 반대로 영국은 이를 기회로 스페인 국민에게 프랑스에 대한 분노와 적개심을 조장했다. 프랑스는 점차 노골적으로 자신들의 우월한 힘을 이용해 스페인 왕실에 포르투갈 국경과 인접한 스페인 북부 영토를 넘기라고 요구했다.

국민 사이에서는 왕실 내부의 온갖 추문이 무성하게 퍼졌다. 국왕과 왕비가 스페인을 버리고 멕시코로 도망쳤다는 말까지 돌았다. 왕이 총애하던 총리 마누엘 데 고도이(Manuel de Godoy)가 이 혼란의 주범으로 지목되어 국민적 분노의 중심에 섰다. 반면 고도이의 정적이자 왕세자인 페르난도는 스페인의 주권과 전통을 수호하는 영웅으로 떠오르면서 점차 국민의 지지를 얻어 나갔다.

결국 불만이 폭발한 민중은 고도이를 넘기라고 외치며 봉기를 일으켰다. 1808년 3월 이에 굴복한 카를로스 4세는 왕위를 아들 페르난도에게 넘겼고, 페르난도 7세(Fernando VII)가 새로운 국왕으로 즉위했다. 카를로스 4세는 자신의 퇴위에 대해 친나폴레옹파의 강압에 따른 것이며, 그렇지 않았다면 자신과 왕비의 목숨은 위태로웠을 것이라고 주장했다.

이 사건이 나폴레옹에게 절호의 기회처럼 여겨졌다. 그는 부자간 왕위 분쟁을 중재한다는 명목으로 카를로스 4세와 신임 국왕을 프랑스와 스페인의 국경도시인 바이욘(Bayonne)으로 초청했다. 그곳에서 스페인 역사상 가장 굴욕적인 사건이 일어났다. 페르난도는 아버지에게 왕위를 반환하고 이어서 카를로스 4세는 나폴레옹에게 왕권을 양도하며, 스페인의 왕위는 프랑스 황제가 지명하는 인물에게 넘기겠다는 선언을 한 것이다. 나폴레옹은 즉시 자신의 형 조제프(Joseph Bonaparte)를 스페인의 국왕으로 임명했다.

1808년 5월에 일어난 이른바 '바이욘 사건(Decree of Bayonne)'에서 스페인 국민의 목소리는 전혀 고려되지 않았다. 모든 결정에는 오직 왕실 내부의 이해관계와 나폴레옹의 정치적 계산만이 작용한 것이다. 그러나 스페인 국민은 더 이상 침묵하지 않기로 결심했다.

5월 2일, 마드리드 시민들은 당시 도시를 장악하고 있는 프랑스군 총사령관이자 총독인 뮈라(Joachim Murat) 장군에 맞서 일제히 봉기했다. 시내 곳곳에서 치열한 전투가 벌어졌고 프랑스군은 이를 무자비하게 진압했다. 하지만 스페인 민중이 쏘아 올린 저항의 불꽃은 쉽게 사그라들지 않았다. 이 사건은 곧 전국적으로 확산되었고, 스페인 전역에서 '지방 평의회(Juntas provinciales)'가 조직되어 프랑스 점령군에 맞서 투쟁하기 시작했다. 이들은 곧 영국과 동맹을 맺고 페르난도 7세가 스페인의 정통 국왕임을 선언하는 한편, 현재 스페인은 프랑스와 전쟁 상태라고 공식적으로 선포했다. 또 각 지방 간 협력을 강화하고 보조를 맞추기 위해 1808년 9월 25일 아란후에스(Aranjuez)에서 중앙 평의회(Junta Central)가 설립되었다.

카라카스 평의회

스페인 본국에서 벌어진 일련의 사건들은 아메리카 식민지에도 깊은 반향을 불러일으켰다. 베네수엘라에서는 카를로스 4세와 페르난도 7세의 퇴위 소식과 함께 프랑스가 임명한 새로운 정부를 인정하라는 명령이 도착했다. 그런데 거의 동시에 영국의 코크런 제독이 이끄는 함대가 도착하여 현재 스페인 본토에서는 지방 평의회가 결성되었고, 프랑스에 대한 무장 저항운동이 벌어지고 있다는 소식을 전했다.

베네수엘라 식민지 당국은 프랑스의 명령에 따르기로 했지만, 카라카스 시민들은 이 결정에 강하게 반발했다. 그들은 시의회로 몰려가 폐위된 페르난도 7세를 스페인의 정당한 군주로 선언하라며 강하게 항의했다. 이 모습이 겉으로는 스페인 왕가에 대한 충성으로 보였지만 머지않아 본격적인 해방운동으로 변모하게 될 혁명의 서막이었다.

얼마 후 카라카스 시의회는 스페인의 지방 평의회처럼 베네수엘라에서도 자체적으로 평의회를 설립할 것을 총독에게 공식적으로 요청했다. 그러나 스페인 당국은 이를 거부하고 스페인의 세비야(Seville)에서 설립된 '스페인과 식민지 최고 평의회(Supreme Junta of Spain and her Colonies)'의 권위를 인정하라고 요구했다. 이에 대해 베네수엘라인들은 카라카스에 독자적인 정치기구를 세워야 한다고 주장했다. 이를 지지하는 저명한 혁명 지도자들이 비밀리에 시몬 볼리바르의 집에 모여 회합을 열었다. 참석자들은 대부분 젊은 혁명가들로, 토로 후작과 호세 펠릭스 리바스(José Félix Ribas) 등 카라카스의 저명한 귀족이나 상류층 인사들을 포함하고 있었다. 이들은 때때로 리바스의 집에서 비밀 모임을 열고 스페인의 간섭을 받지 않는 자치 의회의 설립 계획을 논의했다. 그러나 이들의 활동은 곧 스페인 당국에게 발각되었고, 결국 그들은 카라카스 시의회에 공식적으로 자치 의회 설립을 청원했다.

이러한 움직임을 감지한 스페인 당국이 즉각 관련 인사들을 체포하려고 했고, 결과적으로 그들의 계획은 무산되었다. 1809년 1월 베네수엘라의 스페인 당국은 세비야의 중앙 최고 평의회를 공식적으로 인정했다. 같은 달 스페인의 중앙 최고 평의회는 '모든 스페인 식민지는 스페인 왕국의 일부'라고 선언하면서 식민지들의 참여를 인정했다. 이것이 표면적으로는 본국과 식민지 사이의 평등을 주장하는 듯 보였으나, 실제로는 식민지의 권한과 대표성을 제한하는 조치에 불과했다. 평의회 대표는 국민이 아닌 총독이 시의회의 추천을 받아 임명하는 식으로 지정되었고, 대표 의원 정족수도 스페인 본토는 36명이지만, 아메리카 대륙 전체에서 선출되는 대표는 고작 12명에 불과했다.

1809년 5월 비센테 엠파란(Vicente Emparan)이 베네수엘라의 신임 총독으로 부임했다. 그는 전임자들보다 더 강압적이었고, 시의회와 식민 당국의 관계를 악화시켰다. 무역을 규제하고 정치적 영향력을 지닌 인사들을 추방했으며, 외국 서적을 소지한 이들에 대해 범죄자로 간주했다. 아울러 사회 전반에 대한 조직적인 감시 체제가 구축되었다.

1810년 엠파란의 권력이 정점을 향해 치달을 즈음 애국자들은 곳곳에서 비밀리에 모임을 조직하고 있었다. 많은 유력 인사들이 투옥되거나 추방당했고, 볼리바르도 추방당하기 직전이었다. 한편 스페인 본토에서는 프랑스군이 연승을 거듭하고 있었으며, 중앙 평의회는 카디스

➡ 「1810년 4월 19일(El 19 de abril de 1810)」 후안 로베라, 1835년, 패널에 유화, 98x139cm. 카라카스 대성당 정면과 광장 동쪽 난간 사이에서 의회 의원들이 비센테 엠파란에게 시의회로 돌아갈 것을 요구하는 장면.

(Cádiz)로 피신한 상태였다. 심지어 카디스마저 프랑스군에 함락되었다는 소문이 돌자 더 이상 기다릴 수 없다고 판단한 애국자들은 즉각 행동에 나섰다.

1810년 4월 17일 스페인의 중앙 평의회가 프랑스에 정복당해 해체된 후 5인으로 구성된 섭정위원회(Council of Regency)로 대체되었다는 소식이 공식적으로 카라카스에 전해졌다. 부활절 전 성목요일인 19일 오전 카라카스 시의회(cabildo; 지역 크리오요 엘리트로 구성된)가 대도시 상황을 논의하기 위해 모인 자리에 엠파란도 참석했다. 이때 시의회는 총독에게 '베네수엘라가 자체적인 정부를 구성해야 한다'고 주장했다.

엠파란은 이 문제에 대해 미사가 끝난 후 논의하자고 답한 뒤 자리를 떴지만, 대성당에 도착했을 때 애국자 중 한 명인 프란시스코 살리아스(Francisco Salias)와 군중들이 그를 막아서며 즉시 시의회로 돌아갈 것을 요구했다. 엠파란은 군대도 더 이상 자신을 지지하지 않는다는 걸 깨달았고, 어쩔 수 없이 시의회로 돌아갔다.

결국 엠파란은 시의회의 모든 요구를 수용할 수밖에 없었고, 총독직에서 축출되었다. 그 결과, 스페인령 아메리카에서 최초로 현지 시민들에 의한 정부가 수립되었다. 이와 함께 정부는 다음과 같은 원칙을 선언했다.

> 현재 합법적인 중앙 정부가 존재하지 않으므로 아메리카의 각 지방은 독립적으로 자치 정부를 구성할 권리가 있다.

3장

베네수엘라 제1공화국의 수립과 실패
1811 – 1812

볼리바르와 미란다의 귀국

카라카스 평의회는 초기에 신중하면서도 정치적으로 노련한 행보를 보였다. 엠파란 총독을 비롯한 스페인 식민 관리들은 추방되었고, 스페인 사람들은 다른 아메리카인들과 동등한 대우를 받을 것이라고 선언했다. 평의회는 이 정치 운동의 정당성에 대해 아메리카 대륙의 다른 국가들에게 다음과 같은 고상한 문구로 전했다.

> 베네수엘라는 이제 자유 국가의 일원이 되었으며, 이 역사적인 순간을 압제와 불의로 인해 고통받는 우리 이웃들에게 전한다. 만약 신세계를 향한 열망으로 우리와 함께 나선다면 그대들은 이 위대하고 고통스러운 여정에 기꺼이 함께할 수 있을 것이다.

우리의 좌우명은 '미덕과 중도'다. 여러분의 좌우명이 '형제애, 연대, 관용'이라면 이 위대한 원칙을 하나로 결합하고 힘을 모아 아메리카가 마땅히 누려야 할 정치적 존엄의 지위로 끌어올리는 역사적 과업을 완수할 수 있을 것이다.

가장 먼저 원주민들이 바치던 조공(Tributos)을 폐지하고 알카발라(Alcabala)라고 부르는 과도한 판매세를 철폐했다. 노예 수입은 금지되었으며, 정부의 여러 부서가 새롭게 조직되었다. 카라카스 평의회의 첫 번째 과업은 총독령 시절의 여러 주에 사절을 보내 카라카스의 독립운동에 동참하도록 요청하는 것이었다. 카라카스 평의회는 스페인령 아메리카 역사상 해외로 최초의 사절을 보냈으며, 1810년 시몬 볼리바르도 사절단으로 런던에 파견되었다. 런던 사절단에는 루이스 로페스 멘데스(Luis López Méndez)와 볼리바르의 스승이기도 했던 안드레스 벨로(Andrés Bello)가 함께했다.

베네수엘라의 대다수 주는 카라카스의 호소에 동참했지만, 코로와 마라카이보(Maracaibo) 같은 일부 지역에서는 독립을 반대하며 도리어 탄압하기 시작했다. 마라카이보로 파견된 사절들은 반역자로 몰려 푸에르토리코로 끌려가 감옥에 갇혔다. 그럼에도 새로운 정부는 피를 흘리지 않기 위해 여전히 페르난도 7세에 대한 충성을 표하고 계속 다양한 방법을 모색했다.

외교 사절 가운데 일부는 환영받기도 했으나 무시당하기도 했다. 볼리바르는 런던에서 당국으로부터 큰 환대를 받았지만, 영국과 스페인 사이 동맹 조약 때문에 실질적인 지원은 받을 수 없었다. 볼리바르는 단순한 외교관이 아니라 대의를 널리 알리고 우군을 확보하기 위해 선전물을 집필하고 출간하는 데 주력했다. 처음부터 그의 영향력은 대륙 전역에서 두드러졌는데, 특히 영국과의 동맹과 우호 관계를 맺기 위해 아르헨티나의 부에노스아이레스에서 온 대표단에게 실질적인 도움을 제공했을 때 드러나기도 했다.

베네수엘라의 정치·외교적 태도는 단지 관대하고 유화적인 데 그치지 않았고, 오히려 스페인에 대한 깊은 존경심에 기반하고 있었다. 카라카스 평의회는 프랑스 침략자에 맞서 스페인을 도울 준비가 되어 있으며, 모국에서 자유를 잃은 자들에게 베네수엘라 땅을 피난처로 제공할 용의가 있다고 선언했다. 반면 스페인에 새로 설치된 섭정위원회는 이 제안에 감사를 표하기는커녕, 베네수엘라인들을 반란군, 폭도, 배신자로 규정하고 카라카스 일대를 철저하게 해상 봉쇄하는 조치를 했다.

이 결정은 베네수엘라인들의 분노를 불러일으켰고, 독립운동의 성격 자체를 변화시키는 계기가 되었다. 해상에서는 사략선(私掠船, Privateer)과 해적들이 활개치기 시작했고, 국내에서는 왕당파들이 전쟁과 반란을 획책했다.

카라카스 평의회를 지지한 도시들은 왕당파 군대에 의해 파괴되었고, 새로운 체제에 동조한 자들은 곳곳에서 탄압을 받는 등 매우 어려운 상황에 놓이게 되었다. 그럼에도 새로운 정부는 페르난도 7세에 대한 충성심을 유지하면서 가급적 유혈 사태만은 피하려고 노력했다. 코로와 마라카이보의 총독들에게도 무력 충돌 대신 협상을 통한 설득을 시도했다. 그러나 섭정위원회의 완강하고 비타협적인 태도는 베네수엘라가 더 이상 스페인과 어떠한 협상도 기대할 수 없음을 명백히 보여주었다.

볼리바르는 자신이 런던보다 고국에서 더 큰 역할을 할 수 있으리라 판단하고 베네수엘라로 돌아가기로 결심했다. 그러나 혼자 돌아갈 순 없었다. 앞서 언급한 바와 같이 당시 런던에는 베네수엘라 독립의 상징이었던 미란다 장군이 체류 중이었다.

볼리바르는 런던 외교 사절단이었던 멘데스, 벨로와 함께 그를 찾아가 다시 한번 조국의 자유를 위한 대의에 동참해 달라고 간곡히 요청했다. 미란다야말로 베네수엘라 독립운동을 이끌 최적임자라고 확신했기 때문이다. 볼리바르는 미란다에 대해 아낌없는 찬사를 했고, 고국에서의 그의 인기는 날로 높아졌다.

1811년 미란다가 카라카스 평의회와 시민들의 열렬한 환영 속에 라 과이라항으로 귀국했고, 평의회는 즉시 그를 중장으로 임명했다. 당시 베네수엘라인들은 의회 대표 선거가 한창이었는데, 미란다는 동부 지역 도시인 엘 바울(El Baúl)에서 대표로 선출되었다.

1811년 3월 2일 베네수엘라 7개 주에서 선출된 44명의 의원이 카라카스에 모여 역사적인 첫 의회가 개최되었다. 의회가 내린 첫 번째 결정은 행정권을 행사할 세 명의 집행위원을 임명하고, 이를 보좌할 자문위원회를 구성하는 것이었다. 이로써 라틴아메리카 최초의 자치 정부가 수립되었다.

베네수엘라 제1공화국

당시 베네수엘라 사회 전반에는 독립을 향한 사회적 여론이 빠르게 형성되고 있었고, 이를 견인하는 여러 가지 요인이 활발하게 작용하고 있었다. 언론은 대체로 자유로웠고, 대중 연설가들은 집회를 열어 새로운 사상과 제도를 소개하면서 민중이 다가오는 변화에 대비하도록 이끌었다.

특히 주목할 만한 단체는 미란다와 볼리바르가 주도한 '소시에다드 파트리오티카(Sociedad Patriótica, 애국협회)'였다. 이 단체는 독립운동 초기에 중요한 여론 형성과 조직적 활동을 주도했는데, 북미 식민지 독립의 대표적인 성공 사례를 제시하면서 완전한 자유와 해방의 필요성을 역설했다.

일부 의원들은 이 협회를 의회의 경쟁 세력으로 간주하며 의심의 눈길을 보내기도 했으나, 볼리바르는 1811년 7월 3일 강렬한 연설을 통해 이러한 우려를 불식시켰다. 이 연설은 볼리바르가 위대한 웅변가로서의 존재감을 드러낸 첫 번째 계기로 평가된다. 그는 의원들의 무관심을 질타하면서 의회가 두 개가 있다는 일각의 주장을 부인하고 다음과 같이 반박했다.

우리가 자유인이 되기로 결심했다면 스페인이 나폴레옹 보나파르트에게 굴복하든 말든 그것이 우리와 무슨 상관이 있습니까? 이제 더 이상 두려

➡ 「1811년 7월 5일(El 5 de Julio de 1811)」 후안 로베라, 1838년, 캔버스에 유화, 975x138cm, 카라카스 시청. 베네수엘라 국민의회와 애국협회의 추진으로 독립 선언이 이루어졌다.

위하지 말고 당장 남아메리카 자유를 향한 초석을 놓아야 합니다! 주저하는 것은 곧 죽음을 의미합니다.

이처럼 뜨거운 열정을 담아 애국협회는 의회에 독립을 촉구하는 건의서를 제출했고, 1811년 7월 4일 의회에서 건의서가 낭독되었다. 그리고 다음 날인 7월 5일 10개 주 가운데 7개 주가 의회에 참여해 베네수엘라 독립선언문(Acta de la Declaración de Independencia de Venezuela)을 통해 독립을 공식 선언했다. 이로써 베네수엘라 제1공화국(Primera República de Venezuela)이 수립된 것이다.

독립선언문에는 식민지 시절 베네수엘라가 겪어온 억압과 불의를 낱낱이 고발하는 한편, 자유롭게 살고 죽겠다는 단호한 결의가 담겨 있었다, 또한 7개 주 주민들은 조국의 독립이라는 위대한 대의를 실현하기 위해 자신의 생명과 재산을 기꺼이 바칠 것을 맹세했다. 같은 날 노란색, 파란색, 빨간색의 세 개의 줄무늬로 이루어진 베네수엘라의 국기가 공식적으로 채택되었다.

이 시점까지 혁명은 놀라울 정도로 평화롭고 피 한 방울 흘리지 않은 채 진행되었다. 그러나 곧 카라카스 서쪽의 주요 도시인 발렌시아(Valencia)에서 왕당파들이 새 정부에 반기를 들고 봉기했고, 코로와 마라카이보의 총독들에게 군사적 지원을 요청했다. 이에 미란다가 직접 발렌시아를 포위하고 점령했으며, 여기에 볼리바르도 합류했다. 다른 지역에서도 산발적인 반란이 일어났지만, 대부분 신속하게 진압되었다. 한편, 일부 도시에서는 새로운 체제가 큰 환영을 받으며 비교적 순조롭게 수용되었다.

새로 구성된 의회에서는 시급한 정치적 과제들을 논의하기 시작했다.

특히 연방제와 중앙집권제를 둘러싼 치열한 대립이 핵심 쟁점으로 부각되었다. 볼리바르는 베네수엘라 사람들이 아직은 무지하여 연방제가 요구하는 책임과 의무를 감당할 준비가 되어 있지 않다고 주장하며 중앙집권제를 지지했다. 그러나 이 논의에서 연방주의자들이 승리를 거두었고, 베네수엘라는 개인의 권리를 가장 폭넓게 보장하는 가장 진보적인 연방 헌법을 채택하게 되었다.

이 독립의 시대를 두고 '콜롬비아의 시대(Colombian epoch)'라고 불리게 되었다. 또 스페인의 지배에서 가장 먼저 자유를 얻은 국가를 '콜롬비아 공화국(República de Colombia)'으로 부르기로 했다. '콜롬비아'라는 이름은 콜럼버스에서 유래한 것으로, 남아메리카의 애국주의자들이 꿈꾸던 가장 이상적인 국가를 상징하는 이름이기도 했다. 그리고 그 이상을 누구보다도 열렬히 신봉하고 추구했던 인물이 바로 볼리바르였다.

신의 심판

수도는 발렌시아로 선정되었으며, 1812년 3월 1일 이곳에서 정부가 공식적으로 출범했다. 그러나 새로운 정부가 조직되자마자 왕당파들의 활동도 더욱 활발해졌고, 스페인 본국도 혁명을 탄압하기 위한 준비를 착실히 진행하고 있었다. 동부 지역과 오리노코 계곡(Valle del Orinoco)은 여전히 불안정한 상태에 놓여 있었다. 또 서부의 코로와 마라카이보는 여전히 스페인에 충성을 바치고 있었으며, 이곳의 총독들은 혁명의 적들에게 물자와 병력을 지원할 채비를 갖추고 있었다.

이 무렵 스페인 해군 함장 도밍고 몬테베르데(Domingo Monteverde)가 이끄는 소규모 스페인 원정군이 코로에 도착했다. 코로의 총독은 시키시케(Siquisique) 지역에서 왕당파의 반란이 준비되고 있다는 첩보를 입수하고 이들을 지원하기 위해 군대를 조직해 몬테베르데에게 지휘권을 위임했다. 그의 군대가 현지에 도착하자 점점 더 많은 자원자가 합류하면서 병력이 불어나기 시작했다. 그러자 몬테베르데는 단순히 도시만 점령하라는 총독의 명령을 어기고 스스로 총사령관을 자처하면서 혁명군과 전면전을 벌이기로 결심한다. 행운은 그의 편이었다. 1812년 3월 23일 몬테베르데는 소규모의 혁명군 부대를 격파하는 데 성공했고, 이 패배 소식은 곧이어 닥친 자연재해와 맞물려 민심에 커다란 충격을 주었다. 광신적인 왕당파들은 이 재난을 '신의 심판'이라고 선동에 나섰다.

1812년 3월 26일 부활절 직전의 성목요일이었다. 성당이 사람들로 가득 찬 오후에 베네수엘라 전역에서 리히터 규모 7.7의 강력한 지진이 발생했다. 카라카스와 라과이라를 비롯한 수많은 도시가 폐허로 변했고, 일부 작은 마을들은 지도에서 완전히 사라졌다.

사람들은 '1812년 카라카스 지진(1812 Caracas earthquake)'으로 피해

➡ 「1812년 지진(Terremoto de 1812)」 티토 살라스, 1929년, 유화. 1812년 3월 26일 일어난 1812년 카라카스 지진으로 약 15,000~20,000명이 사망하고 막대한 재산 피해가 발생했다.

가 큰 지역들이 대부분 독립을 지지한 지역이라는 사실에 주목했다. 카라카스의 한 성당에서는 스페인 왕가의 문장이 새겨진 기둥 하나만 남기고 건물 전체가 무너졌다는 소문이 퍼져나가자 왕당파 선동가들은 거리로 나서서 이렇게 외쳤다.

> 이것은 분명 '기름 부음을 받은 자' 페르난도 7세에 대한 반역에 내린 하느님의 심판이다!

카라카스 대주교는 이 사건을 두고 "끔찍하지만 마땅히 받아야 할 지진"이라고 하면서 "고대의 불경하고 교만한 도시들, 즉 바빌론, 예루살렘 그리고 바벨탑에 대해 하나님이 인간에게 계시한 것을 우리 시대에 확증해 준다"고 했다. 이때 볼리바르는 많은 사람에게 회자되는 다음과 같은 답변을 남겼다.

> 자연이 우리를 대적한다면 우리는 자연과 싸워 자연을 복종시킬 것입니다.

전인미답의 대재앙 속에서 볼리바르는 카라카스의 무너진 지역 곳곳을 누비며 왕당파들의 선동을 반박하는 연설을 했다. 또 잔해 속에 묻힌 시신을 수습하고 부상자를 구출하는 등 적극적인 활약을 펼쳤다.

한편 몬테베르데의 진격은 이 지진을 계기로 결정적인 전기를 맞이하게 되었다. 수많은 혁명군 병사들이 병영 또는 행군이나 훈련 중에 참변을 당하면서 공화국 정부는 사실상 붕괴 상태에 빠졌다. 몬테베르데가 전략적 요충지인 바르키시메토(Barquisimeto)를 점령하자 신의 심판을 두려워한 많은 사람이 그의 군대로 몰려들었다. 몬테베르데의 부하들도 각지의 전투에서 승리를 거두었고, 마침내 몬테베르데 자신도 산카를로스(San Carlos)에 입성했다.

1812년 4월 4일 두 번째 강진이 베네수엘라를 강타하고 무려 8시간 동안 지속되자, 이것은 독립운동에 대한 마지막 남은 의지마저 꺾어 버렸다. 극심한 혼란 가운데 공화국 정부는 프란시스코 미란다 장군을 총사령관으로 임명하고, 수도를 폐허가 된 발렌시아에서 발렌시아와 카라카스 사이에 있는 라빅토리아(La Victoria)로 이전했다.

미란다는 자원을 확보하기 위해 카라카스로 향했고, 그곳에서 볼리바르는 미란다의 군대에 합류했다. 이후 볼리바르는 일군의 병력과 함께 항구도시인 푸에르토카베요(Puerto Cabello)를 방어하기 위해 파견되었다. 한편 그사이에 몬테베르데는 수도였던 발렌시아를 점령했다.

여러 사건이 몬테베르데에게 유리하게 전개되었다. 미란다는 발렌시아를 탈환하기 위해 도시를 포위했지만, 몬테베르데에게 연거푸 패배하면서 점점 수세로 몰렸다. 이러한 상황에서 미란다가 몇 가지 실수를 연달아 저지르게 되면서 결국 승기가 스페인군에게 넘어가게 되었다. 결국 미란다는 다시 라빅토리아로 퇴각하게 되었고, 공화국 내부에서는 자신들의 총사령관에 대한 불신이 고조되었다.

라빅토리아에서 미란다는 다시 몬테베르데의 공격을 받았지만, 이번에는 격퇴하는 데 성공했다(6월 20일). 하지만 이 승리가 혁명군에게 별다른 이득을 가져다주지 못했다. 왜냐하면 1만 2천 명에 달하는 병력을 보유하고 있음에도 그는 여전히 소극적인 전략을 고수하고 있었기 때문이다. 한편 푸에르토카베요를 방어하던 볼리바르는 이곳에 비축된 많은 군수 물자를 활용하여 후방에서 몬테베르데를 기습하겠다는 계획을 미란다에게 제안했다. 하지만 미란다는 이 요청을 받아들이지 않았다.

몬테베르데는 라빅토리아에 대한 두 번째 공격(6월 29일)이 실패하자 푸에르토카베요 방향으로 철수했다. 이때 푸에르토카베요를 방어하는 요새 중 한 곳에서는 몬테베르데가 접근해 오자 갑작스러운 출현에 놀란 수비대가 황급히 스페인 깃발을 올렸다. 결국 몬테베르데는 성공적으로 푸에르토카베요를 점령했고, 볼리바르는 남은 병력을 이끌고 라과이라로 철수할 수밖에 없었다. 푸에르토카베요의 함락과 더불어 다른 여러 사건으로 인해 미란다는 여전히 적에 비해 우세한 상황이지만 저항을 계속하는 것이 득보다 실이 더 크다고 확신하고 항복을 결정했다. 1812년 7월 25일 라빅토리아에서 미란다는 항복문서에 서명했다. 다음 날 몬테베르데는 라빅토리아를 점령했고, 7월 30일 카라카스에 입성했다.

공화국의 실패

모든 공화주의자들이 미란다의 항복을 강력하게 비난했다. 그의 항복은 비단 군대의 해체만 의미하는 것이 아니라 국민의 희망을 지탱하던 모든 성과를 포기한다는 의미이기 때문이었다. 그런데 이때 볼리바르는 미란다가 항복했다는 사실을 모른 채 그와 합류하기 위해 카라카스로 향하고 있었다. 가는 도중에 그 소식을 듣고 즉시 라과이라로 돌아갔고, 결코 스페인의 지배에 굴복하지 않겠다고 맹세하면서 망명을 준비했다. 그리고 출국에 앞서 미란다를 강하게 비판하는 성명을 발표했고, 동시에 몬테베르데가 「전쟁법」을 어기고 일부 통제되지 않은 폭도들이 베네수엘라 곳곳에서 잔학 행위를 저지르도록 방조한 점도 강력히 규탄했다. 또 몬테베르데가 항복 조건에 명시된 주민들의 생명과 재산 보호 및 과거 행위에 관한 사면 조항을 위반했다고 주장했다.

볼리바르가 라과이라에 머물고 있을 때 몬테베르데의 보복을 피해 탈출한 수많은 장교와 함께 미란다 장군이 그곳에 도착했다. 미란다는 다음 날 배를 타고 떠날 계획이었다. 그날 저녁 라과이라에 모인 주요 인사들은 미란다의 행동을 공개적으로 비난했다. 그중 가장 신랄한 비판을 쏟아낸 인물이 바로 볼리바르였다. 그는 과거 런던에서 조국의 자유를 위한 투쟁에 나서달라며 직접 미란다에게 귀국을 권유한 장본인이기도 했다.

그 자리에서는 마침내 '반역'이라는 단어가 거론되었고, 모두가 미란다를 체포하기로 의견을 모았다. 이 잘못된 행동은 1812년 7월 31일 아침에 실제로 실행되었다. 같은 날 몬테베르데의 명령으로 라과이라항은 폐쇄되었고, 그의 수중에 들어온 주요 애국자들은 모두 체포되어 투옥되었다. 곧이어 전국적인 탄압이 시작되었다.

'공공안전위원회(Committee of Public Safety)'가 설치되자마자 카라카스

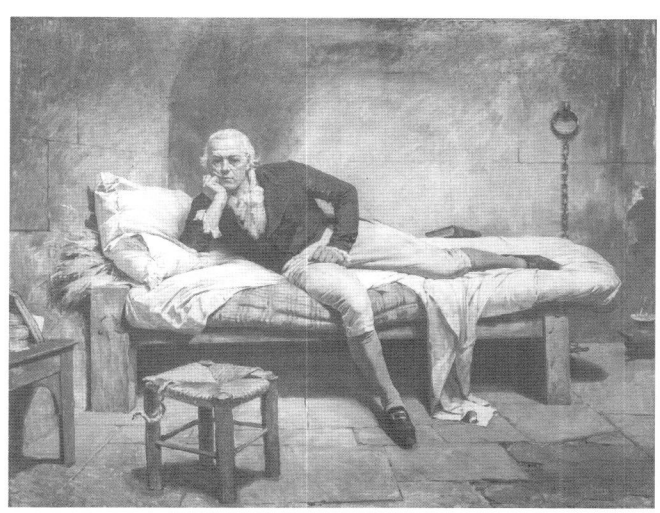

▶ 「라카라카에서의 미란다(Miranda in La Carraca)」 아르투로 미켈레나, 1896년, 캔버스에 유화, 245.2×197cm, 카라카스 국립미술관.

와 푸에르토카베요의 감옥은 수감자로 가득 찼다. 좁은 감옥에 가득 찬 죄수들의 열기와 갈증으로 인해 많은 이들이 감옥에서 목숨을 잃었다. 푸에르토카베요의 한 지하 감옥에서는 스페인인 한 사람이 알칼리성 독성 물질이 담긴 병을 던지는 바람에 안에 갇힌 수감자들 모두가 질식사하는 잔혹한 사건도 발생했다.

베네수엘라의 유력 인사들은 재산을 몰수당했고, 부유하다는 이유만으로 스페인의 적으로 몰려 고발당하고 박해당하는 일이 비일비재했다. 심지어 중립을 지킨 시민들조차 자택에서 강제로 끌려나와 감옥에 갇히는 일까지 벌어졌다.

푸에르토카베요에 갇힌 미란다는 이런 만행을 멈춰달라며 거듭 탄원했지만, 그의 요구는 아무런 소용이 없었다. 그는 이후 푸에르토리코를 거쳐 스페인의 카디스로 이송되었고, 이어서 라카라카(la Carraca)라는 해안 요새에 감금되었다. 그리고 그곳에서 1816년 7월 14일 이름 없는 죄수들과 함께 시신이 뒤섞인 채 쓸쓸하게 생을 마감했다. 한때 러시아의

➡ 베네수엘라 카라카스의 국립묘지인 판테온에 있는 프란시스코 데 미란다의 기념비.

예카테리나 2세(Екатерина II)의 초대를 받았고, 미국의 조지 워싱턴 휘하에서 싸웠으며, 프랑스에서는 공화국의 장군으로 활약한 고귀한 혁명가였는데, 감옥의 차가운 벽에 개처럼 사슬에 묶인 채 비극적인 최후를 맞고 말았다.

오늘날 베네수엘라의 카라카스 국립묘지(Panteón Nacional de Caracas)에는 아름다운 대리석 관 모양의 기념비가 세워져 있다. 그 위에는 위엄 있는 독수리 조각이 발톱으로 관 뚜껑을 들어 올린 채 언젠가 위대한 베네수엘라인의 유해가 다시 돌아오기만을 기다리고 있다.

미란다가 실수를 저지른 것은 사실이지만, 그의 조국에 대한 헌신은 한 번도 의심받은 적이 없었다. 그가 감내한 고통과 순교 그리고 그에 버금가는 인내는 그를 베네수엘라 역사상 가장 고귀한 인물 가운데 하나로 자리매김하게 했다.

볼리바르는 라과이라에서 잠시 머물렀지만 아무것도 하지 않은 채 가만히 있을 수 없었다. 스페인 친구의 도움으로 여권을 얻어 1812년 8월 말 카리브해 연안에서 가까운 네덜란드령 섬인 쿠라소(Curaçao)로 떠났다.

이로써 볼리바르 생애의 첫 번째 장이 조용히 막을 내렸다. 그는 불안정한 청년기를 지나 슬픔과 인내의 시간을 견디며 투쟁을 준비했다. 미란다 휘하에서는 군사적 경험을 쌓았고, 마침내 자신의 인생 전부를 바칠 만한 궁극적 목적을 마음속에 뚜렷이 새기게 되었다. 이제 볼리바르는 더이상 단순한 조력자가 아니라 아메리카 대륙의 중심에서 당당히 역사의 주인공으로 떠오를 준비가 된 지도자로 거듭난 것이다.

4장

카르타헤나 선언과 해방전쟁의 시작
1812 – 1813

카르타헤나 선언

몬테베르데 장군이 카라카스를 점령했고, 곧이어 전국적인 탄압이 시작되면서 베네수엘라는 사실상 다시 스페인의 지배 아래 복속되었다. 독립운동에 대한 대의는 자취를 감춘 듯했고, 공화국의 이상은 철저히 짓밟혔다.

앞서 언급했듯이 몬테베르데는 스페인 본국으로부터 전쟁을 계속하라는 명령을 받은 바가 없음에도 자기 마음대로 무력 진압을 계속했다. 그의 불복종은 승전의 대가로 정당화되고 용서받았을 뿐 아니라 보상받기까지 했다. 1812년 말까지 카라카스는 가혹한 통치 아래 놓여 있었으며, 독립을 지지하고 지원한 대가는 매우 혹독했다.

이러한 상황에서 볼리바르는 친척이자 충직한 동지인 호세 펠릭스

리바스와 함께 네덜란드령 퀴라소섬으로 망명했다. 10월경에는 보다 안전한 누에바그라나다(Nueva Granada, 현 콜롬비아)의 항구도시인 카르타헤나(Cartagena)로 거처를 옮겼다. 그곳에서 그는 공화국 정부*에 자신이 군사적 지원을 하겠다고 제안했다. 이윽고 볼리바르는 프랑스 출신의 장군 페드로 라바투(Pedro Labatut) 휘하에서 대령으로 임명되었다.

카르타헤나에 머무는 동안 볼리바르는 자신의 확고한 신념, 곧 스페인의 압제에서 식민지들이 벗어날 수 있는 유일한 길은 오직 전쟁뿐이라는 주장을 강력한 어조로 담아 여러 글을 발표했다. 그해 말에는 베네수엘라 독립 실패의 원인을 분석하고 라틴아메리카 식민지 간의 단결과 결단을 역설하는 「카르타헤나 선언(Manifiesto de Cartagena)」을 발표했다. 이 선언은 볼리바르의 정치적 통찰과 사상적 천재성이 처음으로 드러난 작품으로 평가된다.

그는 먼저 초기 정부의 나약함을 강하게 비판했다. 예를 들어 코로 지역에서 왕당파를 즉시 진압하지 못하면서 오히려 요새를 구축할 시간을 벌어줘서 연방 전체에 대한 저항의 발판을 허용했다. 그 결과로 공화국의 몰락을 초래했다고 지적했다.

둘째, 우호적인 여론이 무르익지 않았음에도 혁명정부는 '자신이 지닌 권리의 가치를 모르는 어리석은 민중'을 무턱대고 하방하려 했다고 비판했다. 그는 이렇게 썼다.

> 관료들이 참고한 법전들은 정부 운용에 대한 실질적인 기술을 가르쳐 주기보다 허공에 공화국을 세우고 인간은 이미 완전하다는 전제 아래 정치적 완전성을 추구하는 이상주의자들이 만들 법한 것이었다. 그 결과, 우

---

* '공화국 정부'는 누에바그라나다(현 콜롬비아) 지역에서 스페인의 통치력이 약한 이후 등장한 지방 자치정부들 가운데 하나인 카르타헤나 임시정부(Junta de Cartagena)를 뜻한다.

리는 철학자를 지도자로 삼았고, 법 대신 박애주의를, 전술 대신 논쟁을, 군인 대신 궤변가만 들끓게 되었다. 이러한 가치의 전복 가운데 사회 질서가 흔들렸고, 국가는 시작부터 빠르게 붕괴되기 시작했으며, 그것은 곧 현실이 되었다.

볼리바르는 전쟁 훈련을 받으면서 한 번의 패배만으로 모든 희망이 사라지지 않는다는 걸 잘 아는 단단한 정규군이 필요하다고 역설했다. 또한 공공 자금의 남용을 비판하고, 국가가 보증하지 않은 화폐의 발행에 반대한다는 견해도 밝혔다. 즉 이런 화폐는 명백히 재산권을 침해하는 행위라고 지적했다. 왜냐하면 실물 자산을 가진 사람이 그것의 가치를 정확히 알 수 없고, 심지어 가상의 가치밖에 없는 불안정한 화폐로 교환할 수

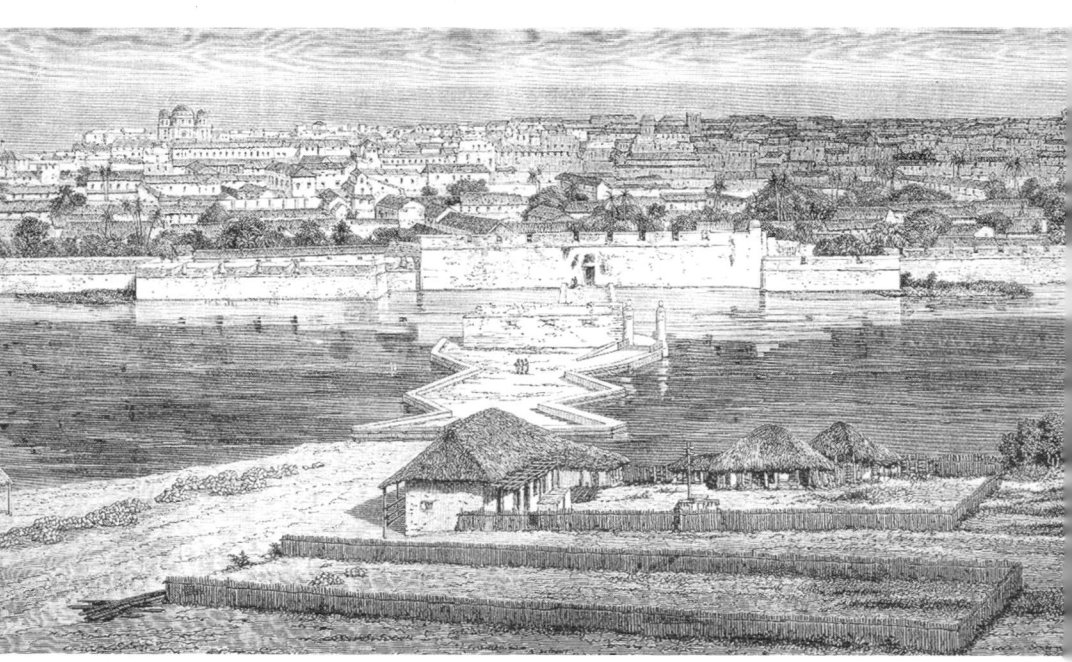

➔ 카르타헤나 전경. 베네수엘라 국립도서관 희귀본 컬렉션.

밖에 없기 때문이다.

볼리바르는 정치 체제에 관해 연방제가 이론적으로 가장 이상적인 제도임을 인정하지만, 신생 국가들의 현실에서는 가장 부적절한 체제라고 단언하면서 다음과 같이 덧붙였다.

우리 시민들은 아직 자신의 권리를 온전히 행사할 준비가 되어 있지 않다. 왜냐하면 이들은 진정한 공화국을 구성하는 데 필요한 정치적 덕목을 갖추고 있지 않으며, 이런 덕목은 시민의 권리와 의무가 무시되는 현재의 전제 군주정 아래에서는 결코 길러질 수 없기 때문이다.

또 다른 대목에서는 이렇게 언급했다.

정부는 자신을 국민과 시대 상황에 일치시켜야 한다. 만약 사회가 번영하고 평온하다면 정부도 온화하고 따뜻한 태도를 보여야 한다. 하지만 반대로 사회가 재난과 혼란에 빠져 있다면 정부는 엄정하고 단호해야 하며, 법률이나 헌법에 얽매이지 않고 그 위험에 맞설 수 있는 강인함으로 무장해야 한다. 평화가 회복될 때까지 그렇게 해야만 한다.

볼리바르는 민중의 현실을 냉정하게 인식하고 있었기에 다음과 같이 말하기도 했다.

무지한 농민들과 술수에 능한 도시 주민들에 의해 이루어지는 선거는 우리가 연방제를 실현하는 데 있어 큰 장애물이 된다. 전자는 너무 무지하여 기계처럼 투표하고, 후자는 너무 야망이 지나쳐 모든 것을 파벌 싸움으로 몰아간다. 이로 인해 베네수엘라에서는 자유롭고 합리적인 선거가 치러진 적이 없으며, 정부는 독립의 대의에 반대하거나 무능하거나 부패한 자들의 손에 넘어가고 말았다. 정치적 파벌이 모든 것을 결정했는데, 그 결과, 우리가 처한 상황 자체보다 더 심각하게 분열되었다. 결국 우리를 다시 노예 상태로 되돌려 놓은 것은 스페인 군대가 아니라 우리의 분열이었다.

볼리바르는 베네수엘라 몰락의 원인을 다음과 같이 요약했다.
첫째로 헌법 자체의 구조적 결함, 둘째로 정부와 국민 모두의 사기 저하, 셋째로 정규군 창설에 대한 반대와 군사력의 부재, 넷째로 지진과 같은 재난으로 인해 확산된 미신과 공포, 마지막 원인으로는 단호히 이렇게 썼다.

국가를 파멸로 이끈 치명적인 독은 바로 내부 분열이었다.

이후 볼리바르는 누에바그라나다의 지원을 간곡히 호소했고, 확신에 찬 어조로 카라카스의 자유를 되찾는 것이야말로 누에바그라나다의 평화를 위해 절대적으로 필요한 일이라고 역설했다. 과거 코로 지역의 반란, 이 하나를 제압하지 못해 베네수엘라 전체가 무너졌듯이 이제 다시 베네수엘라가 스페인 세력의 중심지가 되어 누에바그라나다 전체를 스페인의 왕관 아래로 되돌리는 결과를 낳을 것이라고 강하게 경고했다.
이어서 누에바그라나다를 기점으로 군사 작전의 가능성과 당위성을 역설했다. 또 해방군이 베네수엘라에 발을 딛는 순간 수천 명의 용감한 애국 시민들이 그 대열에 동참할 것이라고 단언했다. 볼리바르는 원정에 대한 구체적인 계획을 밝힌 후 다음과 같은 열정적이고 웅변적인 어조로 마무리했다.

누에바그라나다의 명예를 위해 대담한 침입자들을 징벌하고, 적 최후의 보루까지 추격할 것을 엄중히 요구한다. 누에바그라나다의 진정한 영광은 콜롬비아 독립의 발상지이자 순교자들의 고향인 베네수엘라를 해방시키는 것이며, 고귀한 카라카스 시민을 다시 자유의 빛 아래로 인도하는 것이다. 그들은 지금 사랑하는 누에바그라나다의 형제들이 찾아와 압제의 사슬을 끊고 구원자로서 해방의 날을 맞이하게 해 줄 것을, 지금도 지하 감옥에서 신음하며 자유를 향한 뜨거운 갈망 가운데 기다리고 있다.

그들의 믿음을 배신하지 말고,
형제의 절규를 외면하지 말라.
죽은 자를 위해 복수를,
죽어가는 자에게 생명을,
억압받는 자에게 해방을,
그리고 모두에게 자유를 되찾아 주기를 간절히 바란다.

이 감동적인 선언문은 1812년 12월 15일 카르타헤나에서 발표되었다. 이것은 사상가이자 선구자, 장군이자 실용적인 정치가로서 볼리바르의 성숙한 면모를 여실히 보여준다. 카르타헤나 선언은 훗날 그가 다섯 국가에 자유를 선사하게 될 운명임을 처음으로 드러낸 정치적 선언이며, 바로 여기서 볼리바르의 진정한 천재성과 역사적 사명이 분명하게 드러났다.

해방 전쟁의 시작

볼리바르는 한동안 아무 활동도 없는 외딴 지역의 지휘를 맡았다.

그런데 누에바그라나다에서 가장 강력한 거점이자 마그달레나강(Río Magdalena)의 자유로운 항행을 차단하는 테네리페(Tenerife) 지역의 요새에 대한 공격을 맡게 되었다. 볼리바르는 약 4백 명의 병력을 이끌고 공격을 개시해 수비대가 서둘러 도망친 요새를 점령하고 각종 대포, 선박, 보급품을 획득했다.

이 승리를 계기로 카르타헤나 정부는 그에게 독자적인 군 지휘권을 부여하고, 마그달레나강 상류 지역을 해방하라는 명령을 내렸다. 볼리바르는 단 5백 명의 병력으로 이 임무도 완수해 냈다. 강 동쪽 연안을 해방한 후 오카냐(Ocaña)에 도착했을 때는 지역 주민들로부터 열렬한 환영을 받았다. 그는 단 5일 동안 다섯 차례의 전투에서 모두 승리했다.

당시 누에바그라나다 의회는 툰하(Tunja)에서 회의를 열고 있었는데, 볼리바르에게 쿠쿠타(Cúcuta)와 팜플로나(Pamplona) 지역을 점령하라는 명령을 내렸다. 그는 불과 4백 명의 병력과 도중에 합류하게 될 애국 시민들을 위한 여분의 무기를 갖추고 출발했다. 신속하게 진격하면서 여러 왕당파 부대를 격파했고, 마침내 8백 명의 왕당파 병력이 방어하고 있던 쿠쿠타를 공격했다.

1813년 2월 28일 볼리바르는 치열한 전투 끝에 쿠쿠타를 점령했고, 막대한 군수 물자를 노획할 수 있었다. 이 소식이 전해지자 팜플로나와 인근 지역에 주둔하고 있던 왕당파 병력은 별다른 저항 없이 철수해 버렸다.

볼리바르가 카르타헤나 주지사에게 보낸 서신에는 발신지를 '해방된 쿠쿠타(Cúcuta libertada)'라고 적었으며, 이후 왕당파로부터 탈환한 도시 이름 뒤에는 항상 '해방된(libertada)'이라는 표현을 붙였다. 이는 볼리바르가 후세에 '엘 리베르타도르(El Libertador, 해방자)'라는 칭호를 얻게 되는 중요한 계기가 되었다. 마침내 베네수엘라 영토에 발을 들인 그날, 볼리바르는 이렇게 선언했다.

오늘, 베네수엘라는 부활했다.

그리고 병사들에게 이렇게 외쳤다.

두 달도 안 되는 시간 동안 여러분은 두 차례의 원정을 완수했고, 지금 세 번째 원정이 시작되었습니다. 이 원정은 바로 이곳에서 시작되며, 나에게 생명을 준 땅에서 끝나야 합니다.

볼리바르에게는 앞선 두 차례의 원정이 베네수엘라 해방을 위한 서막에 불과했다. 그에게는 가장 중요한 세 번째 원정이 기다리고 있었다. 그는 연설 마지막에 이렇게 선언했다.

카르타헤나와 누에바그라나다 연방의 용감한 병사들이여 모든 아메리카는 여러분에게 자유와 구원을 기대하고 있습니다.

이 말은 볼리바르가 일개 지역의 해방이 아닌, 남아메리카 대륙 전체의 자유를 위한 투쟁을 이미 구상하고 있었음을 명확히 브여준다.
볼리바르의 활약에 감명받은 누에바그라나다 정부는 그를 준장으로 진급시켰고, 누에바그라나다의 '명예시민'이라는 칭호를 수여했다. 이에 볼리바르는 즉시 베네수엘라의 수도 카라카스가 해방될 때까지 누에바그라나다-베네수엘라 연합군 병력을 지휘할 정식 권한을 요청했다. 그리고 카르타헤나 선언문에서 주장한 것처럼 베네수엘라의 자유는 누에바그라나다의 항구적 자유를 위해 반드시 필요하다는 논리를 다시 언급했다. 볼리바르의 열정적이면서도 설득력 있는 호소는 정부를 움직였다. 그는 베네수엘라 남서부의 메리다주(Estado Mérida)와 트루히요주(Estado Trujillo)를 점령할 수 있는 정식 권한을 부여받았다. 볼리바르는 정부의 승인에 대해 자신의 승리를 확신하는 한 문장으로 감사를 전했다.

> 회신은 트루히요로 보내 주시기를 바랍니다. 저는 그곳에서 받게 될 것입니다.

1813년 5월 15일 볼리바르는 산크리스토발(San Cristóbal)에서 8백 명의 병력을 이끌고 해방 전쟁의 대장정을 시작했다. 이에 맞서는 왕당파는 1만 5천 명의 병력에다 추가로 6천 명을 무장시킬 수 있을 만큼 넉넉한 자원을 갖추고 있었다.

그래서 이 젊은 장군의 시도는 어쩌면 무모한 도전처럼 보였으며, 노련한 장수라면 감히 시도조차 하지 않았을 전쟁이었다. 하지만 볼리바르는 상식을 초월하는 인물이었고, 가장 불가능해 보이는 꿈조차 현실로 바꾸는 힘을 지닌 지도자였다. 그의 곁에는 후일 역사 속에서 찬란한 명예를 받게 될 인물들이 함께했다. 특히 아타나시오 히라르도(Atanasio Girardot)와 안토니오 리카우르테(Antonio Ricaurte), 이 두 명은 훗날 다시 언급될 만큼 중요한 인재들이었다.

볼리바르가 메리다주로 접근하자 왕당파 병력 중 1천 명 정도가 도시를 버리고 도망가 버렸다. 결과적으로 1813년 5월 30일 볼리바르는 어떤 저항도 없이 메리다를 점령할 수 있었다. 메리다 시민들로부터는 '베네수엘라의 해방자'라는 환호와 함께 열렬한 환영을 받았다.

볼리바르는 즉시 해방된 영토의 행정과 조직을 재정비하고 부대를 증강하는 데 힘을 쏟았다. 한편 퇴각하는 스페인 병력을 추격하기 위해 일부 부대를 보냈고, 히라르도에게는 트루히요주를 점령하는 임무를 맡겼다. 왕당파는 이미 마라카이보 방면으로 도망쳤고, 6월 14일 볼리바르는 트루히요에 입성해 그곳을 새로운 근거지로 재편하기 시작했다. 그리고 또다시 히라르도를 보내 왕당파 추격에 나섰다.

「죽음의 전쟁 포고령」

다음 날 볼리바르는 그의 생애 중 가장 논란이 많았던 결단을 내렸다. 일부 역사가들은 이 결정을 두고 위대한 해방자의 생애에서 유일한 오점이라고 평가하기도 한다. 하지만 이 문제를 솔직하게 다루되, 당시의 선택은 불가피하면서도 정당했다는 점 또한 분명하다. 만약 그가 다른 결정을 내렸다면 그것이야말로 돌이킬 수 없는 치명적인 실책이 되었을 것이다.

그 결단은 바로 볼리바르가 스페인인에게 「죽음의 전쟁 포고령(Decreto de Guerra a Muerte)」이라는 법령을 선포한 것이다. 이 법령을 선포한 배경에는 몬테베르데의 가혹한 통치, 베네수엘라 내륙 도시들에서 자행된 왕당파의 잔혹한 범죄, 항복한 병사들과 민간인 그리고 원주민에 대한 무자비한 처형 등 수많은 사례가 있었다.

특히 충격적인 것은 스페인 총독이 공식 문서로 서명한 항복 조약을 무시하고 학살을 선동한 사실이었다. 이 선언문이 트루히요에서 볼리바르에 의해 작성되었을 때 그는 더 이상 관용이 아니라 정의와 생존이 걸린 문제로 인식하고 있었다.

볼리바르에게는 '아메리카인들이 독립운동에 대한 가담 여부와 상관

없이 단지 아메리카인이라는 이유만으로 학살당하고 있다'라는 뿌리 깊은 확신이 자리 잡고 있었다. 푸에르토카베요 감옥에서 질식사한 포로들, 카라카스에서 학살당한 시민들, 그리고 멕시코를 비롯한 대륙 곳곳에서 자행된 왕당파의 잔혹한 만행들을 떠올렸다. 또한 그는 베네수엘라 초대 공화정부가 보여준 관용과 스페인 당국이 되돌려준 잔혹함을 비교했다. 이는 단순한 복수의 차원을 넘어서 중립적인 이들에게도 결단을 촉구하는 강렬한 정치적 메시지가 되어야 한다고 판단했다.

볼리바르가 이미 메리다에서 발표했던 선언문에서 희생자들의 복수를 다짐하며 「죽음의 전쟁 포고령」을 암시한 바 있다. 그럼에도 그는 단순한 분노로 움직이는 인물이 아니라 심사숙고하면서 이성적으로 행동하는 지도자였다.

그는 이 위협을 즉시 실행에 옮기지 않고, 중대한 결정이 지닌 무게를 깊이 숙고하기로 했다. 1813년 6월 14일 밤 해방자는 고뇌 가운데 뜬눈

➡️「죽음의 전쟁 포고령에 서명하는 해방자 시몬 볼리바르(El Libertador Simón Bolívar firmando el Decreto de Guerra a Muerte)」

으로 밤을 지새웠다. 6월 15일 아침 볼리바르는 직접 「죽음의 전쟁 포고령」을 작성했다. 장교들을 소집해 의견을 구했고, 그 누구도 반대하지 않았다. 회의를 마친 후 그는 이 무시무시한 선언문에 서명했다.

> 스페인인들과 카나리아제도 사람들이여, 당신들이 중립을 지킨다 해도 죽음을 피할 수 없을 것이다. 아메리카인들이여, 그대들이 죄를 지었더라도 생명을 보장받을 것이다.

전쟁이란 본디 가혹한 것이다. 볼리바르로서는 승산 없는 싸움을 계속하자면 이러한 결정을 더는 피할 수 없었다. 이른바 「죽음의 전쟁 포고령」은 단순한 복수가 아니라 정당한 응징이며, 전황을 돌파하기 위한 전략적 수단으로서 충분히 정당화될 수 있었다. 그 정당성을 입증하는 데에는 몇 가지 사실만으로도 충분하다. 예컨대, 몬테베르데 장군은 푸에르토 카베요 감옥의 수감자들이 질식사한 사건을 보고받은 뒤, 그곳 사령관에게 다음과 같이 지시했다.

> 외국인 추방 조치를 절대 느슨하게 하지 말고, 지하 감옥에 있는 죄수들도 철저히 관리하라. 만약 누군가 죽는다면 그것은 그자의 운명이다.

평야 지역의 마을들은 학살자 무리에 의해 완전히 파괴되었고, 수많은 도시에서 여성과 아이들이 희생되었다. 남녀노소 가리지 않고 귀가 잘리고 산 채로 가죽이 벗겨지는 등 형언할 수 없는 고문에 의해 심지어 학살이 '체계적으로' 자행되기도 했다. 이러한 사건의 중심에는 호세 토마스 보베스(Jose Tomás Boves)라는 스페인 출신 인물이 있었는데, 그는 아메리카인은 모두 사라져야 한다는 극단적 신념 아래 마치 기계처럼 사람들을 무차별하게 학살했다.

볼리바르는 1813년 10월 2일 퀴라소 총독에게 보낸 편지에서 자신이 왜 「죽음의 전쟁 포고령」을 선포할 수밖에 없었는지 이유를 설명했다. 그리고 왕당파가 저지른 만행을 조목조목 언급했다. 그렇다고 해서 볼리바르가 이 선언을 즉시 무차별적으로 실행에 옮긴 것은 아니었다. 자비를 베풀 기회가 있다면 그는 당연히 그렇게 했고, 반대로 엄격한 조치가 필요한 상황이라면 대개 그에 상응하는 명확한 이유가 있었다.

「죽음의 전쟁 포고령」이 발표된 지 며칠 뒤 볼리바르는 산카를로스에서 스페인 사람들과 카나리아제도 주민들에게 다음과 같이 말했다.

> 스페인인과 카나리아제도 주민들이여, 마지막으로 말한다.
> 정의와 자비의 목소리에 귀 기울이라.
> 만약 그대들이 폭군이 아닌 우리의 대의에 동참한다면
> 생명과 재산, 명예는 보장받을 것이다.
> 하지만 여전히 적으로 남기를 고집한다면
> 이 나라를 떠나든지, 아니면 죽음을 각오하라.

이처럼 무서운 경고에도 불구하고 볼리바르가 자비를 베푼 사례는 여러 번 기록으로 확인된다. 그러나 끝내 왕당파를 굴복시키는 다른 길이 없다고 판단될 때는 가차 없이 전쟁을 수행하라는 명령을 내렸다.

5장

베네수엘라의 해방자와 첫 번째 승리
1813

니키타오와 오르코네스 전투의 승리

누에바그라나다 의회는 볼리바르에게 트루히요를 점령하되, 그곳에서 새로운 지시를 기다리라고 명령했다. 당시 누에바그라나다의 혁명 세력들은 내부적으로 불안정했기 때문에 볼리바르가 진격하는 것을 쉽게 허락하지 못했다. 하지만 볼리바르는 의회에 서신을 보내어 적들에게 병력 열세가 드러나기 전에 더 신속히 진격해야 한다고 주장했다. 또한 선제공격으로 왕당파를 빠르게 궤멸시켜야 누에바그라나다의 안전을 보장할 수 있다고 설득했다. 결국 그의 계획은 의회의 승인을 받아냈다.

그런데 당시 볼리바르가 처한 상황은 매우 위태로웠다. 우측에는 상당한 규모의 왕당파 주력군이 있었고, 좌측에는 적대적인 도시인 마라카이보와 코로가 버티고 있었다. 앞에는 과거 베네수엘라를 장악했던 몬테베르데가 경험 많은 병사들과 풍부한 군수품을 갖춘 채 기다리고 있었다. 점점 초조해진 볼리바르는 의회의 회신을 기다리기보다 진격을 감행했고, 1813년 7월 1일 안데스산맥(la cordillera de los Andes)을 넘어 과나레(Guanare)를 점령했다.

한편, 리바스 장군은 볼리바르의 명령을 따라 볼리바르를 추격해 오던 왕당파 부대에 기습을 가했다. 비록 리바스의 부대는 상대 병력의 절반에도 미치지 못했지만, 그는 볼리바르 못지않게 강인하고 용맹한 지휘관이었다. 7월 1일 볼리바르가 과나레에 입성한 그 날 리바스는 니키타오(Niquitao)라는 마을 근처에서 과감하게 공격에 나섰다. 탄약이 바닥나자 총검으로 육탄전을 벌이는 치열한 전투 끝에 적을 완전히 궤멸시켰다. 이 전투는 베네수엘라 독립전쟁에서 가장 눈부신 승리 중 하나로 손꼽힌다.

볼리바르는 기세를 몰아 바리나스(Barinas)로 진격했다. 겁에 질린 왕당파는 대포와 탄약을 그대로 내버려 둔 채 도망쳤다. 오리노코강(Río

➔ 베네수엘라 독립전쟁 시 볼리바르가 혁명군들과 함께 이끈 전투들로, 1813년 5월 14일부터 8월 6일까지 계속된 '해방 전역(解放 戰役, La Campaña Admirable)'이었다. 바르키시메토 좌측에서 일어난 전투가 오르코네스 전투(Batalla de Los Horcones)다.

Orinoco) 지류를 따라 과야나(Guayana) 지방으로 도주했는데, 그들이 지나간 길에는 약탈과 폭력의 흔적만이 남아 있었다. 볼리바르는 히라르도 장군에게 즉시 추격 명령을 내렸다.

바리나스주를 장악한 볼리바르는 지방 정부를 재편하고 최초의 기병대를 창설했다. 주민들에게는 독립의 열망을 북돋아 주면서 군사 조직을 강화했으며, 향후 진격을 위한 기반을 착실히 다져갔다. 이어서 리바스에게 진격을 방해하는 1,500여 명 규모의 왕당파 병력을 격파하라는 임무를 맡겼다.

리바스는 불과 3분의 1에 불과한 병력으로 오르코네스 평원(llanos de Horcones)에서 적을 격파하고 완벽한 승리를 거두었다. 니키타오와 오르코네스 전투의 연이은 승리는 이번 원정의 성공을 결정짓는 중대한 전환점이 되었다. 볼리바르는 바리나스에 일부 병력을 남겨두고 산카를로스로 진격했으며, 7월 28일 도시를 점령한 뒤 곧바로 발렌시아를 향해 공세를 이어갔다.

볼리바르가 서부 국경지대에서 조국의 심장부로 진격하고 있을 무렵 베네수엘라 동부에서도 중대한 사건이 벌어지고 있었다. 산티아고 마리뇨(Santiago Mariño)라는 젊은이가 스페인의 지배에 맞서기 위해 영국령 트리니다드섬에서 봉기 준비를 마치고 베네수엘라에 상륙해 쿠마나(Cumaná)로 진격했다. 마리뇨는 여러 면에서 놀라울 만큼 볼리바르와 닮은 인물이었다. 두 사람 모두 젊고 폭정에 대한 증오와 독립에 대한 열망으로 행동했으며, 추종자들의 열정을 이끄는 능력뿐 아니라 동료들에게 깊은 헌신을 보였다. 무엇보다 명예와 영광을 향한 열망 가운데 베네수엘라 초기 독립운동에서 핵심적인 역할을 해냈다는 점에서도 비슷했다.

몬테베르데가 마리뇨를 공격했지만, 참패를 당하고 카라카스로 물러나야 했다. 때마침 그곳에서 몬테베르데는 볼리바르가 서부 전 지역에서 거둔 승전 소식을 접하게 되었다. 위기를 직감한 그는 볼리바르의 진격을 저지하기 위해 직접 발렌시아로 향했으나, 그곳에서 또다시 리바스의 승전 소식을 들었다.

볼리바르는 타과네스(Taguanes)에서 그를 막기 위해 달려온 강력한 왕당파 군대를 격파하고 곧장 발렌시아로 진격했다. 그곳에서 몬테베르데가 강하게 저항할 것으로 예상했지만, 밤사이 푸에르토카베요로 도주한 사실을 알고 매우 놀랄 수밖에 없었다. 몬테베르데는 말 그대로 발렌시아의 모든 것을 정복자의 자비에 맡긴 채 조용히 도망쳐 버린 것이다.

발렌시아를 점령한 볼리바르는 바로 카라카스로 향했다. 그는 스페인군에게 명예로운 항복 조건을 제시했고, 스페인 병사들과 장교들에게 통행증을 제공해 안전하게 도시를 떠날 수 있도록 보장했다. 그런데 카라카스에 도착했을 때는 이미 스페인 병사들과 장교들을 비롯해 보복당할 것을 두려워한 약 6천 명에 달하는 주민들이 이미 라과이라항으로 도망친 뒤였다. 그들은 볼리바르가 과거 몬테베르데처럼 보복할 것이라 믿고 있었다.

푸에르토카베요 포위전

1813년 8월 6일 볼리바르는 드디어 카라카스에 입성했다. 불과 5백여 명의 병력으로 시작한 첫 번째 원정을 성공적으로 마무리한 역사적 순간이었다. 이 원정은 그가 장군으로서 지휘한 첫 번째 작전이었다. 단 90일 만에 무려 2,000여 킬로를 돌파하고 여섯 차례의 주요 전투에서 승리했으며, 다섯 개의 적 부대를 섬멸하고 대포 50문과 탄약고 세 곳을 노획한 끝에 베네수엘라 서부 전 지역을 해방했다. 한편, 베네수엘라 동부 지역은 마리뇨의 지휘 아래 해방되었고, 이로써 베네수엘라는 동시에 스페인의 지배에서 벗어나게 되었다. 이 눈부신 승리는 볼리바르를 단숨에 역사상 가장 탁월한 전략가이자 지휘관 중 한 사람으로 자리매김하도록 만들었다.

카라카스는 볼리바르를 최고의 예우로 맞이했다. 흰옷을 입은 젊고 아름다운 여성들이 꽃과 월계수 가지를 들고 환영했으며, 성당 종소리가 울려 퍼지고 수많은 꽃잎이 그의 발걸음을 수놓았다.

그러나 볼리바르는 특유의 에너지로 곧바로 업무에 착수했다. 그는 카라카스의 질서를 회복하고 라과이라에 대한 공격 준비에 집중했다. 동시에 공화국의 부활을 알리는 포고문을 발표하면서 이번 원정이 가능하도록 지원해 준 누에바그라나다에 깊은 감사의 뜻을 표했다.

볼리바르는 「죽음의 전쟁 포고령」을 실제로 집행하지 않기 위해 푸에르토카베요에 사절을 보내 카라카스와 라과이라에서 붙잡힌 스페인인들의 생명을 보장하는 내용의 협정 체결을 몬테베르데에게 제안했다. 그러나 몬테베르데는 반란군과 어떤 협상도 맺을 수 없다며 단호하게 거절했다.

볼리바르는 가장 시급한 정비와 재보급을 마친 뒤 마리뇨에게 진심 어린

➡ 「카라보보의 볼리바르(Bolívar en Carabobo)」 아르투로 미켈레나, 1898년, 유화, 카라카스국립미술관. 카라카스. 카라보보 전투 당시 함께했던 말 팔로모('비둘기'라는 의미)를 탄 승마 초상화.

축하 인사를 전했다. 이어 직접 푸에르토카베요의 포위전에 나섰다.

바로 이 시기, 즉 볼리바르의 명성이 절정에 이르렀을 때 그는 처음이자 공개적으로 자신은 어떠한 개인적 야망도 없음을 밝혔다. 젊은 시절 베네수엘라 각지의 광대한 토지와 노예 그리고 막대한 재산을 소유하며 안락한 삶을 누렸지만, 그는 이 모든 것을 조국의 해방을 위한 투쟁에 기꺼이 내던졌다. 그리고 이렇게 선언했다.

> 베네수엘라의 해방자는 조국의 구원을 위해 싸우는 병사들의 맨 앞, 대열의 선두에 서는 가장 위험한 자리 외에는 어떤 공직이나 권위도 영원히 거부한다.

볼리바르는 그의 말 그대로 살았다.

히라르도의 죽음

몬테베르데는 푸에르토카베요에 많은 애국자를 억류하고 있었다. 볼리바르가 포로 교환을 제안했으나 몬테베르데는 모든 제안을 완강히 거절했다. 바다와 접한 푸에르토카베요는 해상을 통한 보급이 가능했기에 포위 작전이 완전한 성과를 거두지 못했다. 한편 스페인 본국에서 호세 미겔 살로몬(José Miguel Salomón) 장군이 지휘하는 대규모 원정군이 도착하면서 볼리바르는 적을 성 밖으로 유인하지 않고서는 승산이 없다고 판단했다. 결국 부대를 일시적으로 철수시킨 뒤에 9월 30일 몬테베르데가 성 밖으로 나서자 세 방향에서 기습을 가해 완벽하게 무찔렀다.

그러나 그 승리는 값비싼 대가를 요구했다. 젊은 히라르도 대령이 점령한 진지 위에 승리의 깃발을 꽂던 중 이마에 총탄을 맞고 쓰러진 것이다. 볼리바르는 전사한 히라르도에게 최고의 경의를 표했고, 그의 심장을 카라카스로 운구해 민중이 애도할 수 있도록 했다. 히라르도 휘하의 병사들과 동료들은 분노에 찬 채 볼리바르에게 복수할 기회를 달라고 자청했다.

몬테베르데는 남은 병력으로 자신이 난공불락이라 믿었던 거점에 진지를 구축했다. 하지만 혁명군은 전력을 다해 총공세에 감행했고, 다시 푸에르토카베요로 물러날 수밖

➔ 「바뷸라 전투에서 히라르도의 죽음(La Muerte de Girardot en Eárbula)」 크리스토발 로하스, 1883년, 직물에 유화, 287x217cm, 볼리바르박물관. 카라카스.

에 없었다. 결국 몬테베르데는 부하들에 의해 해임되었고, 후임으로 살로몬 장군이 선출되었다. 살로몬은 포로 교환을 수락했다. 볼리바르는 일부 병력을 남겨 푸에르토카베요에 대한 포위를 이어가도록 조치한 뒤, 새로운 난관을 해결하기 위해 카라카스로 향했다.

마라카이보에서 파견된 스페인군이 누에바그라나다와의 연락망을 끊어버렸다. 쿠쿠타 지역에서는 왕당파가 주민을 학살하는 내기를 벌이거나 열 살도 안 된 아이들의 손을 자르는 등 온갖 잔혹한 만행을 저지르고 있었다. 오리노코 평원 일대에서는 보베스와 그의 부하 모랄레스가 상상을 초월하는 잔혹한 학살을 자행했다. 남부 전선에서도 혁명군 일부 부대가 궤멸했고, 일부 광신적인 성직자들은 '국왕은 신의 대리자'라며 민

중의 독립 의지를 꺾어 버렸다.

한편, 볼리바르는 이전 전투에서 두각을 나타낸 우르다네타(Rafael Urdaneta) 준장을 서부 전선의 지휘관으로 임명하고, 그가 깊이 신뢰하는 장교 캄포 엘리아스(Juan Vicente Campo Elías)를 평원 지대로 파견했다. 이후 볼리바르는 카라카스로 돌아와 전사한 히라르도의 심장에 마지막 경의를 표했다. 이는 전우에 대한 숭고한 예우이자 베네수엘라 독립전쟁에 있어 결정적 도움을 아낌없이 지원해 준 누에바그라나다에 대한 감사의 표시였다.

이 무렵 카라카스 정부는 볼리바르에게 처음으로 '국가의 구원자이자 베네수엘라의 해방자'라는 칭호를 공식적으로 부여했다. 이에 대해 그는 이 칭호가 세상의 그 어떤 왕관보다 더 큰 영광이자 더한 만족을 준다면서도 진정한 해방자는 누에바그라나다 의회와 리바스, 히라르도 그리고 이번 원정에 함께한 모든 이들이라며 그 영예를 그들에게 돌렸다.

➡ 19세기 기병 복장을 한 콜롬비아와 베네수엘라의 크리오요(식민지 출신 백인)인 야네로.

그런데 민심은 점차 불안정해지고 있었다. 이것은 그동안 쌓아 올린 모든 성취를 한순간에 무너뜨릴 수 있는 중대한 위협이었다. 앞서 여러 차례 언급한 것처럼 처음부터 그에게는 견고한 '여론'이라는 토대가 존재하지 않았다. 민중은 감정, 오랜 습관, 미신 그리고 눈앞에 닥친 이익에 의해 쉽게 휘둘렸다. 평원 지대의 야네로(Llanero, 평야의 사람)*들은 전리품을 약속하는 자라면 누구든 기꺼이 따를 준비가 되어 있었다.

그런 혼란 속에서도 서른 살의 젊은 볼리바르는 이미 뛰어난 군사 전략가이자 능숙한 행정가로서의 면모를 드러내고 있었다. 그는 행정 체계를 정비하는 동시에 혁명군의 자긍심을 고취하기 위해 '베네수엘라 해방자 무공훈장(The Military Order of the Liberators of Venezuela)'을 제정했다.

---

* 콜롬비아 동부에서 베네수엘라 중서부에 걸쳐 있는 야노스(Llanos) 초원 지대에 사는 목동들. 평시에는 초원을 돌아다니며 가축을 기르다가 전쟁 중에는 숙련된 기병으로 명성을 떨쳤다.

6장

범아메리카 협력의 이상

1813 - 1814

아라우레 전투

코로의 총독 세바요스(José Ceballos)는 1,300명의 병력을 이끌고 나와 인근의 혁명군 부대를 궤멸시켰다. 그로 인해 발렌시아의 탈환은 요원해졌으며, 푸에르토카베요를 포위 중인 군대의 안전 또한 위협받게 되었다. 한편, 왕당파의 야네즈(José Antonio Yáñez) 장군은 2,500명의 야네로 기병대를 이끌고 또 다른 애국자 부대를 격파하여 바리나스를 점령했다. 그가 지나간 길에는 시체와 피로 얼룩져 있었다.

우르다네타는 볼리바르에게 긴급히 지원을 요청했다. 볼리바르는 즉시 바르키시메토로 달려가 세바요스 휘하의 군대를 격파하는 데 성공했다. 그러나 나팔수의 잘못된 신호로 한 부대가 실수로 퇴각하는 바람에 승리는 허무하게 패배로 끝나 버렸다. 볼리바르는 우르다네타 장군에게 잔존 병력을 재편성하는 임무를 맡기고, 새로운 병력을 보강하기 위해 발렌시아로 향했다.

이때 코로의 세바요스는 야네즈와 푸에르토카베요의 지휘관 살로몬과 연락을 취해 합동 공격을 계획했다. 이 소식을 접한 블리바르는 당시 카라카스에 있는 리바스에게 가능한 모든 병력을 이끌고 출동하라는 명령을 내렸다. 살로몬의 부대는 발렌시아에서 카라카스로 이어지는 주요 도로를 따라 진격했으나 리바스와 볼리바르가 지휘하는 혁명군의 협공을 받아 3일간의 치열한 전투 끝에 심각한 피해를 입고 푸에르토카베요 항구로 퇴각했다.

그 후 볼리바르는 가용한 모든 병력을 규합하여 산카를로스로 향했고, 그곳에서 약 3천 명의 병력으로 재편성해 전투 태세를 갖췄다. 1813년 12월 5일 그는 세바요스가 이끄는 3,500명의 병력과 아라우레(Araure) 근처에서 마주쳤다.

➡ 「누만시아 깃발이 이름 없는 부대에 전달되다(La entrega de la bandera del Numancia al Batallón Sin Nombre)」아르투로 미켈레나, 1883년, 볼리바르박물관. 카라카스.

아라우레 전투는 베네수엘라 독립전쟁에서 벌어진 가장 치열하고도 기념비적인 전투 중 하나였다. 전투 초반에 혁명군은 정예 보병대를 잃는 등 큰 손실을 당했지만, 볼리바르는 전장을 종횡무진 누비며 병사들을 독려하고 직접 전투를 지휘하며 위기를 수습했다. 그의 지휘 아래 혁명군은 전열을 재정비하고 반격에 나서 마침내 승리를 거두었다. 왕당파는 1천여 구의 시신과 다수의 대포를 남긴 채 퇴각하고 말았다. 이후 세바요스 총독과 야네즈 장군은 오리노코강 유역의 남쪽 계곡으로 도망쳤고, 이 전투로 인해 볼리바르의 명성은 절정에 달했다.

앞서 바르키시메토 전투에서 잘못된 신호로 인해 서둘러 퇴각하는 바람에 명예를 실추시킨 부대는 볼리바르에 의해 깃발과 부대 명칭을 박탈당한 바 있었다. 이 부대는 '이름 없는 부대'라 불리며 아라우레 전투에서 혁명군 대형의 중앙에 배치되었다. 전투가 시작된 지 10분 만에 그들은 적군으로부터 누만시아 부대의 깃발(flag of Numancia)을 노획하고 적 밀집 대형을 돌파하는 전과를 올렸다. 이로 인해 전투 다음 날 볼리바르는 이름 없는 대대의 용맹을 인정하여 노획한 깃발을 선물하고 '아라우레의 정복자'라는 새로운 이름을 선포했다.

아라우레 전투의 승리로 인해 하루 만에 베네수엘라를 짓누르던 왕당파 세력의 주력을 무너뜨렸고, 1813년의 마지막을 찬란한 군사적 승리로 마무리하게 되었다.

전투가 끝난 뒤 참모진이 승리를 자축하며 환호를 올리자 볼리바르는 다음과 같은 의미심장한 말을 남겼다.

우리 군대가 베네수엘라를 위해 복수를 완수한 것은 사실입니다. 우리를 굴복시키려 했던 가장 강력한 군대는 이제 전장에서 궤멸했습니다. 그러나 우리는 아직 여기서 안주할 수 없습니다. 우리 앞에는 또 다른 책무가 기다리고 있습니다. 조국이 완전히 해방되면 아메리카 대륙 어디에서든 스페인을 몰아내기 위해 싸울 것이며, 결국 그들을 바다로 몰아내 버릴 것입니다. 자유는 우리의 검으로 지켜야 할 것입니다.

범아메리카 협력

그 영광의 순간에도 볼리바르의 마음 한편에는 점점 깊어지는 불안감이 자리하고 있었다. 혁명 세력이 아직 민심의 뒷받침을 제대로 얻지 못하고 있으며, 자신의 정치적 기반도 취약하다는 사실을 잘 알고 있었다. 무엇보다 무정부적이고 통제 불가능한 야네로들이 향후 가장 중대한 위협이 될 수 있다는 사실을 정확하게 인지하고 있었다.

볼리바르는 누에바그라나다 의회에 서신을 보내 서부 지역 정복과 평원 지대에서 벌어지고 있는 작전 상황을 상세히 보고하는 한편, 다시 한번 자신의 권력에 관한 입장을 명확히 밝혔다.

다른 대륙의 전제 군주에게는 최고의 영예인 절대 권력의 위치가 내게는 무겁고 불쾌한 짐일 뿐입니다.

다른 서한에서는 더욱 단호히 선언했다.

설령 국민이 나에게 권력을 바친다 해도 나는 한순간도 그것을 움켜쥐지 않을 것입니다.

1813년 12월 31일에 작성한 보고서는 시몬 볼리바르의 생애에서 가장 중요한 정치 철학을 집약한 문서로서, 초창기에 발표한 카르타헤나 선언에 견줄 만큼 그의 정치사상이 잘 녹아 있다. 이 보고서에서 그는 누에바그라나다와 베네수엘라의 연합, 나아가 남아메리카 대륙의 정치적 대연합이 담긴 구상을 제시했다.

문서 형식상 수신자가 볼리바르 자신으로 되어 있지만, 그 내용 가운데 아래와 같은 대목은 특히 주목할 만하다.

우리는 피로 얼룩진 유럽의 역사 가운데 '균형'을 찾으려 했던 시도로부터 분명한 교훈을 얻어야 한다. 유럽의 열강들은 끊임없는 전쟁과 혼란 속에서 불안정한 '균형'을 추구해 왔으며, 그 과정에서 세계의 나머지 지역에 대해 예속시키려는 야욕을 여실히 드러냈다.

아메리카는 결코 그 길을 따라가서는 안 된다. 우리가 실현해야 할 것은 단순한 지역 간 균형이 아니라 유럽의 일방적 우위를 견제할 수 있는 보다 근본적인 질서, 곧 '세계의 균형'이라는 과제다. 이 새로운 균형은 아메리카 대륙 전체의 정치적 비전 속에 포함되어야 하며, 이를 실현하기 위해서는 유럽의 침략에 맞설 수 있을 만큼 강력한 집단적 힘이 필요하다. 그러한 힘은 오직 남아메리카 전체가 통합되어 하나의 국가 체제를 이룰 때만 가능하다.

➡ 시몬 볼리바르의 정치 철학과 사상은 보고서, 편지, 선언문, 포고령 등 다양한 문서로 기록되었으며, 범아메리카 협력의 이상도 보고서로 작성되었다. 해방자 시몬 볼리바르 기록 보관소는 유네스코 세계기록유산에 등록되었다.

단일 정부 아래에서 대륙의 방대한 자원을 단 하나의 목적-외세의 간섭
과 침략으로부터의 자주적 방어-에 집중시켜야 한다. 동시에 내부적으로
는 국가 상호 간의 연대와 협력을 강화함으로써 진정한 번영과 독립 그
리고 대륙 전체의 존엄을 확립해 나가야 한다.

범아메리카 협력(inter-American coöperation)의 이상은 볼리바르가 구
상했던 남미 통합의 핵심 사상과 놀라울 만큼 유사하다.

균열의 전조

몬테베르데가 실각한 후 푸에르토카베요에 주둔하던 왕당파 군대는
그들의 근거지인 코로 지역으로 이동하는 도중에 사실상 해산되었다. 그
럼에도 일부 병력은 남쪽으로 방향을 틀어 인근의 혁명군 부대를 괴멸시
키고 칼라보소(Calabozo)에 입성했다. 이 공격을 주도한 인물은 앞서 언급
된 보베스로 알려진 스페인 출신의 지휘관 호세 토마스 로드리게스(José
Tomás Rodríguez)인데, 그는 이후 아메리카 독립전쟁사에서 가장 악명 높
은 존재로 기억된다.

로드리게스는 한때 해적질하다가 잡혀서 푸에르토카베요 감옥에 수
감되어 있었는데, 몇몇 스페인인의 탄원으로 석방된 후 칼라보소에서 노
동자로 일하며 생계를 이어갔다. 그런 와중에 1810년 혁명이 발발하자
이름을 '보베스(Jose Tomás Boves)'로 바꾸고 혁명에 가담했다. 그러나 어
떤 이유에서인지 다시 체포되었고, 왕당파에 의해 풀려난 뒤에는 독립 세
력에 대한 복수를 다짐하며 본격적인 활동에 뛰어들었다.

그는 스스로 야네로 기병대를 조직하고 탁월한 전술 감각과 과감한
기동력으로 왕당파 진영에 여러 차례의 승리를 안겼다. 그러나 곧 군사적

인 성과가 아닌 잔혹한 학살자로서 이름을 떨치게 되는데, 그는 저항의 싹을 없애는 유일한 방법으로 혁명군이나 독립운동을 지지하는 주민들을 '체계적으로' 학살하는 것뿐이라고 굳게 믿었다.

그의 부관인 프란시스코 토마스 모랄레스(Francisco Tomás Morales)는 도덕적 판단조차 기대할 수 없는 인물이었다. 심지어 보베스마저도 그를 두고 '극악무도한 자(atrocious)'라고 부를 정도였다. 보베스가 체제 수호라는 정치적 명분 아래 조직적인 살육을 감행했다면 모랄레스는 살인 그 자체를 즐긴 자였다. 하인 출신이었던 그는 냉혹하고 절대 굴복하지 않는 성격, 그리고 전장에서의 탁월한 역량으로 보베스의 군대 내에서도 핵심적 위치를 차지했다.

이 두 인물은 약 4,000명의 야네로 민병대를 이끌고 칼라보소를 장악했으며, 이후 베네수엘라 독립운동사에 지울 수 없는 상흔을 남기게 된다.

볼리바르는 급박한 정세를 타개하기 위해 동부 전선을 지휘하는 마리뇨에게 지원을 요청했다. 그러나 마리뇨는 여러 가지 이유-무엇보다 최고 권력을 장악하기 위한 정치적 야심-로 인해 끝내 병력을 파견하지 않았다.

이처럼 1814년은 내부 분열과 불신 속에서 시작되었다. 그해 초 카라카스에서는 국민대표회의가 소집되었고, 볼리바르는 자신에게 부여된 비상 권한의 행사 경과를 정식으로 보고했다. 그는 여느 때와 마찬가지로 단호하고 명확한 어조로 자기 뜻을 밝혔다. 목소리에는 정당한 자부심과 책임 의식이 담겨 있었지만, 동시에 더는 권력을 유지하지 않겠다는 확고한 결의도 담겨 있었다.

나는 여러분을 무정부 상태에서 구하고 억압의 상징을 떠받드는 적을 제거하기 위해 최고 권한을 수락하고 이를 행사해 왔습니다. 여러분을 위해 법을 제정하고 사법과 재정 제도를 정비했으며, 마침내 정부를 세웠습니다. 하지만 시민 여러분, 나는 통치자가 아닙니다. 법은 여러분이 선출한 대표들이 제정해야 하며, 국고는 정부가 아닌 국민의 것입니다. 그 재정을 다루는 자들은 국민 앞에 사용 내역도 분명히 밝혀야 합니다.

이제 나는 이 권력을 정당한 대표들에게 이양하기를 간절히 바랍니다. 이 막중한 책임을 감당할 수 있는 인물은 분명 여러분 안에 있습니다. 내가 바라는 유일한 영예는 하나입니다. 그것은 바로 여러분의 적과 싸움을 계속하는 일입니다. 나는 조국의 자유가 완전히 보장되는 날까지 결코 검을 거두지 않을 것입니다.

카라카스의 대표회의 의장은 볼리바르의 연설이 끝난 후 자리에서 일어나 그의 눈부신 원정과 뛰어난 군사적 재능을 찬양했다. 이어 누에바그라나다에서 보여 준 영웅적 활약을 간략히 되짚으며, 그가 이룬 가장 위대한 공적은 위임받은 권력을 기꺼이 내려놓으려는 결단에 있다고 강조했다. 그러면서도 지금 당장 그에게서 권력을 거두는 것은 국가의 위기를 초래할 수 있으므로 당분간은 볼리바르에게 최고 권한을 계속 위임해야 한다고 주장했다.

이에 대해 볼리바르는 동료 장병들에게 경의를 표한 뒤, 다음과 같이 답변했다.

나는 무력으로 여러분을 억압하기 위해 온 것이 아닙니다. 내가 가져온 것은 '법의 지배'입니다. 여러분의 신성한 권리를 지키기 위해 이 자리에

셨습니다.

무력에 의한 지배는 결코 국민을 자유롭게 할 수 없습니다. 내가 지닌 권력은 공화국에 필요한 일시적 수단에 불과합니다. 전장에서 승리했다고 해서 통치의 정당성을 의미하지는 않습니다. 군인은 법과 정부를 결정하는 자가 아니라 자유의 수호자입니다. 그의 영광은 공화국의 영광과 하나가 되어야 하며, 조국에 진정한 행복을 안겨 줄 수 있을 때 비로소 그 야망이 완성되는 것입니다.

이제 여러분의 대표를 선출하고 재판관을 임명하며 정의로운 정부를 세우십시오. 그리고 기억하십시오. 공화국을 지켜 낸 우리의 군대는 앞으로도 언제나 베네수엘라의 자유와 영예를 수호할 것입니다.

이러한 선언에도 불구하고 권력은 다시 자연스럽게 볼리바르에게 집중되었다. 그러나 그는 곧 통치에서 물러나 전장으로 복귀했다.

볼리바르의 주요 목표는 병력 부족으로 고립 상태인 푸에르토카베요의 포위를 끝마치는 일이었다. 볼리바르는 육상과 해상에서 동시에 공격을 가해 포위망을 무너뜨리고 성을 함락시킬 대담한 계획을 세웠다. 그러나 마리뇨와의 지휘권 갈등, 특히 과거 병력 지원을 둘러싼 오해로 인해 작전 통합은 무산되었고, 이로 인해 공세는 별다른 성과 없이 중단되고 말았다.

보베스의 침공

한편, 바리나스는 왕당파 지휘관 야녜즈의 손에 넘어가고 말았다. 피에 굶주린 그의 부하들은 포로 80명의 목을 베고 남녀노소를 가리지 않고 학살을 자행했으며, 도시에 불을 질러 바리나스를 잿더미로 만들었다. 며칠 뒤 야네즈는 교전 중에 전사했지만, 그의 이름은 보베스와 모랄레스에 견줄 만큼 끔찍한 전쟁 범죄의 대명사로 역사에 남게 되었다. 전국 각지에서는 왕당파가 게릴라전을 벌이며 혁명군의 진격을 방해했고, 이것이 볼리바르에게 점점 더 큰 위협으로 다가왔다. 왕당파 군을 이끄는 자들은 하나같이 잔혹함으로 악명을 떨쳤으며, 여기에 야네즈의 후임으로 들어온 칼사다(Calzada)와 로세테(Rosete) 또한 살육 경쟁에 가세했다. 그들은 누가 더 많은 피를 흘리게 했는지를 겨루기라도 하듯 상식을 초월하는 잔혹한 만행을 저질렀다.

평야 지대에서 기병대를 이끄는 보베스는 라푸에르타 전투(Primera Batalla de La Puerta)에서 혁명군의 캄포 엘리아스 장군을 꺾고 대승을 거두었다. 여세를 몰아 발렌시아 계곡(Valle de Valencia)을 돌파하여 수도 카라카스로 접근해 왔다. 로세테는 오쿠마레(Ocumare)를 점령한 뒤, 성당에서 기도하던 사람들까지 무차별적으로 학살했다.

보베스는 이 기회를 놓치지 않기 위해 발렌시아와 카라카스를 잇는 전략 요충지인 라빅토리아로 진격했다. 그곳에서는 리바스가 결사 항전을 준비하고 있었다. 1814년 2월 12일 아침 보베스는 도시에 진입을 성공했지만, 마치 한 사람이 네 사람을 상대하는 듯한 격렬한 저항에 직면했다. 리바스의 수비대는 투지를 불태웠고, 전투는 하루 종일 치열하게 전개되었다. 리바스는 휘하의 가장 뛰어난 장교들이 쓰러지는 모습을 눈앞에서 지켜봐야 했으며, 그 자신도 세 마리의 말을 잃을 만큼 전선 깊숙이 노출되었다. 오후가 되어도 여전히 승패는 가려지지 않았다.

그때 라푸에르타 전투에서 패배한 캄포 엘리아스가 병력 일부를 이끌고 전장에 합류했다. 리바스는 곧바로 반격에 나서서 적을 도시 밖으로 밀어냈고, 다음 날 총공세를 가하자 보베스의 군대는 완전히 무너진 채 퇴각을 시작했다.

라빅토리아 전투는 리바스가 거둔 가장 위대한 승리이자 베네수엘라 독립전쟁사에서 가장 찬란한 무훈으로 기록된다. 볼리바르는 라빅토리아 전투에서 승리를 거둔 리바스를 아낌없이 칭송했다. 카라카스는 물론 세계에 이 소식을 전하면서 살아남은 영웅들에게는 찬사를, 전장에서 산화한 전우들에게는 깊은 경의를 바쳤다. 그리고 다음과 같은 말로 리바스를 치하했다.

리바스, 역경 앞에서도 꺾이지 않는 자.

볼리바르는 언제나 자신보다 전우의 영광을 앞세우는 사람이었다.

리바스는 라빅토리아 전투 이후 로세테에 의해 점령당한 오쿠마레로 진격했다. 그곳에서는 왕당파의 만행이 남긴 참혹한 광경이 펼쳐져 있었다. 거리에는 남녀노소 가릴 것 없이 피 흘리는 시신들이 널려 있었고, 희생자는 3백여 명을 넘었다. 토막 난 시신과 잘려 나간 팔다리는 볼리바르의 「죽음의 전쟁 포고령」이 왜 정당한지를 단적으로 보여 주는 증거였다. 리바스는 그곳에서 혁명군과 그 자녀들의 이마에 낙인을 찍기 위해 사용한 'P' 자 모양의 인두를 발견했다. 이는 애국자(Patriota)로 불리는 혁명 세력을 반란자로 규정하여 낙인을 찍겠다는 스페인의 잔혹한 의지의 상징이었다.

그동안 볼리바르는 왕당파가 반복적으로 자행해 온 만행에도 불구하고 「죽음의 전쟁 포고령」 명령을 실제로는 집행하지 않았다. 실행하더라도 매우 제한적이고 주저하는 태도를 보였지만, 이제 상황이 달라졌다. 보베스, 로세테, 모랄레스가 이끄는 왕당파의 폭력은 더 이상 묵과할 수 없는 수준에 이르렀고, 볼리바르는 단호한 보복 조치를 착수했다.

카라카스가 보베스의 위협에 놓였을 당시 포로로 잡힌 왕당파 스페인인들은 끊임없이 반란을 모의하고 있었다. 라과이라의 수비대 지휘관은 이들을 어떻게 처리할지 상부에 문의했다. 그때 볼리바르가 내린 명령은 다음과 같았다.

> 요새와 병원에 있는 스페인인은 단 한 명도 남김없이 즉시 처형하라.

같은 명령이 카라카스에도 내려졌다. 이 명령에 따라 스페인인과 카나리아제도 출신 주민 886명이 처형되었다.

이 조치는 훗날 볼리바르에 제기되는 비난 가운데 가장 치명적인 근거로 지목되었고, 그의 명성에 어두운 그림자를 드리우는 결정적 사건으로 남게 되었다. 하지만 병원에 수용된 혁명군 부상병들이 고문당하기도 했고, 한 여성은 단지 볼리바르의 군복에 수를 놓았다는 이유만으로 처형당했다. 왕당파가 점령한 도시마다 민간인이 학살된 정황을 고려한다면 이 처형은 단순한 보복이라기보다 절박한 상황에서 시행한 안전 조치이자 피할 수 없는 전략적 결단이었다.

실제로 볼리바르는 후퇴가 불가피한 상황에서 포로들을 적의 손에 넘기는 것을 극도로 꺼렸다. 그가 내린 명령은 이례적으로 냉혹했지만, 사실 당시 시대상으로 볼 때 그동안 그가 보여 준 관용은 상식을 뛰어넘어 지나치게 이상적이고 비현실적이었다. 베네수엘라 역사가 바랄트(Rafael María Baralt)는 이렇게 적고 있다.

그 순간 성인의 인내마저도 왕당파 장군들의 전쟁 범죄를 용납할 수 없었다. 그리고 바로 그 시점에 이어지는 새로운 공격 소식은 분노를 말로 표현할 수 없을 정도로 끓어오르게 했다.

7장

베네수엘라 제2공화국의 붕괴
1814

리카우르테의 희생

라빅토리아 전투에서 패배한 보베스는 병력을 재편하여 재차 공격에 나섰다. 반면에 볼리바르에게 남은 병력은 극히 소수에 불과했다. 끝없이 이어지는 전쟁으로 전 국토가 피폐해진 상황에서 더 이상 병력 충원이 어려워졌기 때문이었다. 그는 이 소수의 병력을 데리고 산마테오(San Mateo) 지역에서 보베스를 기다렸다. 적군의 병력은 볼리바르의 네 배 이상이었지만, 산마테오는 구릉이 많은 지역으로 왕당파 기병대가 기동력을 발휘하기 어려운 지형이었다.

전투는 1814년 2월 28일 시작되었고, 무려 10시간 반에 걸친 격전 끝에 볼리바르가 가까스로 전장을 장악했다. 하지만 그 과정에서 수많은 병사가 전사했고, 용맹한 장군 캄포 엘리아스도 중상을 입어 며칠 뒤 숨을 거두었다. 전투에서 가벼운 부상을 입은 보베스는 퇴각한 뒤 평원 지역에서 대규모 증원군을 얻어 다시 공격을 준비했다. 반면에 볼리바르는 카라카스 남동부를 위협하는 로세테의 공세에 대비하기 위해 산마테오의 방어 병력 중 일부를 빼내야 했다. 불리한 상황 속에서 3월 20일 보베스가 재차 공격을 감행했으나 또다시 격퇴당하고 말았다.

며칠 뒤 보베스는 로세테가 오쿠마레 전투에서 혁명군에게 패했다는 소식과 함께 마리뇨가 볼리바르를 지원하기 위해 접근 중이라는 정보를 들었다. 그는 마지막 총공세에 모든 걸 걸기로 결심했다.

3월 25일 보베스의 세 번째 공격이 시작되었고, 이날은 베네수엘라 독립전쟁사에서 가장 위대한 희생과 헌신이 벌어진 날로 기억되었다. 산마테오 전장의 중심부 하단에는 볼리바르 소유의 농장이 있었고, 그 위쪽 언덕에 있는 농장 본관은 혁명군의 보급 창고와 야전병원으로 활용되고 있었다. 이곳은 누에바그라나다 출신의 젊은 장교인 안토니오 리카우르테와 소규모 부대가 수비하고 있었다. 전투가 한창이던 그때 보베스는 탄약고를 빼앗기 위해 일부 병력을 우회시켜 언덕 뒤편을 넘어 기습을 감행했다. 혁명군으로서는 귀중한 탄약이 적의 손에 넘어가는 것은 시간문제라고 판단했다.

➡ 「산마테오 전투에서의 리카우르테(Ricaurte en San Mateo)」 안토니오 에레라 토로, 1883년, 캔버스에 유화, 86.7x52.5cm, 국립미술관. 카라카스.

리카우르테는 용맹한 장교였지만, 그의 병력이 터무니없이 적었다. 그는 먼저 부상자들을 대피시키고, 남은 병사들에게도 철수를 명령했다. 그리고 홀로 남아 적군이 탄약고에 들어오는 순간 화약통에 불을 붙였다. 거대한 폭발음이 전장을 뒤흔들었다. 폭발로 인한 연기가 걷히자 탄약고의 절반이 산산조각이 난 채 모습을 드러냈다. 리카우르테는 최후의 순간 탄약고에 들어온 왕당파 병사들과 함께 산화한 것이었다.

그의 결단은 혁명군 전체를 구했다. 폭발로 인한 혼란 속에서 볼리바르는 탄약고를 다시 탈환할 기회를 포착했고, 공격을 감행하여 농장 전체를 되찾는 데 성공했다.

그날 하루 동안 보베스는 무려 30차례에 걸쳐 공격을 시도했으나, 결국 1,000명에 가까운 사상자를 남긴 채 퇴각할 수밖에 없었다. 그러나 혁명군 역시 막대한 피해를 보았다. 전사자의 숫자는 적과 맞먹거나 그 이상이었지만, 이 전투의 승리는 분명 혁명군의 것이었다.

안토니오 리카우르테, 그는 대의를 위해 목숨을 바쳤다. 그 이름은 훗날 스파르타의 왕 레오니다스(Λεωνίδας)처럼 조국을 구하기 위해 죽음조차 두려워하지 않은 위대한 영웅으로 기억되었다.

제1차 카라보보 전투

한편 서부 전선에서는 코로의 전 총독 세바요스가 혁명군을 발렌시아까지 밀어붙였다. 그곳에서는 산마테오 전투에서 패배한 보베스의 병력이 합류하면서 도시를 포위할 수 있었다. 그러나 수적 열세에도 불구하고 발렌시아 수비대는 끝까지 항전했고, 결국 왕당파가 퇴각할 수밖에 없었다.

그 후 라빅토리아에서 마리뇨와 볼리바르가 회동했다. 볼리바르는 다시 푸에르토카베요 공략에 전념하기로 하고, 마리뇨는 볼리바르로부터 일부 병력을 지원받아 서부 전선으로 진격했다. 그러나 마리뇨의 경솔한 기동으로 인해 수적으로 우세한 적과 정면으로 맞붙게 되었고, 전투에서 패한 뒤 발렌시아로 퇴각하고 말았다. 볼리바르는 푸에르토카베요에 대한 공격을 중단하고 마리뇨를 만나기 위해 급히 발렌시아로 향했다. 마침 세바요스의 왕당파 군대가 또다시 병력을 보충했다는 소식이 전해지자 볼리바르도 다시금 병력을 충원하기 위해 이미 모든 자원이 고갈된 카라카스로 갔다.

거의 모든 인적 자원이 바닥난 상황에서도 어렵사리 병력을 모았고, 발렌시아를 지키고 있는 리바스에게 보냈다. 이후에는 보급품을 직접 챙겨서 전장에 합류했다.

양측 군대는 카라보보(Carabobo)의 평원에서 맞붙었다. 왕당파의 압도적인 병력 앞에 공화파 진영에서는 탈영자가 속출했다. 남쪽에서는 보베스가 대규모 기병을 이끌고 접근 중이라는 첩보까지 전해지자 볼리바르는 심각한 위기에 직면했다.

그럼에도 그는 마리뇨, 리바스 그리고 각 부대를 이끄는 믿음직스러운 장교들과 함께 전열을 가다듬고, 스페인 본국에서 파견된 총사령관 후안 마누엘 카히갈(Juan Manuel Cagigal)이 지휘하는 스페인 정규군과 정면으로 맞섰다.

1814년 5월 28일 첫 번째 카라보보 전투가 벌어지자, 불과 세 시간 만에 공

➜ 「후안 마누엘 카히갈(Juan Manuel de Cajigal)」 비센테 에스코바르, 1819년. 스페인이 베네수엘라와 쿠바 총사령관으로 파견되었으며, 제1차 카라보보 전투에서 볼리바르에게 패배했다.

화파는 신속하고 완벽한 승리를 거두었다. 스페인 정규군과 왕당파 군대는 사실상 궤멸했고, 카히갈은 소수의 병력만 이끌고 남서쪽으로 도주해 버렸다. 다수의 장교가 전사하고 보병 대부분은 항복했다. 무려 4천여 필에 달하는 군마와 막대한 탄약, 군수 물자, 문서, 군자금까지 모두 공화파 군대의 수중으로 넘어왔다.

그러나 이 승리는 결정타가 아니었으며, 진정한 위협은 이제부터 시작이었다. 보베스가 오로지 복수의 일념으로 북상 중이었기 때문이다. 볼리바르는 가용한 병력을 최대한 분산시켜 각 거점에 배치했고, 마리뇨가 직접 보베스를 상대하기 위해 나섰다. 볼리바르와 리바스는 다시 카라카스로 돌아가 끝없이 이어지는 병력과 군수품 확보에 몰두해야만 했다. 그때 누군가가 볼리바르에게 카라보보 전투에서의 승리를 축하하자, 그는 이렇게 답했다.

> 운명이 우리에게 안겨 준 승리에 취하지 맙시다. 더 큰 투쟁을 준비합시다. 우리의 형편이 좋든 나쁘든 가능한 모든 수단을 동원합시다. '아직 할 일이 남아 있는 한, 아무것도 이룬 것은 없다'라는 원칙에 따라 지금은 우리가 해야 할 일이 너무도 많습니다.

볼리바르의 마음속에는 단 한 명의 인물, 보베스만이 자리하고 있었다. 보베스는 막대한 병력과 평원의 풍부한 자원, 그리고 민중의 지지마저 등에 업고 있었다. 반면 볼리바르는 병력도, 자원도, 국민의 확고한 지지도 없이 모든 면에서 철저한 열세에 놓여 있었다.

이때 마리뇨는 불길한 기억이자 과거 뼈아픈 패배의 현장으로 남아 있던 라푸에르타에 진을 쳤다. 지형은 극히 불리했고, 병력 또한 적군에 비해 크게 뒤처진 상황이었다. 볼리바르가 합류했을 때는 이미 전열이 고

착되었으며, 보베스는 세 배에 달하는 병력을 앞세워 결정적인 일격을 준비하고 있었다.

전투는 피할 수 없었고, 승리를 기대하기란 더더욱 어려운 상황이었다. 그리고 마침내 볼리바르가 이룩한 모든 게 무너져 버렸다.

카라카스 대탈출

안토니오 마리아 프레이테스(Antonio María Freites) 장군은 절망 속에서 자결했고, 볼리바르와 함께 초기 독립운동을 이끌었던 수많은 장교가 전장에서 목숨을 잃었다. 보베스는 전투에서 생포된 부상자와 포로들을 가차 없이 학살했으며, 심지어 혁명군 장교 할론(Diego Jalón Dochagavia) 대령을 저녁 식사 자리에 초대한 뒤, 식사를 마치자마자 곧장 교수형에 처하고 그 목을 칼라보소의 동료들에게 선물로 보냈다.

마리뇨는 다른 방향으로 도망쳤고, 리바스와 볼리바르는 보베스의 진격을 최대한 저지하기 위해 지연 전술을 구사한 뒤 카라카스로 향했다. 패배라는 암울한 상황 속에서도 볼리바르는 여전히 열정과 투지로 가득 차 있었으며, 당시 볼리바르는 종종 다음과 같은 말을 했다.

승리의 기술은 패배를 통해 배운다.

1814년 6월 15일 제2차 라푸에르타 전투* 이후 보베스는 라빅토리아를 점령하고 발렌시아를 포위했다. 수비대는 모든 방어 수단이 고갈되었

---

* 제2차 라푸에르타 전투는 1814년 6월 15일 베네수엘라 과리코주(Estado Guárico)에서 벌어진 전투로, 보베스가 이끄는 왕당파가 병력과 기병 전술의 우세로 볼리바르·마리뇨 연합군을 격파했다. 이 패배로 공화파는 카라카스를 잃었으며, 수천 명의 시민과 병력이 동부로 피난하는 '카라카스 대탈출(Éxodo caraqueño)'이 발생했다.

지만, 갈증과 굶주림 속에서도 끝까지 항전했다. 마침내 코베스가 항복을 제안하자 수비대가 이를 수락했고, 7월 10일 보베스는 도시에 입성했다.

항복 조약에는 군인과 민간인을 포함한 모든 주민의 생명을 보장한다는 내용이 명시되어 있었지만, 보베스는 도시를 점령하자마자 약속을 저버렸다. 발렌시아 총독과 장교들, 수백 명에 달하는 병사들, 그리고 도시의 유력 인사 약 90명을 처형했다. 그의 부하들은 전사자의 유족들, 특히 젊은 여성들을 강제로 끌고와 보베스를 위한 연회에 참석시키는 만행을 저질렀다.

한편, 볼리바르는 카라카스에서 시민들의 전의를 북돋우려고 애썼다. 한때는 일시적이나마 도시를 방어할 계획도 세웠으나, 결국 시민들의 무의미한 희생을 피하고자 동쪽에 있는 바르셀로나(Barcelcna, 안소아테기주의 주도)로 철수하기로 했다.

카라카스 시민들도 보베스의 잔혹함을 익히 알고 있었기에 그가 온다는 소식이 전해지자 곧 대규모 피난 행렬이 이어졌다. 이 '카라카스 대탈출(Éxodo caraqueño)'이라고 부르는 피난 행렬은 베네수엘라 독립전쟁

➡ 「동쪽으로의 이주(La emigración a Oriente)」 티토 살라스, 1913년. 1814년의 카라카스 대탈출을 묘사한 장면.

에서 가장 비극적인 장면 중 하나로 기록된다. 수많은 사람이 동부로 향하는 험난한 여정에서 굶주림과 질병으로 목숨을 잃었지만, 그들은 보베스가 안겨 줄 고통과 굴욕보다 차라리 죽음을 택한 것이다.

7월 16일 보베스가 카라카스를 점령하자 곧이어 학살과 범죄가 시작되었다. 스페인 정규군 지휘관 카히갈 장군은 명예를 중시하는 군인이었는데, 자신의 권위가 보베스에 의해 철저히 무시당하자 이 사실을 본국에 보고했다. 그러나 돌아온 답변은 보베스의 공로와 용맹을 치하하라는 것뿐이었다.

보베스는 카라카스의 통치를 부관 케로(Juan Nepomuceno Quero)에게 맡기고 직접 볼리바르를 추격하기 시작했다. 케로는 같은 남아메리카인이지만, 사람들은 차라리 보베스가 더 낫다고 말할 정도로 잔인하고 포악하게 도시를 통치했다.

한편, 볼리바르는 카라카스에서 어렵게 모은 병력을 소규모 부대로 나눠 피난민을 보호하는 데 전력을 기울였다. 바르셀로나에 도착한 뒤에도 여전히 승리할 것이라는 믿음을 거두지 않고, 유럽으로 외교 사절을 파견할 준비를 하면서 국제적인 지원을 모색했다.

그러나 1814년 8월 18일 볼리바르는 고작 3천여 명에 불과한 병력으로 모랄레스가 이끄는 8천에서 1만 명에 달하는 군대와 아라과(Aragua)에서 맞서 싸웠으나 끝내 패배했다. 이 전투에서 카라카스 출신의 젊은이들로만 구성된 대대는 단 한 명도 살아남지 못하고 전멸했다. 볼리바르는 바르셀로나로 후퇴했다. 모랄레스는 아라과를 점령하자마자 남녀노소 가리지 않고 3,500여 명을 학살했다. 그들의 죄는 단지 '아메리카인'이라는 것이었다.

볼리바르는 바르셀로나도 더 이상 지킬 수 없다고 판단하여 리바스, 마누엘 피아르(Manuel Piar)와 함께 쿠마나로 근거지를 옮겼다. 피아르는 탁월한 군사적 재능과 대담성, 불굴의 의지를 지녔으며, 이후에 비극적 최후로 기억되는 인물이기도 하다.

볼리바르는 다시 마리뇨와 합류하여 카루파노(Carúparo)를 거쳐 국경을 넘어 누에바그라나다의 카르타헤나로 망명길에 올랐다. 이 과정에서 그는 단지 명성을 잃는 데 그치지 않았다. 피아르와 리바스를 비롯한 동료 장교들과 오랜 동지들로부터 쏟아지는 모욕을 감내해야 했다.

베네수엘라를 떠나기 직전에 볼리바르는 또 하나의 선언문을 발표했다. 그는 늘 자신의 정치적 입장을 국민과 세계에 밝히는 데 소홀함이 없었다. 그것은 단지 변명이 아니라 흔들리는 민심을 다시 대의의 깃발 아래로 결집하려는 시도였다. 이 선언문에서 그는 패배의 원인이 스페인군 때문이 아니라 베네수엘라 내부의 왕당파 때문임을 강조하면서 다음과 같이 단언했다.

> 신은 우리에게 굴욕과 긍지를 동시에 허락한 듯하다.
> 우리를 정복한 자들은 다름 아닌 우리의 형제들이며,
> 결국 우리를 꺾을 수 있었던 자도 오직 형제들뿐이었다.
> 자유의 군대는 수많은 전투 끝에 적을 섬멸했지만,
> 그들이 싸워 얻고자 했던 '행복'을 누릴 주체인 민중,
> 바로 그들을 없애서는 안 되었고, 실제로 그러지 않았다.
> 자유를 원하지 않는 이들을 파괴하는 것은 결코 정의롭지 않다.
> 더욱이 사슬을 사회적 유대로 착각하고,
> 그것을 사랑하는 타락한 광신자들에게

오직 무력으로만 자유를 강요해서는 안 된다.
당신들의 가슴을 찢고, 피를 흘리게 하고, 집을 불태우고,
끝내 당신들을 유배로 몰아넣은 자는
스페인인이 아니라 바로 당신의 형제들이었다.

볼리바르는 누에바그라나다로 가서 자신의 행적을 설명하고 공정하게 평가받고자 했다. 그러면서 누에바그라나다 시민들은 다시 한번 베네수엘라 국민에게 도움의 손길을 내밀 것이며, 자신 역시 끝까지 자유의 편에 설 것이라고 약속했다.

곧이어 동부 지역도 함락되었고, 베네수엘라는 다시 스페인의 지배 아래 놓이게 되었다. 아이러니하게도 그 과정 대부분은 베네수엘라인의 손에 의해 이루어졌다.

리바스의 죽음

이 시기에 피아르, 리바스 그리고 용맹한 장군으로 널리 알려진 베르무데스(José Francisco Bermúdez)가 잠시 힘을 합쳤지만, 이내 흩어져 각자의 길을 걷게 되었다. 암울한 전황 속에서 유일한 희망이라면 1814년 12월의 전투 중 보베스가 전사한 사건이었다. 그러나 그 뒤를 이은 모랄레스는 여전히 남아 베네수엘라를 고통 속으로 몰아넣고 있었다.

리바스는 한 차례 패배를 당한 뒤 두 명의 장교와 함께 도망치고 있었다. 육체는 병들고 마음은 절망에 잠긴 채 나무 아래에 누워 잠시 휴식을 취했다. 그 사이 하인은 식량을 구하기 위해 인근 마을로 갔으나 주인을 배신하고 고발해 버렸다. 결국 리바스는 체포되어 마을로 끌려가 온갖 모욕과 조롱을 당한 뒤 처형되었다. 잘린 그의 머리는 카라카스로 보내져

성문 철창 안에 걸린 채 전시되었다.

리바스의 아내이자 볼리바르의 숙모 마르티나 리바스(Martina Ribas)는 그 소식을 듣고 베네수엘라의 자유가 다시 찾아올 때까지 한 발짝도 문밖을 나서지 않겠다고 맹세했다. 그리고 그 맹세는 끝까지 지켜졌다.

볼리바르와 마리뇨는 1814년 9월 25일 카르타헤나에 도착했다. 볼리바르는 베네수엘라 원정에 대한 경과를 보고하기 위해 누에바그라나다의 툰하로 향하던 중이었는데, 누에바그라나다 지역에 주둔 중인 우르다네타 장군의 베네수엘라군이 현지 군대와 충돌하고 있다는 소식을 들었다. 볼리바르는 혼란과 분열을 막기 위해 곧장 그곳으로 향했으나 사실이 아니었다.

베네수엘라에서 철수한 우르다네타의 부대는 현지 지방 정부의 보호를 받고 있었으며, 자신들의 지휘관이자 해방자인 볼리바르의 새로운 명령을 기다리고 있었다. 안도한 그는 다시 툰하로 향했고, 그곳에서 누에바그라나다 의회로부터 따뜻한 환영을 받았다.

볼리바르는 베네수엘라 원정에 대한 자신의 책임을 스스로 감수하며, 공정하고 객관적인 평가를 요청했다. 이에 대해 의회 의장은 다음과 같은 관대한 말로 답했다.

➡ 베네수엘라 독립 전쟁의 영웅이자 순교자인 호세 펠릭스 리바스의 초상이 베네수엘라의 5볼리바르 지폐에 그려져 있다.

장군, 당신의 검이 존재하는 한 당신의 조국은 정복당한 것이 아닙니다. 그 검으로 다시 한번 압제자들의 손에서 베네수엘라를 구해낼 것입니다. 누에바그라나다 의회는 당신의 행적에 깊은 신뢰를 표하며, 전폭적인 지지와 보호를 약속합니다.

당신은 불운한 장군이었을지언정 진정으로 위대한 인물임은 그 누구도 부인할 수 없습니다.

의회는 볼리바르에게 최근 연방에서 이탈한 누에바그라나다의 수도 산타페(Santa Fé, 현 보고타)를 수복할 것을 명령했다. 볼리바르는 특유의 민첩함과 결단력으로 곧장 보고타로 진군했다. 도시 외곽에 이르자 재산과 안전을 보장하겠다는 조건을 내걸고 항복을 제안했지만, 수비대 지휘관이 이를 거부하자 곧장 전투가 개시되었다. 치열한 격전 끝에 도시가 항복을 선언하면서 작전은 성공적으로 마무리되었다.

볼리바르는 이 공로로 연방군 총사령관(Capitán General of the Army of the Confederation)에 임명되었다. 의회는 즉시 수도를 툰하에서 산타페로 이전했다. 이어서 의회는 누에바그라나다 전역을 방어하는 작전에 대한 총지휘권을 그에게 위임했다. 이에 따라 볼리바르는 누에바그라나다에서 스페인군의 마지막 거점으로 남아 있던 산타마르타(Santa Marta)를 점령한 뒤, 곧바로 베네수엘라 해방을 위한 새로운 원정 계획에 착수했다.

자메이카로 망명

누에바그라나다 의회는 툰하에서 마지막으로 열린 회의에서 볼리바르에게 공식적으로 '평화의 중재자(Pacificador)'라는 칭호를 부여했다. 이 칭호는 이후에도 볼리바르를 지칭할 때 종종 사용되었지만, 그가 가장 영예롭게 여긴 칭호는 단연 '해방자(Libertador)'였다. 이 칭호만큼 그의 사명과 정체성을 상징하는 이름은 없었다.

이 시기 볼리바르는 총사령관 직책에도 불구하고 카르타헤나에 주둔하는 일부 병력의 불복종으로 새로운 위기에 직면하게 되었다. 그 지역의 지휘관 카스티요(Manuel del Castillo y Rada)는 이전부터 볼리바르와 갈등을 빚어온 인물로서 그의 명성과 영향력을 노골적으로 시기하고 있었다. 이 불화는 산타마르타 공격 작전에 중대한 차질을 가져왔고, 작전이 계속 지연되자 곧 식량 부족과 병사들의 탈영으로 이어졌다. 설상가상으로 천연두까지 퍼지면서 막대한 병력 손실로 이어졌다.

볼리바르는 더 이상 불화를 키우지 않기 위해 카르타헤나 병력에 대해 무력을 사용하는 대신 사임을 고려했다. 특히 왕당파에게 이런 내분이 전해지는 것을 극도로 경계했다. 결국 그는 카르타헤나 포위 준비에 들어갔고, 바로 그때 베네수엘라에 대규모 스페인 원정군이 도착했다는 소식이 전해졌다.

혁명군이 카르타헤나 앞에서 시간을 허비하는 사이에 누에바그라나다의 여러 도시가 왕당파의 수중에 넘어갔다. 이 과정에서 볼리바르는 1천 명 이상의 병력과 1백여 문의 대포, 다수의 무기와 산타마르타 공략에 필수적인 선박들까지 잃고 말았다.

결국 사태 수습이 불가능하다고 판단한 그는 총사령관직에서 사임했고, 장교단은 회의를 열어 사임안을 수용했다. 볼리바르는 곧바로 자메이카로 향하는 배에 몸을 실었다. 그가 떠나기 전 또 한 차례의 선언문을 남겼는데, 독립 진영의 분열에 대해 깊은 우려를 표명했다.

당신들의 무기는 아직 어떤 폭군도 쓰러뜨리지 못했다. 오히려 두 차례의 내전으로 인해 형제의 피로 얼룩졌고, 그것은 우리 모두에게 똑같은 슬픔만을 안겨 주었을 뿐이다.

그의 퇴장은 곧 독립 진영 전체에 깊은 아쉬움과 뼈아픈 후회를 남기는 일이 되었다. 앞서 언급했듯이 이때 스페인은 식민지 전쟁 사상 유례 없는 규모와 무장을 갖춘 대규모 원정군을 베네수엘라에 파견했다. 이 원정대의 총사령관은 파블로 모리요(Pablo Morillo) 장군이었다.

8장

잿더미 위에서 쓴 자메이카 서한

1814 – 1815

스페인의 역습

이 무렵 유럽에서는 나폴레옹의 천하가 서서히 기울고 있었다. 1808년부터 억류되어 있던 스페인 국왕 페르난도 7세는 석방되어 왕위에 복위했지만, 곧바로 헌법과 자유를 요구하는 국민의 열망을 외면한 채 전제군주의 길로 되돌아섰다. 그리고 신대륙에서 스페인의 지배권을 되찾겠다는 결심을 굳히고, 이를 위해 대규모 원정군을 조직했다.

해군을 제외한 병력만 해도 수만 명에 달했으며, 공성전에 필요한 병기와 장거리 원정에 필요한 각종 물자를 준비했다. 원정군의 총사령관으로는 파블로 모리요 장군이 임명되었고, 휘하의 육군 병력 외에도 다수의 전함과 수송 선단을 이끌었다. 여기에는 유럽 대륙의 전장에서 실전 경험이 풍부한 병사들로 구성되어 있었고, 전투력은 나폴레옹의 군대에 필적하거나 능가한다는 평가를 받았다.

스페인의 전략은 명확했다. 우선 베네수엘라와 누에바그라나다를 다시 점령한 뒤, 남쪽으로 진격하여 페루와 부에노스아이레스까지 제압한다는 것이었다. 모리요는 첫 원정지로 카리브해 연안에 있는 마르가리타 섬(Isla Margarita)을 택했다. 이 섬의 주민들은 독립전쟁 내내 탁월한 용맹함과 헌신을 보여 주었는데, 그들의 용기를 기려 훗날 '신(新) 스파르타(Estado Nueva Esparta)'라는 이름으로 개칭되었다.

당시 섬에는 아리스멘디(Juan Bautista Arismendi)와 베르무데스라는 두 용맹한 장군이 불과 4백여 명 남짓한 병력으로 섬 전체의 수비를 맡고 있었다. 한편 왕당파 측에서는 모랄레스가 5~6천여 명에 이르는 대군과 32척의 선박을 동원해 공격을 준비 중이었다. 바로 그때 모리요가 이끄는 스페인 본국의 대규모 원정군이 섬에 도착하자 결국 아리스멘디는 먼저 항복을 선택했다. 반면 베르무데스는 끝까지 항복을 거부하고 작은 배 한 척에 몸을 실은 채 모리요 함대의 봉쇄망을 무모할 정도로 대담하게 돌파해 탈출에 성공했으며, 곧장 카르타헤나의 혁명군 진영에 합류했다.

▶ 「파블로 모리요의 초상(Portrait of General Pablo Morillo)」 호레이스 베르네, 1820~1822년, 캔버스에 유화, 55x46cm, 에르미타주박물관.

모리요는 유능한 지휘관이었다. 워털루의 영웅 웰링턴(1st Duke of Wellington) 장군조차 '베네수엘라와 누에바그라나다를 제압할 수 있는 유일한 스페인 장군'으로 그를 추천했다는 일화가 전해진다. 그는 탁월한 전략가인 동시에 냉혹하기도 했다. 전면적인 섬멸전을 통해 저항의 불씨마저 뿌리 뽑을 준비가 되어 있었다.

모리요가 아메리카 대륙에 도착했을 무렵 베네수엘라 대부분은 이미 왕당파의 수중에 넘어가 있었다. 바꿔 말해 1814년 말은 독립운동에 있어 가장 암울했던 해의 끝자락이었다. 누에바에스파냐(현 멕시코)부터 남쪽 전역에 이르기까지 스페인 군대는 사실상 아무런 저항을 받지 않았다. 모리요는 당시의 상황을 두고 이렇게 묘사했다.

> 모든 곳에는 공동묘지의 침묵과 같은 고요함과 평화가 감돌고 있었다.

그가 발을 디딘 아메리카 대륙 그 어디에도 정부는커녕 조직적인 통치 조직마저 사라졌다. 도처에는 범죄가 난무했으며, 오직 복수와 탐욕을 쫓는 토착 군벌들만이 그 자리를 대신하고 있었다.

모리요는 마르가리타와 쿠마나에 수비대를 남긴 후 1815년 5월 11일에 카라카스에 도착하여 즉시 카히갈을 대신해 총독직을 인수했다. 그리고 곧바로 누에바그라나다 원정을 공식적으로 선포한 후 시민들에게 가혹한 조세와 공물을 부과하고, 모든 수단을 동원해 식량과 보급품을 닥치는 대로 수탈했다. 그는 8,500명의 병력을 이끌고 푸에르토카베요에서 출항해 카르타헤나로 향하는 한편, 모랄레스는 3,500명을 이끌고 육로를 따라 진격했다.

카르타헤나는 106일에 걸친 포위 속에서도 어떠한 외부의 원조나 지원도 받지 못한 채 필사적인 저항을 이어갔다. 스페인군의 압도적인 병력과 장비의 우세에도 불구하고 이 도시는 고대사의 가장 위대한 도시들과 견줄 만한 숭고한 저항정신을 보여 주었다.

결국 도시는 거의 폐허가 되었고, 거리마다 굶주림에 지친 주민들이 하나둘 쓰러져 갔다. 군인과 민간인을 가리지 않고 모두 죽어갔으며, 마침내 스페인군이 도시를 점령했을 때 거리에는 더 이상 사람이라곤 부를 수 있는 존재조차 거의 남아 있지 않았다.

모리요는 간신히 살아남은 이들에게 상상할 수 있는 가장 잔혹한 고문과 고통을 가했다. 오직 건장한 장정들만이 바다를 통해 가까스로 탈출할 수 있었다. 이후 이어진 일련의 승전으로 인해 누에바그라나다 전역은 모리요의 손아귀에 완전히 들어갔고, 연방 의회는 해산되었다.

스페인군이 마침내 산타페까지 점령했다. 곧 6백여 명이 넘는 남아메리카인이 처형되었고, 그 가운데는 당대의 최고위층 인사들과 각계의 저명인사들도 다수 포함되어 있었다. 이때만 해도 남아메리카의 자유에 대한 모든 희망은 꺼져가는 불씨처럼 보였다.

자메이카 서한

이 무렵 볼리바르는 1815년 5월 영국령 자메이카의 킹스턴(Kingston, 현 자메이카의 수도)에 도착해 현지 총독의 따뜻한 환대를 받았다. 그러나 남미 대륙 원정을 위한 실질적인 지원은 끝내 얻지 못했다. 볼리바르는 곳곳에서 독립운동을 음해하는 악의적인 선전과 독립 반대에 대한 여론이 확산되고 있음을 인식하고, 이에 맞서기 위해 다시 펜을 들었다. 자메이카 체류 중 그가 남긴 여러 저작물 가운데 가장 널리 알려진 것은 1815년 9월 6일에 자메이카의 한 인사에게 보낸 편지로, 훗날 「자메이카 서한(Carta de Jamaica)」로 널리 알려지게 된다.

이 편지에서 그는 먼저 스페인이 남아메리카에서 자행한 모든 죄악과 폭정 그리고 각국의 혁명군이 거둔 부분적인 승리와 전쟁의 전개 과정, 나아가 누에바에스파냐부터 라플라타강(Río de la Plata) 유역과 칠레에 이르는 아메리카 지역의 독립을 위해 치러진 막대한 희생의 전모를 상세히 기술했다. 이어서 억압받는 라틴아메리카의 고통을 외면하는 유럽의 태도를 강하게 비판하면서 유럽의 이익을 위해서라도 아메리카의 독립이 반드시 실현되어야 한다고 주장했다.

유럽은 자신의 올바른 정책을 위해서라도 아메리카의 독립을 준비하고 실행해야 했습니다. 이는 단지 세계 질서의 균형을 위해서가 아니라 대서양 건너편에 새로운 무역 거점을 정당하고 안전하게 확보할 수 있는 최선의 방안이기 때문입니다.

볼리바르의 「자메이카 서한」에는 라틴아메리카 민중의 현실을 로마제국의 몰락 이후 시대상과 비교하며 다음과 같이 묘사했다.

현재의 아메리카는 로마제국이 몰락한 후 각 지방이 자신의 이익과 이해관계에 따라 새로운 질서를 구축하던 시기와 유사하다고 생각합니다. 하지만 여기에는 한 가지 중대한 차이점이 있습니다. 로마 이후 유럽은 시대적 필요에 따라 과거의 민족성과 제도를 재구성할 수 있었지만, 우리에게는 과거의 흔적조차 희미합니다. 우리는 인디오도 유럽인도 아니며, 토착민과 침략자의 혼혈로 이루어진 새로운 민족입니다. 다시 말해 이 땅에서 태어난 우리는 유럽인과 동등한 권리를 주장해야 하는 동시에 침략자와 토착 지배 세력의 점령에 맞서 싸워야 하는 아주 어렵고 복잡한 상황에 놓여 있습니다.

이어서 식민 체제 아래 아메리카인이 처한 현실을 일종의 노예제로 규정하며 강하게 비판했다.

오늘날 스페인 체제 아래에서 아메리카인들은 오직 노동을 위한 농노의 위치에 불과하며, 많이 양보해도 단순한 소비자로 취급될 뿐입니다. 심지어 이마저도 터무니없는 제약들로 가로막혀 있습니다. 유럽산 작물의 재배는 금지되고, 일부 상품은 국왕의 독점 전매권으로 묶여 있으며, 스페인에 존재하지 않는 공장은 아메리카에도 세울 수 없습니다. 게다가 생필품조차 독점적으로 유통되고 있으며, 아메리카 각 지방은 서로 교류하거나 통상 자체가 불가능하도록 차단되어 있습니다. 간단히 말해, 우리의 운명은 인디고(짙은 청색의 염료), 코치닐(cochineal, 동물성 염료), 커피, 사탕수수, 카카오, 목화를 재배하는 들판, 가축을 기르는 평원, 야생 동물을 사냥하는 황야, 그리고 만족할 줄 모르는 스페인인이 탐욕스럽게 금을 캐내는 지하 광산에 속박되어 있습니다.

또한 볼리바르는 아메리카인이 지배 구조에서 배제되어 온 역사에 대해서도 지적했다.

우리가 부왕이나 총독이 되는 일은 극히 예외적이었으며, 대주교나 주교도 마찬가지였습니다. 외교관이 임명된 사례는 단 한 차례도 없었습니다. 군인은 언제나 하급 장교였고, 귀족이라 불려도 실질적인 특권은 없었습니다. 행정관도, 재무관도, 상인조차도 되기 어려웠습니다. 이 모든 차별은 우리가 속한 제도의 근본이념과 정면으로 충돌하는 것이었습니다.

그러면서 혁명의 문제점과 한계를 다음과 같이 인정했다.

아메리카인은 아무런 준비나 사전 지식도 없이 갑작스럽게 입법자, 행정가, 재무관, 외교관, 장군 그리고 정부 구성의 모든 권한을 맡게 되었습니다. 그러나 남미에서 벌어진 일련의 사건들을 통해 완전한 대의제 정부는 현재 우리의 국민성과 교육 수준, 그리고 사회적 조건들에 부합하지 않음을 분명히 보여 주었습니다. 북아메리카의 미국 형제들처럼 정치적 도덕성과 통치 역량을 갖추지 못한다면 이러한 제도는 도움이 되기보다 오히려 파멸을 초래할 수 있습니다.

그러면서도 미래에 대한 희망을 여전히 놓지 않았다.

나는 누구보다도 이 대륙에 가장 위대한 나라가 탄생하기를 바라는 사람입니다. 그 국가는 단순한 영토의 넓이나 물질적 부유함이 아니라 자유와 영광에 바탕을 둔 국가여야 합니다.

그는 계속해서 몽시뇰 드 프라트(Monsignor de Pradt)가 남아메리카를 15~17개의 독립 국가로 나누고, 각각 군주를 두어 통치해야 한다는 주장에 대해 반론을 제기했다. 볼리바르는 남미가 17개 국가로 분할될 가능성에 대해서는 동의했지만, 군주제 도입은 명확히 반대했다. 그 이유를 다음과 같이 설명했다.

➡ 1815년 9월 6일 자메이카에서 시몬 볼리바르가 자메이카 상인 헨리 컬렌(Henry Cullen)에게 보낸 답장.

공화국의 진정한 이익은 보존, 번영 그리고 영광이라는 한정된 범위에 국한되어야 합니다. 자유는 본질적으로 제국주의와 양립할 수 없으며, 팽창을 지향하는 제국의 논리와는 태생적으로 충돌할 수밖에 없습니다. 공화국은 타국에 대해 자유라는 정치 체제를 강요하거나 그 이념을 내세워 자국의 국력을 희생하면서까지 국경을 넓히려고 하지 않습니다.

가령 타국을 정복하더라도 그것이 식민지나 속령 또는 동맹국으로 흡수되지 않는 한, 그 정복은 공화국에 정당한 권리도, 실질적 이익도 가져다주지 못합니다. 이는 고대 로마의 사례에서 확인할 수 있습니다. 거대해진 국가는 필연적으로 내부에서 붕괴하고 자유로운 제도는 점차 해이해지며, 결국 전제정치로 퇴행하게 됩니다.

작고 내실 있는 공화국은 오래 지속되는 경향이 있지만, 거대한 공화국은 다양한 변화를 거듭한 끝에 결국 제국주의화로 흐르게 됩니다. 역사적으로 돌이켜 보면 오래 지속된 국가는 대부분 작은 공화국이었으며, 예외적으로 오직 거대한 로마의 공화정만이 오랫동안 유지되었습니다. 그러나 로마 역시 중심부만 공화국 체제였을 뿐, 나머지 속주들은 각기 다른 법과 제도 아래에서 통치되었기 때문에 가능한 일이었습니다.

서한의 마지막에서 볼리바르는 멕시코에서 라플라타강에 이르는 남아메리카 대륙 각국의 운명을 예견하게 되는데, 그 통찰력은 놀라우리만치 정확하여 실제로 라틴아메리카의 독립 이후 반세기 역사는 그의 예언을 따라 유사하게 전개되었다. 칠레의 안정, 아르헨티나의 로사스(Juan Manuel de Rosas) 체제하에서 벌어진 폭정*, 멕시코 제국의 등장 등은 이미

---

* 후안 마누엘 데 로사스(Juan Manuel de Rosas, 재위 1829–1832; 1835–1852)는 아르헨티나

그의 머릿속에 그려져 있었다.

서한의 말미에서 볼리바르는 자신의 이상을 밝혔다.

> 파나마 지협이 고대 그리스의 코린토스(Κόρινθος)처럼 각국의 공화국, 왕국, 제국의 대표들이 한데 모여 세계의 평화와 전쟁에 관한 중대한 사안을 논의하는 거대한 회의장이 된다면 얼마나 아름답겠습니까! 신께서 언젠가 우리가 그곳에서 그러한 회의를 개최할 수 있는 행운을 허락해 주시기를 바랍니다. 이와 같은 협력의 장이 언젠가 아메리카에서 다시 열리는 순간이 실현되기를 기도합니다.

이처럼 볼리바르는 아메리카 대륙에서 스페인의 지배를 종식시킬 수 있는 유일한 길은 통합과 연대임을 강조하면서 끝맺는다.

한 전기 작가는 당시 볼리바르의 상황을 다음과 같이 요약하고 있다.[*]

> 모든 사람이 아메리카는 다시 속박의 멍에를 뒤집어썼다고 믿었던 그때 친구들에게 버림받고 적들에게 갈기갈기 찢긴 채 타국에서 가난하고 외롭게 지내던 볼리바르는 홀로 해방의 미래를 보았다. 그는 자신의 영혼 깊은 곳에서 이 구원의 사명을 짊어져야 할 운명임을 느꼈다.
>
> 그의 위대한 정신은 콜롬비아가 자유를 얻고 칠레가 안정을 되찾으며, 아

부에노스아이레스주의 군사령관이자 실질적인 최고 권력자로 군림했다. 그는 철저한 중앙집권과 개인숭배를 기반으로 통치했으며, 반대파에 대한 탄압, 언론과 교육의 통제, 밀정을 통한 감시 체제 등을 통해 오랜 기간 권력을 유지했다. 이러한 점에서 후대 역사학자들은 그의 통치를 '폭정'이라 평가하기도 한다. 볼리바르는 「자메이카 서한」에서 남미 국가들이 분열과 독재로 흐를 가능성을 경고했는데, 로사스의 통치는 그 예언이 현실화된 대표적 사례로 간주된다.

[*] 펠리페 라라사발(Felipe Larrazábal), 『해방자 시몬 볼리바르의 생애(Vida del Libertador Simón Bolívar)』(MADRID: Editorial América, 1918) 1권, p. 404.

르헨티나가 확장되고 멕시코와 페루가 해방되는 미래를 보았다. 또 볼리바르는 파나마 지협은 문명과 교류의 중심지가 되고, 남아메리카는 노예제에서 벗어나 투쟁을 거쳐 존엄을 쟁취하며, 무력의 시대를 지나 정치 문명과 제도의 시대로 나아갈 것임을 예견했다. 나아가 그는 각국이 자원과 상업, 문화와 예술, 전쟁과 동맹, 법과 자유를 통한 고유한 이름과 빛나는 역사의 주체가 될 것이며, 숭고한 이상을 품은 나라들로 성장할 것임을 보았다.

그리고 그것을 글로 남겼다. 과연 인간의 정신이 이보다 더 멀리 내다볼 수 있을까?

9장

볼리바르의 귀환

1815 - 1817

세 번째 베네수엘라 공화국 수립

볼리바르는 자메이카에 머무는 동안에도 이전과 다름없이 열정적으로 활동했다. 펜을 들어 남아메리카 독립혁명의 정당성을 세상에 알리고 자유의 대의를 위한 국제적 지지를 얻고자 했다. 동시에 새로운 원정을 조직하기 위해 서인도제도의 여러 섬을 무대로 활발하게 활동했다.

이 과정에서 볼리바르에게 가장 큰 힘이 되어준 인물은 퀴라소 출신의 부유한 상인 루이스 브리온(Luis Brion)이었다. 브리온은 볼리바르의 이상에 깊이 공감하여 대의를 위해 자신의 막대한 재산을 아낌없이 지원했다.

그러나 나폴레옹의 몰락 이후 유럽 열강이 국제 질서를 유지하기 위해 체결한 '신성동맹(Holy Alliance)'의 영향력이 자메이카 당국에도 미쳤다. 이는 볼리바르가 전쟁 물자를 조달하고 병력을 모집하는 데 적지 않은 제약을 끼쳤다. 결국 볼리바르는 자신의 활동 무대를 아이티공화국으로 옮기기로 결단했다.*

이 무렵 한 가지 비극적 사건이 일어났다. 어느 날 밤 한 암살자가 볼리바르가 평소 사용하던 해먹에서 잠들어 있으리라 생각하고 그 자리에 누워 있던 사람을 칼로 찔러 살해한 것이다. 조사 결과, 이 암살자는 과거 볼리바르로부터 해방된 노예 출신으로 밝혀졌다. 살해 동기는 끝내 명확히 밝혀지지 않았으나 이 사건을 계기로 볼리바르가 자메이카를 떠나 아이티로 향하게 되었다. 여정 도중에는 마침내 카르타헤나가 함락되었다는 소식을 접했다.

아이티 대통령 알렉상드르 페시옹(Alexander Pétion)은 볼리바르를 열렬히 환영하며 그가 해방한 지역에서 노예제도를 폐지한다는 조건으로 전폭적인 지원을 약속했다. 아이티에는 이미 많은 혁명가가 망명해 있었고, 카르타헤나에서 가까스로 탈출해 온 망명자 가운데에는 과거 볼리바르와 갈등을 겪은 인물들도 다수 있었다. 그러나 그들은 볼리바르를 총사령관으로, 마리뇨를 육군 사령관으로, 브리온을 해군 제독으로 추대하고 임명하면서 새로운 원정을 준비했다. 병력은 고작 250명 남짓이었지만, 6천여 명을 무장시킬 수 있을 만큼의 충분한 총기와 탄약을 갖추고 있었다.

물론 여론은 여전히 냉담했고, 병사 한 명당 적 백 명을 상대해야 할 정도로 절박한 상황이었다. 그럼에도 볼리바르는 언제나처럼 자유의 승리를 확신하며 불가능에 가까운 도전에 기꺼이 나섰다.

---

* 1804년 흑인 노예들의 혁명으로 프랑스에서 독립한 아이티는 흑인 주도의 근대적 정부가 구성된 최초의 국가였다. 독립 이후 극심한 정치적 혼란 끝에 1815년 당시, 아이티는 북쪽의 아이티왕국과 남쪽의 아이티공화국으로 갈라져 대립하고 있었다. 이렇게 분단된 동안에도 시몬 볼리바르의 독립운동을 적극 지원하면서 라틴아메리카 독립에 막대한 기여를 했다.

볼리바르의 첫 번째 목적지는 마르가리타섬이었다. 당시 스페인 사령관은 이곳에서 무차별적인 약탈과 학살을 자행하고 있었다. 1815년 11월 과거 모리요 장군에게 항복했던 아리스멘디가 다시 독립을 선언하면서 곤봉과 농기구를 들고 무장 투쟁을 시작했다. 이에 격분한 총독은 섬 주민 전체를 말살하겠다는 방침을 세웠고, 그의 분노는 심지어 아리스멘디의 아내에게까지 미쳤다. 그럼에도 아리스멘디는 결코 투쟁을 멈추지 않았다. 그의 결연한 의지를 알게 된 볼리바르는 본토 원정에 앞서 마르가리타섬을 우선 공략하기로 결정했다.

섬에 도착한 볼리바르는 곧바로 '제3공화정' 수립을 선포하고 임시정부를 재편했다. 그는 다시 한번 공화국 최고지도자로 추대되었고, 마리뇨가 차석 대표로 임명되었다. 볼리바르는 의원 선출을 촉구하는 한편, 스페인 측이 무자비한 전쟁 방식을 중단할 경우 자신의 「죽음의 전쟁 포고령」 또한 철회할 것을 선언했다. 이에 대해 스페인 당국은 볼리바르, 마리뇨, 피아르, 브리온, 아리스멘디, 베르무데스의 목에 각각 1만 페소의 현상금을 내걸며 답변했다.

볼리바르는 이에 굴하지 않고 마르가리타섬을 떠나 본토로 향했고, 카루파노에 상륙했다. 먼저 마리뇨를 과거 주요 활동 지역인 동부로 파견했고, 자신은 장교를 양성할 군사학교를 설립하고 군대를 조직했다. 이후 대표들이 소집된 임시 의회는 볼리바르를 다시 최고사령관으로 공식 추대했다.

그런데 얼마 지나지 않아 마리뇨가 야심을 드러내고 피아르가 부추겼는데, 다시금 볼리바르의 명령에 반하는 움직임이 혁명군 내부에서 일어났다. 몇 차례의 패전 끝에 위기에 몰렸고, 상황이 다급해졌다. 결국 볼리바르는 동부를 떠나 서부에서 작전을 개시하기로 결심했다.

1816년 7월 6일 볼리바르는 발렌시아 북부의 항구도시인 오쿠마레 데 라코스타(Ocumare de la Costa)에 상륙했다. 이곳에서 「죽음의 전쟁 포고령」의 종식을 선언하면서 스페인인을 포함해 항복하는 모든 사람에게 사면을 약속했다. 또한 아이티 페티옹 대통령과의 약속을 지키기 위해 모든 노예의 해방을 선언했다.

이제부터 베네수엘라에는 오직 하나의 계급만 존재한다. 바로 시민이다.

망명에서 귀환까지

한편 브리온 제독은 스페인의 해상 무역로에 최대한 타격을 가하고, 미국 정부 및 멕시코의 독립운동 세력과 연락을 취하는 임무를 받았다. 이즈음 왕당파는 정예 병력으로 구성된 강력한 부대를 급파해 볼리바르를 공격했고, 아직 미숙하고 열세였던 그의 부대는 오쿠마레에서 철수할 수밖에 없었다.

볼리바르는 신뢰하는 부하 중 한 명인 맥그리거(Gregor MacGregor)를 보내 일부 병력을 이끌고 안데스 내륙으로 들어가 왕당파와 싸우는 게릴라 부대에 합류하도록 지시했다. 이렇게 대담한 결단은 예상 밖의 성공을 거두었는데, 맥그리거의 부대는 평야를 가로지르며 전투를 벌이거나 적의 병력이 많은 경우에는 교전을 회피하면서 기민하게 움직였다. 결국 650킬로가 넘는 거리를 돌파한 끝에 오리노코강 부근에서 전투 중인 혁명군과 합류하는 데 성공했다.

그런데 이 시점에서 볼리바르는 일련의 군사적 실패와 내부의 분열로 지휘권을 상실하고 말았다. 마리뇨와 베르무데스가 각각 총사령관과 부사령관으로 선출되었고, 볼리바르는 다시 아이티로 돌아갈 수밖에 없었다. 이 결정은 내륙에서 왕당파에 맞서 게릴라전을 벌이고 있던 지휘관들의 반발을 불러일으켰다. 그럼에도 좌절하지 않은 볼리바르는 개의치 않고 다시 새로운 원정 준비에 몰두했다. 페티옹 대통령은 이번에도 그에게 아낌없는 지원을 제공해 주었다. 이 무렵 멕시코 측으로부터 누에바에스파냐의 독립전쟁에 참전해 달라는 초청을 받았으나 볼리바르는 이를 정중히 사양하고 조국의 해방을 위한 투쟁에 집중하기로 결심했다.

이 무렵 각지에서 활동하던 혁명군 지휘관들은 비록 부분적인 승리를 거두긴 했으나 점차 볼리바르의 지도력이 절실하다는 사실을 깨달았다. 그래서 아리스멘디가 아이티의 수도 포르토프랭스(Pòtoprens)로 건너와 볼리바르의 귀환을 요청했고, 해군 사령관 브리온 제독 역시 거듭 그의 복귀를 간청했다.

1816년 12월 말 볼리바르는 몇몇 베네수엘라 망명자들과 함께 다시 마르가리타섬에 도착했다. 그곳에서 다시 군사 권력을 민간 정부 아래로 종속시키기 위한 새로운 의회를 소집하겠다는 포고문을 발표했다. 그리고 1817년 1월 1일 볼리바르는 다시 한번 대륙에 발을 디뎠고, 그날 이후로는 결코 조국을 떠나지 않았다.

볼리바르는 수많은 패배와 배신 그리고 유배의 세월을 통해 얻은 교훈을 마음속 깊이 새겼다. 그리고 그 과정에서 새로운 전략을 다듬어 나가고 있었다. 이제 그의 시선은 베네수엘라만이 아니라 누에바그라나다와 페루, 나아가 아메리카 대륙 전역의 해방으로 확대되고 있었다.

당시 볼리바르가 지휘할 수 있는 병력은 아리스멘디 휘하의 4백여 명에 불과했다. 여기에 징집으로 끌어모은 3백 명을 합쳐도 아직 그 전력은 미미했다. 일단 카라카스를 향해 진격했으나 클라리네스(Clarines)에서 소수의 왕당파 군대에게 패배하고, 모든 물자를 빼앗긴 채 바르셀로나로 물러났다. 이제 그에게 남은 병력은 6백 명에 불과했는데, 5천여 명이 넘는 왕당파 군대가 이미 도시를 향해 진격해 오고 있었다. 볼리바르는 남부에서 북상 중인 마리뇨의 지원군에 마지막 희망을 걸고 방어 태세를 정비했다. 다행히 마리뇨와 베르무데스가 이끄는 병력이 제때 도착했고, 볼리바르는 이들을 열렬히 환영하면서 반격의 계기를 모색했다. 하지만 실제 전투 상황은 예상 밖이었다. 왕당파는 압도적인 병력과 화력을 갖추고 사방에서 압박을 가해왔고, 볼리바르는 바르셀로나의 방어선이 오래 버티지 못하리라는 사실을 직감했다. 그렇다면 정면 승부가 아니라 전장 전체를 활용해 적을 분산시키고 기동전을 벌이는 수밖에 없었다. 결국 도시 방어를 포기하고 게릴라식 전략을 통해 왕당파의 병력을 유인해 분산시키기로 결심했다.

볼리바르는 즉시 바르셀로나를 떠나 오리노코계곡과 베네수엘라 동부의 과야나처럼 전략적 거점 지역을 확보할 것을 명령했다. 일부 장교들이 이러한 결정에 강하게 반발하기도 했지만, 병력 일부만 바르셀로나에 남겨 후방을 방어하고 나머지 주력은 마리뇨의 지휘 아래 과야나 방면으로 진격시켰다. 결국 바르셀로나에 남겨진 병력은 얼마 지나지 않아 왕당파의 공격에 전멸당했다.

1817년 4월 볼리바르는 오리노코강을 건너 과야나 지역의 요충지인 앙고스투라(Angostura)를 포위하고 있는 마누엘 피아르 장군과 합류했다. 피아르는 1816년 말부터 이 지역에서 상당한 승리를 거두고 있었다.

이때에도 마리뇨의 변덕스러운 태도가 여지없이 드러났다. 이번에는 베르무데스와 다른 장교들이 바르셀로나에 대한 지원을 강력히 요청했음에도 적절한 지원을 보내지 않았다.

마리뇨는 볼리바르와의 협력보다 자신의 정치적 입지와 야망을 우선시했다. 마리뇨의 태도로 인해 바르셀로나는 사실상 고립되었고, 결국 왕당파의 손에 넘어가 버렸다. 볼리바르는 이제 누구의 도움도 기대할 수 없는 상황에서 오직 자신의 전략적 통찰력과 지도력만을 의지할 수밖에 없었다.

이전투구

한편 누에바그라나다를 장악한 모리요는 본격적으로 베네수엘라를 향해 진격을 개시했다. 그의 부대는 산타페에서 출발해 베네수엘라 서부의 혁명군 세력을 하나씩 격파해 나갔고, 스페인은 그에게 병력과 물자를 아낌없이 지원하고 있었다.

이처럼 불리한 전황 속에서도 볼리바르는 절대 포기하지 않았다. '우리는 반드시 승리하고 아메리카를 해방시킬 것이다'라는 그의 신념은 어떤 패배 앞에서도 꺾이지 않았고, 자신의 이상을 현실로 만들기 위한 노력을 멈추지 않았다.

당시 볼리바르가 실질적으로 의지할 수 있는 유일하고도 가장 강력한 전력은 피아르 장군의 부대뿐이었다. 피아르의 부대는 비교적 전투 경험이 풍부하고 병참도 안정되어 있었기 때문에 볼리바르가 다음 작전을 구상하는 데 결정적인 기반이 되었다.

이때 마리뇨는 볼리바르의 영향력이 커지는 것을 견제하고자 독자적으로 의회를 소집했다. 하지만 소위 '의회'라는 것은 겨우 열 명 남짓한 의원들만 참석한 채 형식적인 절차에 지나지 않았다. 마리뇨는 이 자리에서 차기 대표직을 사임하는 동시에 볼리바르의 최고사령관직 사임까지 일방적으로 발표했다. 그러나 이것은 정식 절차와 합의 그리고 승인 없이 이뤄진 독단적 조치였다.

이 '의회'에서는 마리뇨를 새로운 최고사령관으로 추대하고, 공화국의 수도를 마르가리타섬으로 이전할 것을 결의했다. 그러나 혁명군 내부에서는 이러한 조치에 대해 광범위한 반발이 일어났다. 안토니오 호세 데 수크레(Antonio José de Sucre) 대령을 포함한 다수의 군사 지도자는 과야나로 이동해 정당한 지도자인 볼리바르에게 충성을 맹세했다. 결국 명분을 잃은 마리뇨는 지지를 얻지 못하고, 스스로 의회를 해산해 버렸다.

볼리바르는 언제나 그렇듯 마리뇨의 경솔한 태도에 대해 겉으로는 아무런 감정도 드러내지 않았다. 오히려 피아르 장군의 전공을 공공연히 찬양하며 의연한 태도를 유지했다. 다만 내심으로는 이전부터 피아르의 충성심에 대해 의문을 품고 있었고, 그가 마리뇨를 부추기고 있다는 정황도 잘 알고 있었다.

➡「안토니오 호세 데 수크레(Antonio José de Sucre)」아르투로 미켈레나, 1895년.

볼리바르는 앙고스투라 포위전을 지휘하면서 군의 기강과 행정 체계를 정비하는 업무도 게을리하지 않았다. 군 지휘관들의 자의적 행보와 권력 남용을 막기 위해 군사 사법 제도를 정비했고, 피아르가 마리뇨의 불복종을 조장하려 했다는 구체적인 증거를 포착하자 피아르를 소환해 단호히 경고했다. 만약 반목과 분열이 계속된다면 이는 혁명 전체를 위협하는 재앙으로 이어질 것이라고 분명히 밝혔다.

　이 무렵 브리온 제독이 함대를 이끌고 오리노코강 상류에 도착하자 앙고스투라를 방어하던 왕당파는 도시를 포기하고 철수했다. 곧바로 혁명군이 진입했고, 가장 먼저 입성한 인물은 베르무데스였다. 이로써 볼리바르는 중요한 전략적 거점을 확보하게 되었다. 즉 오리노코강 유역이라는 지리적 이점을 바탕으로 병참을 안정시키는 한편, 적의 배후에서 반격을 준비할 수 있는 유리한 고지를 차지하게 되었다.

　이 과정에서 혁명군은 대량의 가축과 말을 확보했다. 비록 과거 보베스 휘하에서는 혁명군에 대해 적대적이었지만, 반골 기질에다 자유를 열망하고 스페인 체제를 극도로 혐오하는 호세 안토니오 파에스(José Antonio Páez) 휘하의 야네로들과 협력 가능성이 열리기 시작했다.

10장

혁명군의 연합전선
1817 – 1818

피아르의 최후

스페인군 총사령관 파블로 모리요는 마르가리타섬 원정에서 상당한 병력을 잃었고, 자신의 명성에도 심대한 타격을 입었다. 설상가상으로 볼리바르가 과야나 지역을 장악했다는 소식이 전해지자 철수할 수밖에 없었다. 머지않아 두 지도자는 다시 베네수엘라 본토에서 맞붙게 될 운명이었다.

볼리바르는 독립운동 진영을 통합하기 위해 개인적 감정을 억누른 채 꾸준히 단합과 협력을 호소했다. 여러 지휘관이나 토착 군벌들과 협력을 도모했으나 성과는 미미했다. 결국 단호한 조치 없이는 군의 기강을 바로잡을 수 없음을 깨달았다. 그런 와중에 마누엘 피아르와 일부 장교들이 군사 평의회를 조직하여 볼리바르의 권한을 제한하려고 했다. 볼리바르는 설득과 대화로 사태 해결을 시도했지만, 모든 노력은 끝내 실패로 돌아갔다.

피아르가 병을 핑계로 휴가를 요청했는데, 실제로는 볼리바르에 대한 반기를 준비하고 있었다. 앙고스투라로 돌아온 피아르는 다른 장군들과 모의해 볼리바르의 권한을 빼앗아 실각시킨 뒤, 마리뇨와 베르무데스의 지지를 이끌어 내고 정부를 장악하려 했다. 그러나 온갖 회유와 설득에도 불구하고 피아르의 모든 시도는 실패로 돌아갔고, 이에 격분한 볼리바르가 체포 명령을 내렸다. 그러자 마리뇨 진영에 의탁한 피아르는 병력을 규합해 무장 반란을 꾀했는데, 지지자들에게서도 외면당한 채 체포되고 말았다.

➔ 베네수엘라 모나가스의 마투린(Maturín) 에 있는 마누엘 피아르의 흉상.

피아르는 곧 군사 재판에 회부되었다. 반란 행위와 지휘권에 대한 도전 그리고 내부 분열을 조장한 혐의로 사형을 선고받았다. 볼리바르는 이 판결을 승인했다. 피아르는 전장에서 보여 준 용기 그대로 침착하게 최후를 맞이했다. 볼리바르가 그의 죽음을 애도했으나, 동시에 이번 조치를 통해 혁명군 내부의 질서와 규율을 확고히 할 수 있었다. 이 일로 볼리바르는 관용이 지닌 한계를 절감하는 순간이기도 했다.

파에스와의 연합전선

1817년 9월 3일 볼리바르는 공화국에 헌신한 병사들과 장교들에게 국유 재산을 분배하겠다는 포고문을 발표했다. 군의 사기를 올리고 충성심을 공고히 하려는 조치였다. 아울러 볼리바르는 의회에 자신의 업무 성과를 보고하고, 국가가 처한 현재 상황을 상세하게 설명했다. 이 자리에서 국가 권력의 분립 구조를 명확히 밝히며, 군 내 각 지휘관의 공로를 일일이 언급하고 빠짐없이 치하했다.

특히 왕당파를 공포에 떨게 한 야네로들의 지도자 파에스를 높이 평가하면서 그의 합류야말로 독립의 대의를 실현하는 데 결정적 요소라고 강조했다. 아울러 카라카스를 탈환할 때까지 앙고스투라를 임시 수도로 삼았다. 또 행정 조직은 '국가·재정' '육군·해군' '내무·사법'의 세 부문으로 나눈 뒤, 각 부문에 가장 전문성과 신망을 갖춘 인물을 장관으로 임명했다.

볼리바르는 본격적인 반격에 앞서 무엇보다 파에스의 협조를 얻는 것을 최우선 과제로 삼았다. 파에스는 자신이 통제하는 지역에서의 완전한 자율권과 독립된 지휘권을 보장받는 조건으로 볼리바르와의 연합 작전에 동의했다.

파에스는 베네수엘라 독립혁명과 초기 공화국 역사에서 가장 인상적인 인물 중 하나였다. 당시 그는 젊었지만, 강인한 기질과 매력적이고 완벽한 전사의 표상이었다. 파에스는 평원의 기수(騎手)들과 함께 말달리고, 함께 생활하면서 같은 음식을 먹었으며, 전투가 벌어지면 항상 선두에 섰다. 정규 교육은 거의 받지 못해 군의 기강과 규율에는 거부감을 보였지만, 부하들은 누구보다 그를 존경하고 따랐다. 그가 이끄는 병사들은 과거 보베스를 따르던 자들과 유사한 배경이었지만, 잔혹하고 무자비한 학살로 오명을 남긴 보베스와는 분명한 차이를 보였다. 그는 자유를 위해 싸우는 지도자였고, 그의 이름은 베네수엘라 남서부 전역에서 존경받고 있었다.

칼라보소로 가는 길

모리요 장군은 평원의 중심지인 칼라보소에 병력을 집결시키고, 아푸레(Apure) 지방의 파에스와 남부의 페드로 자라자(Pedro Zaraza Manrique)의 부대를 각개 격파하려는 전략을 세웠다. 볼리바르는 자라자를 지원하기 위해 페드로 레온 토레스(Pedro León Torres) 장군을 보냈으나, 라오가사 전투(Batalla de La Hogaza)에서 혁명군은 격렬한 접전 끝에 패배하고 말았다. 그럼에도 볼리바르는 파에스와의 합류를 위해서 쉬지 않고 행군을 이어갔다.

1818년 새해가 밝자 볼리바르는 자신 있게 말했다.

올해는 베네수엘라에서 스페인 지배가 막을 내리는 해가 될 것이다.

과거 망명 시절이나 초기의 무모했던 원정과 달리 확고한 자신감에서 비롯된 확신이 있었다. 독립에 대한 여론은 점차 볼리카르에게 유리하게 돌아서고 있었고, 파에스와 야네로 기수들의 지지를 얻은 데다 과야나주의 막대한 자원까지 손에 넣게 되면서 볼리바르는 확실한 우위를 거머쥐었다.

볼리바르의 행군 속도는 실로 경이로웠다. 그와 병사들은 불과 한 달반 만에 1,500킬로를 돌파해 파에스와 합류했다. 행군 도중에도 쉬지 않고 병사들을 훈련시키고 재조직하고 보강하는 데 전력을 기울였다. 파에스 장군의 명성과 대담함은 가히 혁명군 가운데 대체 불가능한 보물 같은 존재였다. 볼리바르가 아푸레강(Río Apure)을 건널 수 있도록 위해 배를 요청했을 때 파에스는 이렇게 답했다.

"네, 장군. 이미 준비되어 있습니다."

"그럼 배는 어디에 있소?"

파에스는 강 건너에 있는 왕당파의 배들을 가리켰다.

"저기 적들이 가지고 있습니다."

파에스는 한 치의 망설임 없이 안장도 없는 말을 탄 병사 50명을 데리고 강에 뛰어들어 순식간에 적을 격파하고 배를 탈취했다. 이 덕분에 볼리바르의 병력은 무사히 아푸레강을 건넜고, 곧장 칼라보소로 진군해 왕당파에 대한 기습을 감행했다. 전황을 파악할 시간조차 없이 스페인군은 패주했으며, 모리요는 포로가 될 위기를 가까스로 모면하고 간신히 도망쳤다. 볼리바르가 즉각 추격에 나섰으나, 파에스를 포함한 다른 장군들의 반대로 진격을 중단할 수밖에 없었다.

얼마 뒤 발렌시아와 카라카스 사이에 있는 라빅토리아에 도착했다. 볼리바르는 과거 젊은 시절의 유복한 삶과 망명 시기에 고난의 세월을 보냈던 아라과 계곡(Aragua Valle) 한복판에서 공화국의 모든 남성에게 무장을 명하고 참전을 촉구하는 포고문을 발표했다. 또한 노예 출신들에게는 자신의 자유를 지키기 위한 전쟁에 동참할 것을 호소하면서 무기 제조와 수리에도 총력을 다할 것을 강하게 촉구했다.

그러나 상황은 녹록지 않았다. 모리요가 지휘하는 스페인군은 발렌시아에 있었고, 라오가사 전투의 승자인 스페인 장군 미겔 데 라토레(Miguel de la Torre)는 카라카스에 주둔하고 있었다. 결국 발렌시아 인근에서 혁명군이 또다시 패배하자 볼리바르는 라빅토리아를 버리고 서둘러 철수했다.

1818년 3월 15일 볼리바르는 라푸에르타에서 아마도 생애 가장 뼈아픈 패배를 당했다. 이 전투에서 모리요도 심한 부상을 입었지만, 그 공로로 '라푸에르타 후작(Marqués de La Puerta)'이라는 작위를 받았다. 왕당파는 대승에도 불구하고 혁명군과 마찬가지로 피해가 막대하여 라푸에르타를 점령하지는 못했다. 이후에 볼리바르는 즉각 군을 재편했고, 파에스를 소환해 칼라보소에서 방어를 준비했다. 르토레 장군이 가까이 진군해 왔지만, 잘 준비된 혁명군의 방비를 확인하고는 물러났다. 볼리바르는 그를 추격하면서 소규모 교전을 벌였다.

다만 카라카스를 점령할 수 없다는 판단이 확실해지자 서부 지역을 새로운 거점으로 삼기로 했다. 일부 병력을 산카를로스로 보내는 한편, 자신은 칼라보소와 주변 지역에서 병력을 확충하는 데 집중했다. 그런데 파에스와 합류하는 과정에서 기습을 받아 패배했고, 볼리바르도 위태로운 상황에 몰리기도 했다. 게다가 파에스의 부분적인 패배와 다른 지휘관들의 거듭된 실책으로 1818년 5월 말에는 혁명군 전체가 거의 괴멸 상태에 이르렀다. 악명 높은 모랄레스가 다시 칼라보소를 점령했고, 동부에서는 마리뇨의 무능으로 쿠마나까지 상실하면서 혁명군 부대들은 볼리바르의 지휘에서 이탈해 이전처럼 각개약진하는 혼란 속으로 돌아가고 말았다.

그럼에도 볼리바르는 절대 흔들리지 않았다. 그는 라플라타 연방(Provincias Unidas del Río de la Plata)의 최고 통치자 후안 마르틴 데 푸에이레돈(Juan Martín de Pueyrredón)에게 다음과 같은 편지를 보냈다.

> 베네수엘라가 지금은 상복을 입고 있으나, 머지않아 월계관을 쓰고 이 땅을 더럽히는 마지막 폭군을 꺾어 버릴 것입니다. 그날이 오면 베네수엘라는 당신을 하나의 연합으로 초대할 것입니다. 우리의 표어는 '아메리카의 통일'이 되어야 합니다. 아메리카인 모두는 하나의 조국을 가져야 합니다.

앙고스투라로 돌아온 그는 즉시 무너진 군대를 재편하고 최고 정부기구를 정비하는 일에 착수했다. 내각을 새로 구성하고 새로운 정부의 정치 원칙을 알리기 위한 주간지를 창간했다. 마리뇨에게는 쿠마나주의 지휘권을 다시 위임하고, 군 내부의 기강 회복과 지휘 체계를 재건하기 위한 조치를 단행했다. 자원은 턱없이 부족했지만, 그의 시야는 오히려 더욱 넓어졌다. 아직 베네수엘라조차 온전히 해방되지 않았지만, 볼리바르는 누에바그라나다의 자유를 구상하고 있었다. 그리고 누에바그라나다 국민에게 보내는 열정적인 포고문에서 해방을 위한 연대를 호소했다.

> 이제 아메리카의 날이 왔습니다. 그 어떠한 인간의 힘으로도 신의 섭리에 이끌리는 자연의 흐름을 막을 순 없습니다. 과거 여러분이 나와 베네수엘라를 해방시켰듯 이제 베네수엘라는 나와 함께 여러분을 해방시키기 위해 갈 것입니다. 이 한 해가 끝나기 전에 여러분의 땅 곳곳에서 자유를 위한 제단이 세워질 것입니다.

이 약속은 끝내 현실이 되었다. 볼리바르는 이 위대한 원정을 준비하기에 앞서 1819년 1월 1일을 기해 전국 국민의회의 소집을 선언했다. 국민대표들을 소환하는 장문의 포고문에는 자신이 지금껏 이룬 성과를 보고했고, 전쟁 참가 여부에 구애받지 말고 오직 탁월한 인품을 지닌 시민을 국민대표로 선출해 달라고 호소했다. 그리고 이렇게 덧붙였다.

> 나는 여러분이 내게 부여한 권한을 영원히 포기합니다. 이 참혹한 전쟁이 지속되는 동안 나는 그저 한 명의 병사로 남아 있을 것입니다. 평화의 첫 날은 나의 마지막 명령이 될 것입니다.

베네수엘라는 이미 가장 뛰어난 인재들을 전쟁으로 잃었고, 국토는 폐허가 되었다. 모든 것이 무너져 내린 듯 보였다. 그러나 이 땅은 다시 일어섰고, 더 크고 위대한 시도를 준비하고 있었다.

포고문을 발표한 뒤 볼리바르는 마리뇨가 패했다는 소식을 듣자마자 즉시 쿠마나로 향했다. 그는 마리뇨를 바르셀로나로 보내고, 자신은 앙고스투라로 돌아와 또다시 새로운 군대를 조직하기 시작했다.

한편 볼리바르는 스페인이 유럽의 여러 나라에 외교적 지원을 요청하면서 식민지 회복을 노리고 있다는 사실을 이미 파악하고 있었다. 이에 그는 베네수엘라가 이제 스페인과 아무런 정치적·법적 관계가 없다는 점을 다시 한번 세계에 천명할 필요를 느꼈다.

1818년 11월 20일 볼리바르는 1811년 7월 5일에 선포한 독립선언의 정신을 재확인하는 법령을 공표했다. 이 법령은 세 개의 언어로 번역되어 세계에 널리 알려졌으며, 서문에서는 법령 제정의 이유를 밝히면서 다음과 같이 선언했다.

베네수엘라 공화국은 1810년 4월 19일부터 자신들의 권리를 지키기 위해 싸워왔음을 선언한다. 우리는 주권을 되찾고 그것을 온전히 보존하기 위해 수많은 젊은이가 피를 흘려야 했으며, 우리의 젊음과 행복, 인간이 지닌 가장 소중한 가치마저 조국을 위해 기꺼

➡ "파라야(Paraya)의 사자라 일컬어지던 야네로의 대장 호세 안토니오 파에스" 키너슬리 존슨, 라몬 파에스, 『중남미에서의 여행과 모험(Travels and Adventures in South and Central America)』(New York: Hartford T. BELKNAP, 1873) 중 삽화.

이 바쳐왔다. 만일 스페인과 유럽 그리고 세계가 여전히 우리에게 스페인의 멍에를 씌우려 한다면 베네수엘라 민중은 조국의 폐허 속에 기꺼이 자신을 묻을 것이다.

이 선언이 발표된 직후 일부 이탈 세력이 파에스를 공화국 최고지도자로 추대하려는 움직임을 보이자, 볼리바르는 곧장 서부로 향했다. 파에스를 직접 만나 설득했고, 결국 그의 복종과 충성을 끌어내는 데 성공했다. 이후 볼리바르는 파에스를 혁명군 기병대의 사령관이자 소장(General de Brigada)으로 임명한 뒤, 앙고스투라로 돌아가 국민의회를 소집하고 누에바그라나다 해방을 위한 준비 작업에 착수했다.

11장

앙고스투라 회의와 볼리바르의 연설

1819

볼리바르의 연설

앙고스투라 의회는 일부 대표들의 도착이 늦어지면서 예정일보다 늦은 1819년 2월 15일에 개회되었다. 이 자리에서 볼리바르는 다시금 연설에 나섰으며, 그 어느 때보다 명확하게 자유에 대한 신념과 정치적 이상을 피력했다.

군사적 보호 아래 국민 주권을 소집하고 그 절대적 의지를 실현하도록 하는 일은 진정으로 행복한 시민만이 감당할 수 있는 특권입니다. 국민의 강력한 요구와 필요가 아니었다면 나는 공화국 최고 수반이자 독재자로서의 그 무겁고 위험한 책임을 떠맡지 않았을 것입니다. 이제 나는 안도의 한숨을 돌릴 수 있을 듯합니다. 혹독한 고난과 시련 속에서 간신히 지켜낸 이 권한을 다시 여러분께 돌려드리고자 합니다.

그의 연설은 공화정의 원리, 인민 주권, 권력 분립, 법치주의, 군의 통제 등 많은 내용을 다루었다. 몇몇 주요 구절은 다음과 같다.

한 사람에게 권력이 지속해서 집중되는 것이 민주 정부를 파괴해 온 가장 주된 원인이었습니다. 민주주의 체제에서는 반복적인 선거가 필수적입니다. 시민이 권력에 익숙해지고 국민이 복종에 익숙해질 때 그곳엔 전제정치와 폭정이 뿌리내리게 됩니다.

우리는 무력보다 기만에, 미신보다 악덕에 지배되어 왔습니다. 무지 속에서 태어난 노예제는 그 자체로 어둠의 산물입니다. 무지한 민중은 자기 파괴를 자초하는 눈먼 도구가 되며, 자유를 방종으로, 애국을 배신으로, 정의를 복수로 착각하게 됩니다.

자유는 풍요로운 양식이지만, 그것을 소화하기란 쉽지 않습니다. 우리가

➡ 「1819년 앙고스투라 의회에서 연설을 하는 시몬 볼리바르(Discurso de Angostura Pronunciado por Simon Bolibar en 1819)」 티토 살라스, 1941년, 33.0x22.2cm, 나리뇨궁. 보고타.

자유라는 영양가 높은 빵을 온전히 흡수하기 위해서는 무엇보다 정신적 단련이 선행되어야 합니다.

가장 완전한 정부 체제란 최대의 행복, 최고의 사회적 안전, 그리고 가장 안정된 정치 구조를 이루는 체제입니다.

볼리바르는 공화제 권력 구조에 대한 정치 철학을 다음과 같이 고찰했다.

공화정에서는 행정부가 입법부보다 더 강해야 합니다. 왜냐하면 모든 비판과 저항이 행정부에 집중되기 때문입니다. 반면 군주제에서는 입법부가 강해야 합니다. 왕좌와 왕관 그리고 자색 의복의 화려함, 귀족들의 막강한 지지와 대대로 축적된 막대한 재산, 나아가 왕권을 보호하는 모든 기득권 체제는 군주제의 권력을 실질적으로 무제한에 가깝게 만듭니다. 이에 반해 공화정의 행정부는 이러한 보완 장치 없이 오직 개인 한 사람에게 의존해야 하므로 일정 수준 이상의 권위와 권한이 필요합니다.

그는 또한 무분별한 민주주의가 가져올 폐해에 대해서도 경고했다.

베네수엘라 정부는 공화정이었고, 지금도 그러하며, 앞으로도 반드시 공화정이어야 합니다. 그 기초는 국민 주권, 권력 분립, 시민의 자유, 노예제의 폐지, 그리고 군주제와 모든 특권의 철폐 위에 세워져야 합니다.

무제한의 자유와 절대적 민주주의야말로 공화정의 이상을 좌초시켜 온 암초입니다. 고대 공화국, 근대 공화국, 그리고 지금 막 태동하는 공화국들은 모두가 절대 민주주의를 지향했으나 대다수가 실패를 거듭했습니다.

인간이 아니라 오직 천사들만이 절대적 자유 속에서 평화롭고 행복하게 살아갈 수 있을 것입니다.

입법부는 행정부의 고유 권한을 침범하려 하지 말고 균형 있는 권한의 중심축으로 자리매김해야 합니다. 사법부는 안정적이고 독립적인 판사들과 배심제의 도입, 그리고 정복자의 법률이 아닌 자연의 목소리와 정의의 외침, 지혜와 이상에 기반한 민법과 형법 체계를 통해 보강되어야 합니다.

공상적인 제도를 마음껏 실험하고픈 우리 시대의 눈먼 입법자들에 의해 현실을 외면한 허무맹랑한 제도가 시도되었습니다. 모든 민족이 자유를 갈망하며 무장 투쟁이나 법률 개혁을 시도해 왔습니다. 그 결과, 전제정치와 무정부 상태를 끊임없이 오갈 수밖에 없었습니다. 모든 국가가 자신의 역량과 정신, 역사적 현실에 부합하는 체제를 받아들이지 않는다면 자유에서 독재로 추락하는 것은 시간문제입니다.

안정된 정부를 수립하기 위해서는 '국민정신'이 토대가 되어야 합니다. 그 정신은 두 가지 핵심 원칙, 곧 '민의 절제'와 '공권력의 자제'라는 방향으로 수렴되어야 합니다.

국민 교육은 의회가 가져야 할 가장 근본적이고 우선적인 관심사여야 합니다. 도덕과 계몽이 공화국의 두 기둥이며, 그것이 지금 우리가 가장 먼저 해결해야 할 과제입니다.

마지막으로 볼리바르는 자신이 선포한 노예 해방령에 대해 국민회의에서 입법적 인준을 공식 요청했다.

> 내가 선포한 모든 법령과 포고문은 여러분의 즉권적 판단에 따라 개정하거나 폐지할 수 있습니다. 그러나 공화국의 운명과 나 자신의 생명을 걸고 간곡히 호소합니다. 노예의 완전한 자유만큼은 반드시 승인해 주시기를 간청합니다.

이 연설은 전문을 인용해도 아깝지 않을 만큼 위대한 기록이라 할 수 있다. 당대뿐 아니라 인류 역사 전체를 통틀어도 이와 비교할 수 있는 연설은 손에 꼽을 정도다. 한 작가는 이렇게 평했다.

> 이렇게 말한 사람은 인류 역사상 유례가 없다.

앙고스투라 의회는 볼리바르가 제시한 숭고한 원칙들을 제도적으로 실천하기 위한 첫걸음이었다. 당대 베네수엘라 혁명가이자 후일 역사가가 된 라라사발은 다음과 같이 기록했다.

> 앙고스투라 회의는 철저하게 시련과 영예를 함께 겪어온 이들로 구성되었고, 그들도 혁명의 중대한 요구에 화답했다. 그리하여 콜롬비아 공화국이라는 찬란한 국가를 탄생시켰을 때 이 과업은 단지 베네수엘라만이 아니라 아메리카 전체를 향한 사명이었다.
>
> 앙고스투라에서 해방자가 행한 연설은 이성의 결정체이자 애국심의 정수가 결합한 또 하나의 걸작이었다.

앙고스투라 회의는 26명의 대의원으로 시작했다가 후에 29명으로 늘어났다. 카라카스, 바르셀로나, 쿠마나, 바리나스, 과야나, 마르가리타 그리고 누에바그라나다의 카사나레(Casanare) 지방에서 대표를 파견했으며, 의장은 프란시스코 안토니오 세아(Francisco Antonio Zea)가 맡았다.

볼리바르는 개회와 함께 자신의 권력을 의장에게 이양하고 군 통수권 역시 반납했다. 그리고 이전처럼 자신은 공화국의 일개 병사로 복무할 준비가 되어 있다고 밝혔다. 하지만 회의는 만장일치로 그에게 대통령직을 맡기고, 동시에 군 통수권도 재확인했다. 부통령으로는 프란시스코 안토니오 세아가 선출되어 볼리바르가 독립전쟁에 나서는 동안 정부를 운영하도록 했다.

볼리바르는 곧 내각을 구성하고 정부를 조직했으며, 영국에 특사를 보내 무기와 탄약 그리고 1백만 파운드에 달하는 차관을 요청했으나 구체적인 성과를 얻지 못했다.

앙고스투라 회의의 개최는 내외적으로 큰 반향을 불러일으켰다. 스페인 측의 조롱과 선전전에도 불구하고 베네수엘라의 독립 의지를 세계에 확실히 각인시키는 계기가 되었다.

그날 볼리바르는 '콜롬비아'라는 위대한 국가 구상이 실현되리라는 것을 눈앞에서 마주하게 되었다. 비록 그 이상이 오랫동안 지속되진 못했지만, 분명히 그는 이상이라는 씨앗을 역사 속에 뿌려놓았다.

그는 회의에 참석한 대표들과 시민들에게 끝까지 단결을 유지해 달라고

➡ 베네수엘라의 시우다드 볼리바르에 위치한 앙고스투라 의회 건물.

당부한 뒤, 서부 전선으로 가서 군대에 합류했다. 이때부터는 영국 등 외국인 용병부대가 합류하기 시작했고, 이후의 전투에서 용병들은 결정적인 역할을 담당하게 된다.

평원 지역의 파에스 기병대, 마리뇨와 베르무데스가 지휘하는 정규군, 그리고 이들을 하나로 묶어낸 볼리바르의 통솔력이 결합되어 결정적인 승리를 향한 길이 비로소 열리게 된 것이다.

전환점

볼리바르는 기민하게 행군하여 파에스와 합류한 뒤, 이른바 '소모전'이라 불리는 게릴라전으로 전환해 왕당파의 사기를 꺾고 보급선을 파괴하는 전술을 이어갔다. 볼리바르는 본래 성격이 급하고 직선적이었는데 이 시기 볼리바르는 마치 카르타고의 명장 한니발(Αννίβας Βάρκας)과 맞서 인내심으로 버티는 전략을 구사한 로마의 장군 파비우스 막시무스(Quintus Fabius Maximus)처럼 지구전으로 일관했다. 실제로 평원의 목초지를 불태우고 가축을 몰아내며 왕당파들을 고립시켰다.

그 당시 볼리바르는 자기 병사들과 다르지 않은 삶을 살았다. 안장도 없는 말을 타고 적진을 가로질렀으며, 말 곁에 몸을 기대어 잠들었다. 또 걸어서 늪을 헤치고 물을 건너면서 행군을 계속했다. 밤이면 모닥불 앞에 병사들과 나란히 앉아 전우로서 하루를 마무리했다.

이 무렵 파에스는 또 한 번의 대담무쌍한 기습으로 자신의 명성을 떨쳤다. 그는 기병 150명을 이끌고 왕당파와 혁명군 사이에 놓인 강을 건넌 뒤, 의도적으로 퇴각하는 척하면서 적을 유인했다. 강에는 도보로 건널 수 있는 여울이 거의 없어서 모리요는 파에스의 병력을 손쉬운 먹잇감이라 여겼다. 그래서 곧장 휘하의 모든 기병을 포함한 1,200명의 병력을 보

➡ 「얼굴을 돌려라(Vuelvan caras)」 아르투로 미켈레나, 1890년, 유화. 라스 케세라스 델 메디오 전투에서 호세 안토니오 파에스가 기병대에게 추격해 오는 스페인 기병대를 공격하라고 명령하는 순간을 묘사했다.

내 추격에 나섰다. 하지만 왕당파 병력이 본대와 멀어지는 틈을 타서 파에스는 반격에 나섰고, 무방비로 노출된 적은 순식간에 와해되었다. 살아남은 병사들은 황급히 본대로 도주했고, 모리요는 결국 야음을 틈타 퇴각할 수밖에 없었다.

이 전투는 1819년 4월 3일 아푸레주의 평원인 케세라스 델 메디오에서 벌어진 '라스 케세라스 델 메디오 전투(Batalla de Las Queseras del Medio)'인데, 파에스에게는 영예를 안겨 주었고, 모리요에게는 치욕을 남겼다. 볼리바르는 이 용맹한 승리를 이끈 파에스와 그의 부하들에게 아낌없는 찬사와 최고의 영예를 부여했다.

전투 이후 평원 지대는 우기에 접어들었다. 남아메리카 북부의 '겨울'이라 불리는 우기는 매년 5월부터 10월까지 이어지며, 오리노코강이 범람하여 강 유역의 광활한 평야는 마치 거대한 내륙의 바다처럼 변모한다. 이때 야네로들은 가축을 고지대로 이동시키고, 건기에 말이 달리던 초원은 작은 배들이 오가는 수로로 바뀐다. 마을들은 달뚝 위에 세워져 있고,* 우기 동안 말로 육상을 이동하는 것은 거의 불가능해진다.

그러한 환경에서도 볼리바르와 그의 병사들은 말을 타거나 수영을 해서라도 행군을 이어갔다. 그들은 소를 몰고 다니면서 식량을 조달했고, 남은 고기는 안장 아래 눌러서 보관한 채 행군을 계속했다. 이러한 생활 방식이 야네로들에게는 낯설지 않은 것이었고, 귀족 출신으로서 안락한 삶에 익숙한 볼리바르 역시 이 모든 것을 거리낌 없이 받아들였다.

➡ 베네수엘라 마라카이보 호숫가에 위치한 산타로사에 지어진 장대집은 우기에 물이 범람해 배를 타고 다녀야 하기에 기둥 위에 지어졌다.

---

* 말뚝 위에 지은 집은 장대 집(Stilt house)으로 알려져 있다. 남아메리카 오리노코강 유역이나 마라카이보 호숫가에 널리 펴져 있어서 이탈리아의 탐험가 아메리고 베스푸치(Amerigo Vespucci)는 이 지역을 '작은 베니스'라는 뜻을 가진 '베네수엘라(Venezuela)'로 불렀다. '아메리카(America)'라는 라틴어 이름은 신대륙(Mundus Novus)에 대해 주장한 베스푸치의 업적을 인정해 1507년 지도 제작자가 표시하면서 전통이 확립되었다.

12장

그란콜롬비아의 탄생
1819

누에바그라나다 전역

파에스가 바리나스로 진군하기 위해 말을 조달하는 임무를 수행하는 사이 볼리바르는 누에바그라나다에서 들려온 소식을 접하게 되었다. 그곳에서는 프란시스코 데 파울라 산탄데르(Francisco de Paula Santander) 장군이 탁월한 조직력과 치밀한 계획을 바탕으로 왕당파에 맞서 성공적인 군사 작전을 펼치고 있었다.

볼리바르는 앙고스투라를 떠나기 전 누에바그라나다에 자유를 선사하겠다고 약속한 바 있었다. 이는 단순한 수사가 아니라 오래전부터 구상해 온 전략의 일환이기도 했다. 이제 그 약속을 이행할 때가 무르익었다고 판단했다. 그리고 마침내 대담한 결단을 내렸다. 비로 가득 찬 평원을 가로질러 누에바그라나다 부왕령으로 진입한 뒤, 단번에 스페인의 지배를 무너뜨리고 다시 베네수엘라로 돌아가 해방의 대업을 완수하겠다는 계획이다. 언뜻 보면 무모하고 허황된 전략처럼 보일 수 있지만, 성공하기만 하면 혁명의 결정적 전환점이 될 수 있으리라 믿었다.

볼리바르는 장교들을 소집해 자신이 구상한 대담한 전략을 밝혔다. 일부 병력은 베네수엘라에 남아 모리요의 주의를 끌도록 하고, 자신은 정예 병력을 이끌고 빠르게 누에바그라나다로 진격한 뒤, 그곳을 해방하고 베네수엘라로 돌아오겠다는 것이었다.

1819년 5월 25일 마침내 그의 대담한 구상을 실행에 옮겼다. 이 원정은 한니발이나 나폴레옹의 알프스 돌파보다 더 과감한 시도였다. 파에스가 후방을 맡아 왕당파의 시선을 끌게 하자, 이번 원정에 동참하길 거부한 야네로 정예 기병대 대다수가 이탈하고 말았다. 그러나 영국인 용병부대를 이끄는 루크(James Rooke) 대령은 "희망이 있다면 케이프 혼 너머라도 따르겠다"라고 말하며 기꺼이 원정에 동참했다.

한 달 넘게 범람한 평원을 헤치고 나아간 끝에 볼리바르와 그의 병사

➡ (좌) 「안데스를 넘는 시몬 볼리바르(Simon Bolívar Crossing the Andes)」 다라요 고메스, 1857년, 22.2x27.4cm, 그랜저 컬렉션. 자크루이 다비드의 유명한 작품 「생베르나르 고개의 나폴레옹」에 영감을 받아 그렸다. (우) 「피스바 황무지를 건너는 볼리바르(Bolivar crossing the Paramo de Pisba)」 프란시스코 안토니오 카노, 1922년, 유화, 콜롬비아국립박물관, 보고타.

들은 마침내 안데스산맥의 험준한 능선을 오르기 시작했다. 그 여정은 인간으로는 형언할 수 없는 고통의 연속이었다. 병사들은 늪지대를 통과하면서 의복과 장비 대부분을 잃었고, 이제는 맨발에 가까운 상태로 차가운 고산지대를 올라야 했다. 말조차 오를 수 없는 가파른 협곡과 눈 덮인 고개에서 많은 병사가 추위와 탈진으로 쓰러졌지만, 볼리바르는 오직 해방이라는 신념 하나로 이들을 이끌면서 한 걸음씩 앞으로 나아갔다.

이윽고 누에바그라나다에 도착하자마자 볼리바르는 곧바로 왕당파와의 전투에 돌입했다. 당시 그의 병력은 말과 탄약이 턱없이 부족했으며, 설상가상으로 왕당파 정예군 5천 명이 접근 중이라는 소식까지 들려왔다. 그럼에도 볼리바르는 단 사흘 만에 병력을 재정비하고 무장을 갖춰 전투를 준비했다. 초기에는 유격전을 통해 적을 교란하다가 곧이어 정규전 양상으로 전환하여 수적 열세를 극복하고 정면으로 맞서 싸운 끝에 승리를 거두었다. 해방된 도시들은 열렬한 환영으로 볼리바르를 맞이했으며, 수많은 시민이 자원하여 입대하게 되면서 병력도 급속히 늘어났다.

게다가 앞선 모든 전투를 압도하고도 남을 결정적 승리가 이어졌다. 당시 누에바그라나다의 부왕 사마노(Juan de Sámano) 휘하의 왕당파 선봉대가 보야카(Boyacá)라는 전략적 요충지에 방어진을 구축하고 있었다. 이곳을 수비하는 왕당파 바레이로(José María Barreiro) 장군의 병력은 볼리바르보다 병력이나 물자 면에서 확연한 우위에 있었으나, 혁명군의 기습적 공격 앞에 맥없이 무너졌다.

이 승리의 선봉에는 안소아테기(José Antonio Anzoátegui) 소장이 있었다. 그는 선두에서 불굴의 투지로 완강하게 저항하는 적의 전열을 돌파하여 전투의 승기를 잡았다. 그러나 치열한 전투 끝에 살아남았음에도 불과 승리 며칠 뒤 병을 얻어 갑작스레 세상을 떠났다. 당시 그의 나이는 불과

서른이었다. 귀족 가문 출신으로 뛰어난 지성과 교양 그리고 흔들림 없는 충성과 애국심을 겸비한 인물이었기에 그의 죽음은 혁명군 전체에 커다란 손실이었다.

한편, 왕당파의 바레이로 장군은 전투 직후 볼리바르 군에 생포되었다. 1819년 8월 7일에 벌어진 이 보야카 전투(Batalla de Boyacá)는 누에바 그라나다에서 스페인의 지배를 사실상 종식시켰으며, 중남미 독립전쟁의 결정적인 분수령이 되었다.

안데스 횡단과 보야카 전투의 승리에 대해 우루과이 사상가 호세 엔리케 로도(José Enrique Rodó)는 다음과 같은 찬사를 남겼다.

> 전술적으로 더 탁월한 산악 돌파 사례가 있을 수 있다. 그러나 이처럼 대담하고 영웅적이며, 전설로 남을 만한 행군은 없다. 2,500명의 병력이 안

➡ 「보야카 전투(Batalla de Boyaca)」 마틴 토바르 이 토바르, 1897년, 유화, 팔라시오 연방 입법부, 카라카스.

데스 동쪽 경사면을 오르기 시작해 혹한의 고산 기후와 열악한 보급, 극심한 지형적 제약 속에서도 반대편으로 내려온 이들은 오직 소수의 유령이었다. 약한 자들은 모두 설령과 급류 그리고 숨쉬기조차 힘든 고지대 어딘가에 남겨진 채 사라졌다. 그리고 살아남은 유령들이 바로 보야카 전투의 승리를 이끌었다.

보야카 전투의 승리를 통해 누에바그라나다가 해방되면서 연방 공화국 건설을 위한 핵심 요소 중 한 축이 달성되었다. 이 시점까지 볼리바르가 거둔 가장 위대한 군사적 업적이라 해도 과언이 아니었다.

해방자는 그 기세를 몰아 수도 보고타까지 진격했고, 시민들은 거리로 나와 열광적으로 그를 맞이했다. 총 75일간 이어진 이 원정은 단순한 군사 작전이 아니었다. 군대 전체가 하나로 뭉쳐 인간의 육체적 한계를 뛰어넘어 자연을 극복한 대장정이자 한 세기의 지배를 뒤집는 해방의 행진이었다.

그란콜롬비아의 탄생

보야카 전투에서의 승리 직후 볼리바르는 누에바그라나다 전역에 병력을 파견하고 왕당파 전당을 소탕했다. 과거 누에바그라나다 혁명정부가 자신을 신뢰하고 병력과 자원을 물심양면으로 지원해 준 데 대한 보답을 할 수 있게 된 사실에 깊은 만족을 느꼈다. 볼리바르는 보고타에서 군자금과 군수품 등 귀중한 자원을 확보해 베네수엘라 전선에서 활용할 수 있었다. 조직과 작전 모두에서 그의 탁월한 역량은 유감없이 발휘되었다.

보고타 의회는 볼리바르에게 '누에바그라나다의 해방자(Libertador de Nueva Granada)'라는 칭호를 수여하고, 그와 함께 원정에 참여한 모든 장병에게도 '보야카 십자훈장(Cruz de Boyacá 또는 Orden de Boyacá)'을 수여했다. 누에바그라나다의 부통령으로는 볼리바르가 합류할 당시 군대를 조직해 군사 작전의 기틀을 마련하는 데 큰 도움을 준 산탄데르 장군이 임명되었다.

볼리바르는 누에바그라나다의 모든 주민을 공화국의 시민으로 받아들이고 과거의 정치적 입장이나 행위에 대해서는 일절 묻지 않겠다고 선언했다. 또 떠나기를 원하는 자들에게는 여권을 발급해 주었다.

한편 보고타에서 쫓겨난 왕당파는 연일 후퇴를 거듭했고, 사마노 부왕은 카르타헤나로 도망쳤다. 볼리바르는 누에바그라나다를 산탄데르에게 맡긴 뒤 다시 베네수엘라로 귀환길에 올랐다. 떠나기 전 산탄데르에게 이렇게 당부했다.

➡ 「평원에서 진군하는 해방자 볼리바르와 산탄데르(Marcha del libertador Bolívar y Santander en la campaña de los Llanos)」 헤수스 마리아 사모라, 1915년, 콜롬비아국립박물관. 1819년 누에바그라나다 해방을 위한 군사 작전 중 침수된 평원을 행진하는 모습이다.

정의는 공화국의 초석입니다.

그러나 베네수엘라의 앙고스투라에서는 정국이 요동치고 있었다. 부통령에 대한 불만은 점점 고조되었고, 심지어 볼리바르에 대한 비난이 터져 나왔다. 볼리바르가 의회 승인 없이 누에바그라나다 원정을 감행한 사실을 두고, 일부 의원은 그의 행위를 무단 이탈로 간주하고 탈영병으로 취급해야 한다고 주장하기에 이르렀다. 어떤 이들은 그가 패하거나 도망 중이라는 소문을 퍼뜨리기도 했다.

당시 의회에서 마리뇨는 아리스멘디의 지지를 등에 업고 반(反)볼리바르 여론의 중심에 서 있었다. 결국 부통령은 사임 압력을 견디지 못하고 물러났으며, 그 뒤를 이어 아리스멘디가 부통령직에 올랐다. 그는 취임하자마자 마리뇨를 동부 방면군 총사령관으로 임명했다.

군 출신 인사가 민간인을 대신해 최고 행정직을 맡게 된 이 사건은 훗날 라틴아메리카의 여러 나라에서 반복되는 나쁜 선례로 남게 되었다. 하지만 아리스멘디는 부통령으로서 비교적 무난하게 직무를 수행했고, 볼리바르가 임명한 내각을 그대로 유지했다. 정국이 혼란스러운 와중에 보야카 전투에서의 결정적 승전 소식이 앙고스투라에 전해졌다. 그러나 볼리바르는 베네수엘라로 돌아오는 길에 충격적인 소식을 접하게 되었다. 보고타에서 산탄데르 장군이 보야카 전투에서 생포된 바레이로 장군을 비롯한 다수의 스페인군 포로들을 처형했다는 것이다.

사실 볼리바르가 전투에 앞서 부왕 측에 포로 교환을 제안했지만, 아무런 답변도 얻지 못한 상태였다. 그럼에도 그는 자유를 향한 대의가 포로의 피로 더럽혀지는 일은 결코 용납한 적 없었다. 「죽음의 전쟁 포고령」이라는 극히 예외적인 상황을 제외하고는 언제나 일관되게 포로 처형을 반대해 왔다. 실제로 혁명군의 일부 지휘관들도 왕당파 못지않은 잔혹 행위를 저지른 사례가 있었지만, 볼리바르는 가능한 한 이런 일을 억제하려고 애써 왔다. 산탄데르에게도 정의와 관용의 원칙을 거듭 강조했지만, 유능하고 애국적인 장군으로 알려진 그는 불필요한 잔혹 행위로 인해 자신의 명예에 깊은 상처를 남기고 말았다.

물론 바레이로는 과거에 한 성직자가 포로들의 생명을 구해 달라는 요청에 대해 "저들을 사살하듯 볼리바르가 내 손에 들어온다면 그도 쏴 죽일 것이다"라고 답한 바 있다. 그러나 스페인 포로들을 정식 재판도 거치지 않은 채 처형한 것은 훗날 역사 속에서도 정당화될 수 없었다. 산탄데르는 자신을 변호하는 입장문을 발표했다. 하지만 후세의 평가는 냉정하고 단호했으며, 도덕적인 비난을 피할 수 없었다.

앙고스투라로 복귀한 볼리바르는 앞서 벌어진 정치적 혼란과 권력투쟁에 대해 일절 언급하지 않았으며, 극도로 절제되고 신중한 태도를 유지했다. 아리스멘디는 겸손한 언사와 함께 부통령직 사임을 밝히며 자리를 내놓았고, 이후 그 약속을 성실히 이행했다.

1819년 12월 14일 볼리바르는 의회에 출석해 누에바그라나다에서 거둔 승리를 간략히 보고했다. 그리고 베네수엘라와 누에바그라나다의 통합, 곧 '콜롬비아 공화국'의 창설이라는 오랜 염원을 다시 한번 천명했다. 연설에서 그는 다음과 같이 밝혔다.

> 누에바그라나다가 자기 영토를 베네수엘라와 합치려는 열망은 하나입니다. 누에바그라나다의 국민은 이 두 국가의 통합이 양국 모두에게 얼마나 큰 이익을 가져올지 확신하고 있습니다. 저는 첫 전투 때부터 오직 이 두 나라의 통합만을 염원해 왔습니다. 이는 양국 시민들의 공통된 의지이자

남아메리카의 자유를 지키는 유일한 보장입니다. 이 중대한 사회계약을 법률로 제정하고, 위대한 공화국의 기반이 될 헌법의 원칙들을 확립하는 일은 바로 여러분의 지혜에 달려 있습니다. 전 세계 앞에 이 통합을 선포해 주십시오. 그것이 제가 받은 가장 큰 보상이 될 것입니다.

의회는 일제히 찬성의 뜻을 보였고, 부통령 또한 이 제안을 지지했다. 또한 승리한 장군과 그의 군대에게 아낌없는 찬사를 보냈다.

축하 인사를 위해 모인 이들 가운데에는 과거 볼리바르와 정치적 적대 관계에 있었던 마리아노 몬틸라(Mariano Montilla)도 있었다. 볼리바르는 자신의 정적들 속에서 진정한 역량을 간파할 줄 아는 인물이었고, 이 만남을 계기로 두 사람은 신뢰와 우정을 쌓게 되었다. 1820년 7월 볼리바르는 몬틸라에게 전권을 위임하면서 여전히 스페인군의 수중에 있는 카르타헤나의 탈환을 지시했다. 몬틸라는 그 기대에 부응했고, 이후 14개월에 걸친 포위전 끝에 마침내 카르타헤나를 함락시키는 데 성공했다.

1819년 12월 17일 의회는 베네수엘라 연방과 누에바그라나다 그리고 아직 해방되지 않았으나 통합의 대상으로 상정된 키토(Quito, 현 에콰도르)를 하나로 묶는 '콜롬비아 공화국(República de Colombia, 그란콜롬비아)'*의 창설을 공식적으로 의결했다.

초대 대통령으로는 시몬 볼리바르가 선출되었고, 베네수엘라 부통령으로는 안토니오 세아, 훗날 쿤디나마르카(Cundinamarca)라고 불리게 된 누에바그라나다의 부통령으로는 산탄데르가 선출되었다. 아직 해방되지 않은 키토의 부통령직은 유보되었다.

* 정식 명칭은 '콜롬비아 공화국'이나 일반적으로 현 콜롬비아 공화국과 구분하기 위해 '그란콜롬비아(Gran Colombia)'로 부른다. 본서에서도 이 명칭을 따른다.

이로써 1815년에 볼리바르가 자메이카 서한에서 밝힌 예언은 마침내 현실이 되었고, 라틴아메리카의 독립을 위한 또 하나의 꿈이 실현되었다.

➡ 1819년 그란콜롬비아의 경계와 행정구역을 보여 주는 역사적 지도. 12월 17일 법률에 따라 쿤디나마르카, 키토, 베네수엘라의 3개 주로 나뉘었다.

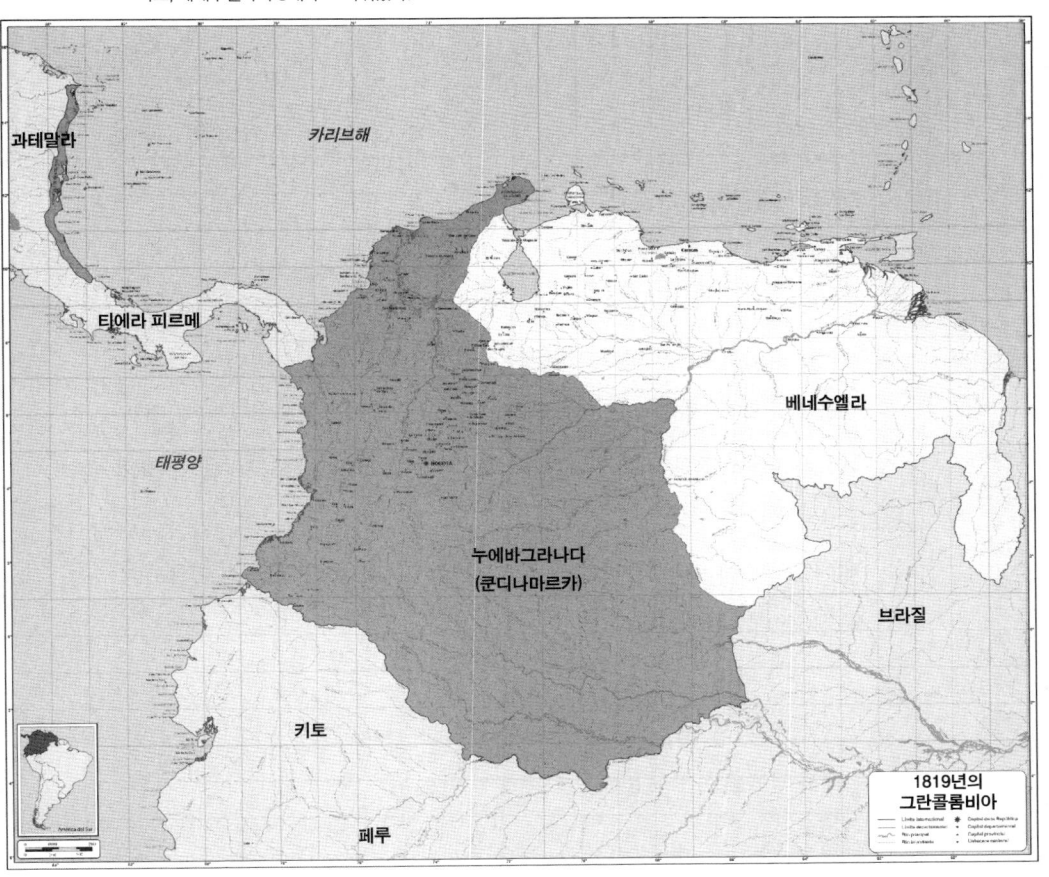

13장

산타아나 평화회담
1820

해방자 대통령

한편 스페인 본국에서는 아메리카 식민지에 파견할 새로운 대규모 원정군을 준비하고 있었다. 그 규모는 과거 모리요가 이끌었던 병력보다 훨씬 방대하게 준비 중이었으며, 페르난도 7세 국왕은 식민지뿐 아니라 스페인 본토에서조차 약화된 자신의 절대 권력을 회복하고자 하는 야망을 노골적으로 드러냈다.

베네수엘라에 주둔 중이던 모리요 장군은 본국에 증원군을 요청하면서 볼리바르에 대해 이렇게 묘사했다.

> 단 한 번의 작고 사소한 승리로도 2,400킬로에 달하는
> 광대한 영토를 손에 넣을 수 있는 불굴의 인물

페르난도 7세는 이 원정을 통해 단지 자기 권위의 회복뿐만 아니라 자유주의 성향으로 의심받는 장교들을 본토에서 제거하려는 의도도 있었다. 하지만 스페인의 군항 카디스에 집결한 원정군은 급속히 자유주의 사조에 물들었고, 1820년 1월 1일 라파엘 리에고(Rafael Riego) 장군의 주도로 반란이 일어났다.

리에고와 그의 부대는 아메리카로 향하는 대신에 본국에서 헌법 체제의 제정과 자유를 요구하며 봉기했다. 그 결과, 대규모 원정 계획은 전면 중단되었다. 궁지에 몰린 페르난도 7세는 어쩔 수 없이 입헌 체제를 수용해야 했다.

카디스에서 벌어진 반란 소식을 두고 모리요는 심각하게 받아들이지 않았지만, 볼리바르는 그 어떤 전투보다 더 큰 희망을 품게 되었다. 스페인 군대조차 이제는 아메리카 식민지의 반란 진압에 의욕이 없다는 사실이 분명해졌기 때문이다.

같은 해 1월 볼리바르는 다시 오리노코 평원을 넘어 파에스가 지휘하는 전선을 시찰했고, 그란콜롬비아 공화국이 건국되었음을 공식적으로 공표하기 위해 사실상 수도 역할을 하는 보고타로 향했다. 보고타에서 산탄데르 부통령은 공화국의 건국을 엄숙하게 선포하면서 볼리바르에 대해 다음과 같은 찬사를 덧붙였다.

콜롬비아는 불멸의 볼리바르가 남긴 유일한 자식이다.

1820년 3월 보고타에 도착한 볼리바르는 북부와 남부 전역에서 전개될 군사 작전을 두고 최종 지시를 내렸다. 앙고스투라 의회는 볼리바르에게 대통령(Presidente) 앞에 해방자(Libertador)라는 호칭을 영구히 사용할 수 있도록 결의했다. 또한 그와 함께한 부하들에게도 각종 훈장을 수여했다.

화해의 제스처

이 무렵 모리요 장군은 스페인으로부터 증원을 기다리는 동안 볼리바르의 공격에 대비하기 위해 평야 지역과 남서부 일대에 병력을 분산시켜 두었다. 여전히 왕당파의 주력은 약 15,000명에 달했다. 누에바그라나다의 카르타헤나와 그 주변 지역 및 키토는 여전히 왕당파의 수중에 있었다. 볼리바르는 이에 맞서 또 하나의 새로운 부대를 조직하면서 숙적 모리요에 대한 정면 대결을 준비하기 시작했다.

카디스 반란의 여파로 모리요는 자신이 통치하는 지역에도 「카디스 헌법(Constitución de Cádiz)」으로 알려진 「스페인 헌법(Constitución Política de la Monarquía Española)」을 공포하고 주민들에게 이에 대한 충성 서약을 강제했다. 이 조치는 전쟁의 양상에 중대한 변화를 가져왔다. 입헌군주제를 표방하게 된 새 정부는 각 지방의 자치권을 일정 부분 인정하기 시작했고, 스페인 본토의 여론도 점차 아메리카 식민지에 대표권을 부여해야 한다는 방향으로 기울어가고 있었다.

결국 스페인 정부는 혁명군과 평화 협상을 추진하게 되면서 1820년 7월에 그란콜롬비아 혁명정부와의 협상 대표로 모리요

➡ 1812년 「스페인 헌법」의 원판 표지.

를 임명했다. 이에 모리요는 협상에 앞서 카라카스에 '화해위원회(Junta Pacificadora)'를 설치하는 한편, 각 지휘관에게는 한 달간 정전 명령을 내려 협상의 발판을 마련했다.

당시 받은 공식 서한에는 '공화국 대통령 각하(Excelentísimo Señor Presidente de la República)'라는 경칭으로 명시되어 있었다. 이는 볼리바르가 더 이상 반란군의 지도자나 무장 폭도가 아니라 주권 국가를 대표하는 정당한 국가원수로서 대우받기 시작했음을 의미했다.

그러나 볼리바르는 스페인 측의 유화적인 제스처에 절대 현혹되지 않았다. 그는 각 지역의 지휘관들에게 왕당파 측과의 회담을 위한 실무적 접촉을 허용하면서도 모든 협상의 유일한 전제 조건은 어디까지나 콜롬비아의 완전한 독립이라는 점을 명확히 했다. 그가 한 장군에게 보낸 서한에는 다음과 같이 강조했다.

> 베네수엘라 공화국 선언에서 확립된 원칙에 따라 평화를 제안하는 것은 결코 굴욕이 아니다. 이 원칙은 모든 협상의 토대가 되어야 한다. 그 이유는 첫째, 그것이 공화국의 법률에 명시된 바 있으며, 둘째는 그것이 콜롬비아의 본질이자 조국의 구원을 위한 유일한 조건이기 때문이다.

이에 따라 콜롬비아 대표단은 교섭에 나선 스페인 사절단에게 단호한 입장을 전달했다. 콜롬비아의 주권과 독립을 전제로 한 제안이라면 기꺼이 논의에 응하겠지만, 이 기본 원칙에서 벗어나는 어떠한 협상도 받아들일 수 없다는 것이었다. 이는 공화국 정부와 국민에 의해 이미 여러 차례 천명해 온 원칙이자 흔들림 없는 확고한 신념이었다.

스페인 측이 제시한 협상 조건은 다음과 같았다. 각 지역은 스페인의 입헌군주제 체제로 편입되어 「스페인 헌법」을 받아들이고, 현재 해당 지역을 통제하고 있는 혁명군 지도자들은 일정 기간 기존 지휘권을 유지하되, 그 권한은 스페인군 총사령관이나 스페인 본국 정부의 권위에 종속된다는 것이다.

당시 볼리바르는 전선에서 군사 작전 지휘 중이었기에 회담에 참석하지는 못했지만, 콜롬비아 측 사절단은 이 제안을 단호히 거절하며 다음과 같이 응수했다.

> 정의와 자유의 수호자들은 무제한 권한을 약속받는 것을 영광이라 여기지 않는다. 그들은 조국 해방이라는 숭고한 명예를 저버리고, 압제와 권력을 선택한 저열한 자들과 자신이 동일시되는 것을 오히려 모욕으로 여긴다.

한편 그란콜롬비아 외교 사절단은 런던에서 국가 신용도를 제고하고 국제 금융시장에서 신뢰를 얻기 위해 전력을 기울였다. 그 결과, 대외 채무가 공식 승인되었고 원리금 상환 체계도 일정하게 마련되었다. 국제사회에서 아직 독립국으로서의 법적 지위를 인정받지 못한 상태였음에도 당시 그란콜롬비아의 신용도는 오히려 일부 유럽 국가들의 국채보다 더 높은 평가를 받았다.

반면에 유럽 대륙에서의 외교적 교섭은 뚜렷한 성과를 거두지 못했다. 구대륙의 왕정 체제가 여전히 국제 외교의 기본 질서를 지배하고 있었다. 게다가 유럽 왕실 출신을 수반으로 세우는 방식의 '아메리카 독립왕국' 구상이 여러 지역에서 논의되고 있었다. 실제로 그란콜롬비아를 제외한 옛 스페인 식민지 대부분은 공화제보다 군주제를 더 선호하는 경향을 보였다.

당시 멕시코에서는 스페인 왕가 출신의 인물을 옹립하려는 움직임이 나타났다. 결국 권력은 아구스틴 데 이투르비데(Agustín de Iturbide)의 손에 넘어가 군주제가 수립되었다. 부에노스아이레스도 유럽의 군주를 영입하려 시도했고, 아르헨티나와 칠레의 수호자 호세 데 산마르틴(José de San Martín) 역시 군주제에 우호적인 태도를 보였다. 이처럼 라틴아메리카 전역은 전반적으로 공화제보다는 군주제로 기울어지는 분위기가 지배적이었다.

그럼에도 그란콜롬비아는 예외였다. 이 국가는 볼리바르를 중심으로 오직 공화제 수립과 정착이라는 이상을 일관되게 고수했다. 물론 볼리바르도 대통령 종신제와 세습 상원제를 일시적으로 구상한 바 있지만, 곧 국민의 격렬한 반발에 부딪혀 무산되었다. 사실 그가 이러한 통치 체제의 정당성을 끝까지 강변한 데에는 현실적인 이유가 있었다. 즉 자신의 권력욕에서 비롯된 것이 아니라 무정부 상태와 권위주의가 반복되는 라틴아메리카 정치의 취약함을 누구보다 깊이 통찰하고 있었기 때문이다.

볼리바르는 미국 하원의원 헨리 클레이(Henry Clay)의 연설에 대해 깊은 감명을 받았다. 클레이는 미 하원에서 "콜롬비아는 여러 면에서 세계에서 가장 빛나는 민족들과 어깨를 나란히 할 자격이 있는 나라"라고 강조하며, 콜롬비아의 독립을 공식적으로 승인할 것을 제안했다. 비록 이 제안이 별다른 실질적 조치로 이어지진 못했지만, 남미 독립운동에 대해 미국이 처음으로 외교적 관심을 표명했다는 점에서 상징적 의미를 남겼다.

정전 협정

1820년 11월 볼리바르는 군사 작전 점검을 위한 순시를 마친 뒤 모리요 장군에게 서한을 보내 협상에 응할 준비가 되었음을 공식적으로 통보했다. 이어진 후속 서한에서는 그란콜롬비아 전역을 피와 눈물로 물들인 전쟁의 참상을 멈추기 위해 전쟁 수행 방식을 규범화하는 조약을 일선 지휘관들에게 즉각 지시할 것을 요구했다.

이에 따라 양측 지휘관들은 그란콜롬비아 전역에서 6개월간의 휴전협정에 합의했다. 이 협정은 각 군의 작전 구역과 정전선(停戰線)을 명시하고, 휴전 동안 일체 적대 행위를 중단할 것을 명문화했다. 동시에 문명국가의 국제법과 전쟁 관례에 따라 향후 전쟁을 보다 인도적인 방식으로 수행하기 위한 정식 교전규칙 수립에 공동 착수하기로 합의했다.

볼리바르의 주도로 그란콜롬비아 대표단이 제시한 초안에는 전쟁포로의 신변 안전과 적절한 대우, 그리고 교환 절차를 확립했다. 또 적국에 가담한 탈영병에 대한 사형을 폐지하고 점령지 내 민간인의 생명과 재산에 대한 안전 보장을 천명하며, 전사자의 매장이나 사후 조치를 의무화하는 내용 등이 담겼다.

이처럼 전쟁을 인도적 원칙에 따라 규정한 조약은 당대 어느 나라에서도 유례를 찾기 어려울 만큼 진보적이었다. 앞서 볼리바르가 말했듯 베네수엘라인들은 이미 모든 것을 잃은 상태였다. 그러나 이 조약을 통해 최소한의 생명과 존엄을 지킬 수 있는 길이 열렸으며, 무의미한 학살과 파괴의 악순환을 멈출 수 있는 기틀이 마련되었다.

조약 체결 후 모리요는 볼리바르와의 직접적인 회담을 희망했고, 볼리바르도 이에 응했다. 두 사람은 산타아나(Santa Ana)라는 외딴 시골 마을에서 수행 장교 몇 명만 대동한 채 조용히 마주 앉았다. 이 자리에는 미겔 데 라토레 장군도 동석했지만, 볼리바르가 혐오하는 일부 스페인 장교들은 모리요가 사전에 배제했다.

이 만남은 전쟁의 양 진영을 대표하는 두 지도자가 최초로 대면한 역사적 순간이었다. 그들은 각자 자신들이 지켜온 대의와 신념을 대표하며, 서로 다른 시대적 배경과 가치관을 가지고 한자리에 앉았다. 흥미로운 점은 두 사람 모두 출신이나 삶의 궤적을 놓고 볼 때 지금의 위치와는 거리가 먼 삶을 살아왔다는 사실이다.

모리요는 미천한 가문에서 태어나 군의 말단에서 시작해서 오직 왕권에 대한 충성심으로 카르타헤나 백작(Count of Cartagena)과 라푸에르타 후작 같은 작위를 받은 입지전적인 인물이었다.

이에 반해 볼리바르는 태어날 때부터 모든 것을 가진 사람이었다. 베네수엘라의 부유한 귀족 가문에서 태어나 막대한 토지와 재산, 명예 그리고 권력을 자연스럽게 물려받을 수 있었다. 하지만 그는 이 모든 것을 기꺼이 뒤로하고 조국의 독립이라는 불확실하고 고통스러운 대의를 위해 온전히 자기 삶을 내던졌다. 전 재산은 모두 전쟁을 위해 바쳤으며, 평온하고 안락했던 삶은 병사들과 다를 바 없는 전장에서의 고된 일상으로 바뀌었다. 그는 병사들과 함께 굶주리고 진창 속을 누비면서 생사를 넘나드는 고통의 밤을 견뎌냈다.

볼리바르의 관대함은 단순한 미덕이 아니었다. 그것은 그가 끝까지 지키고자 했던 신념이었다. 과거 미란다 장군이 항복한 직후 그의 탈출을 도운

➡ 베네수엘라 트루히요의 작은 마을 산타아나에 세워진 볼리바르와 모리요의 도융 기념비.

시몬 볼리바르

사람이 체포되고 재산이 몰수당할 위기에 놓였을 때 그는 망설임 없이 자기 재산을 대신 압류해 달라고 요청했다. 그것은 단지 정치적 제스처가 아니라 그가 믿는 삶의 방식이었다.

볼리바르와 모리요는 단순한 지방의 군벌들과 차원이 다른 인물이었다. 피에 굶주린 보베스나 무지한 평원의 장군 파에스와 달리 두 사람은 각각 스페인의 정통 권위와 라틴아메리카의 독립 정신을 가장 품격 있게 대변하는 존재였다.

산타아나에서 열린 회담은 우호적인 분위기 속에서 진행되었다. 두 사람은 서로를 포옹했고, 오랜 시간 친밀한 대화를 나눈 뒤 깊은 존경과 신뢰를 안고 이별했다. 그리고 훗날 이 회담을 기념하는 기념비를 세우기로 합의했다.

그날 저녁 만찬 자리에서 볼리바르는 앞으로의 전쟁이 어떤 방식으로 치러져야 하는지를 상징적으로 보여 주는 건배사를 남겼다. 잔을 높이 들며 이렇게 말했다.

양 진영 모든 전사들의 영웅적인 인내에 경의를 표합니다. 고통을 이겨내며 싸워온 끈기와 군건한 용기, 그리고 비할 데 없는 용맹에 찬사를 보냅니다. 죽음의 위협 앞에서도 자유를 지켜낸 고귀한 이들, 조국과 정부를 위해 장렬히 전사한 이들, 그리고 부상당하고도 당당히 품격과 용기를 보여 준 병사들에게 진심 어린 경의를 바칩니다. … 그리고 끝으로 피를 갈망하면서 부당하게 흘리게 한 자들에게는 영원한 증오를 보냅니다.

모리요는 다음 같이 화답했다.

우리처럼 평화와 우정을 바라는 이들의 뜻을 거스르는 자가 있다면 하늘이 반드시 그들에게 응분의 벌을 내릴 것입니다.

그날 이후 볼리바르와 모리요 사이에는 공손하고 우호적인 서신이 오갔다. 모리요는 혁명군을 무력으로 진압할 수 없다는 사실을 분명히 인식하고 있었다. 결국 베네수엘라를 떠나기로 결심하고 본국에 귀환을 요청했다. 후임으로는 앞서 언급한 바 있는 라오가사 전투의 영웅 미겔 데 라토레 장군이 임명되었으며, 지휘권 이양은 1820년 12월 14일 공식적으로 이루어졌다.

14장

아메리카 연합의 꿈
1821

위축되는 스페인의 힘

볼리바르는 수크레 장군을 남부 방면군 총사령관으로 임명하고 휴전 협정이 적용되지 않는 태평양 연안의 과야킬(Guayaquil) 지역으로 파견했다. 그의 임무는 이 지역을 그란콜롬비아 공화국에 병합하기 위한 외교 협상을 수행하는 것이었다.

한편 아르헨티나의 해방자 산마르틴은 순수하게 애국심에서 비롯된 의도로 키토 지방을 페루에 편입시키려 했고, 이를 뒷받침할 정당한 논리적 근거도 갖추고 있었다. 그러나 볼리바르는 역사적·지리적 연속성에 따라 키토와 과야킬이 마땅히 그란콜롬비아에 속해야 한다고 강력히 주장했다.

수크레는 산마르틴과 정치적 비전에서 대척점에 있는 볼리바르를 대리하여 외교적 교섭에 나섰기 때문에, 고도의 정치적 민감성과 섬세한 외교적 감각을 요하는 임무를 맡게 되었다. 하지만 두 지도자 모두 자유라는 숭고한 이상을 위해 싸우고 있다는 점에서는 다르지 않았다. 수크레는 해로를 통해 과야킬에 도착한 뒤, 당시 키토를 점령하고 있던 왕당파의 침공을 사전에 차단하는 데 성공했다.

바로 그 무렵 스페인으로부터 새로운 평화 사절단이 도착했다. 이에 발맞추어 볼리바르는 스페인 원정군 총사령관 라토레 장군에게 매우 정중한 어조로 공식 서한을 보냈다.

장군께서 적군의 선봉에 선다는 사실이 오히려 다행입니다. 당신은 누구보다 해악을 줄이고 관용을 더 많이 베풀 수 있는 분이기 때문입니다. 당신은 이 새로운 나라에 맞서 싸우기 위해 왔지만, 이제는 그 상처를 함께 치유할 사명을 맡게 되었습니다. 언제나 품위 있는 적수이자 앞으로 가장 든든한 동지로 남아주시길 바랍니다.

볼리바르는 그란콜롬비아의 독립을 평화적으로 실현하고, 이를 스페인 정부로부터 정식으로 승인받기 위해 전방위적인 외교 노력을 기울였다. 극진한 예우를 갖춘 서한과 함께 사절단을 페르난도 7세에게 파견한 것은 스페인이 독립의 현실을 받아들이고 무력 충돌 없이 외교적 해결을

➡ 「미구엘 데 라토레의 초상(A portrait of Miguel de la Torre y Pando)」 엘리압 메트칼프, 1826년, 캔버스에 유화, 230×162cm, 토다 파운데이션, 댈러스.

시몬 볼리바르

통해 분쟁을 종식하고자 하는 시도의 일환이었다.

한편 줄곧 왕당파의 거점으로 남아 있던 마라카이보에서도 스페인과의 결별하려는 움직임이 나타났다. 이에 대해 라토레는 볼리바르가 정전협정을 위반했다고 비난했다. 볼리바르는 자신은 이 움직임에 어떠한 개입도 하지 않았으며, 다만 마라카이보의 해방을 위한 노력에 기꺼이 지지할 준비가 되어 있다고 반박했다. 볼리바르는 이 사안에 대해 자신이 직접 중재할 의향을 밝혔으나 라토레가 이를 거부하면서 대화는 결렬되었다.

결국 볼리바르는 정전 종료를 공식 선언하고 전면적인 군사행동을 재개했다. 그는 이미 스페인 정부가 식민지의 독립을 진심으로 받아들일 의사가 없다는 사실을 확신하고 있었다. 곧바로 전 병력을 집결시켜 마라카이보 공략을 위한 원정대를 조직하고 기병대를 소집해 카라카스 지방에 대한 침공을 명령했다. 동시에 파에스 장군과 그 휘하의 야네로 기병대와 합류하여 적진을 향해 진격을 개시했다.

작전의 개시와 함께 볼리바르는 스페인군에 대한 사면을 약속하고 희망하는 병사들은 본국으로 무사히 송환할 것임을 공표했다. 아울러 병사들에게는 전쟁 규범 조약에 명시한 모든 조항을 철저하게 준수할 것을 명령했다. 그는 이렇게 말했다.

> 정부는 여러분에게 용맹보다 자비를 더욱 엄격하게 실천할 것을 명령한다. 전쟁 규범 조약의 단 한 조항이라도 어기는 자는 사형에 처할 것이다. 설령 적이 그 조약을 먼저 어긴다 해도 우리는 반드시 이를 지켜야 한다. 콜롬비아의 명예가 불의로 더럽혀지는 일이 결코 있어서는 안 되기 때문이다.

이 시기의 볼리바르가 상대한 적들은 과거 야네즈나 보베스처럼 잔혹한 학살을 일삼던 자들과는 달리 보다 체계적이고 절제된 방식의 전통적인 군대였다. 그에 맞서는 혁명군 또한 과거와는 다른 수준의 명예와 규율에 기반하고 있었다.

한편 신생 그란콜롬비아 공화국의 제헌 의회가 로사리오 데 쿠쿠타(Rosario de Cúcuta)에서 소집되었다. 볼리바르는 늘 그러했듯 의회가 특정 인물에 얽매이지 않고 자유롭게 새로운 수장을 선출할 수 있도록 개회에 앞서 자신의 직책을 사임하겠다는 의사를 제출했다. 당시 의회 내에는 그에게 공개적으로 적대적인 일부 의원들도 있었다. 그래서 볼리바르는 이번 사임이 형식적인 제스처를 넘어 자신에 대해 '폭군'이라고 비난하는 소리를 더 이상 감내하고 싶지 않다는 솔직한 심정을 털어놓았다.

그러나 의회는 그의 결단에 감사를 표하면서도 국가를 위해 여전히 자리를 지켜 달라고 정중히 요청하는 답신을 보내왔다.

그때 라토레가 아라우레로 진군했다는 소식을 접한 볼리바르는 즉시 군을 이끌고 산카를로스로 이동했고, 그곳에서 일부 병력을 증원받았다. 당시 각지에서 혁명군 지휘관들이 라토레의 병력을 분산시키기 위해 산발적인 공격을 계속하고 있었다. 이에 따라 스페인군은 병력 일부를 차출해 지역 방어에 나설 수밖에 없었다. 그로 인해 주력은 크게 약화되었고, 라토레는 남은 병력을 카라보보 평원에 집결시켰다. 이곳은 1814년 볼리바르가 카히갈과 세바요스의 왕당파 군대를 무찌른 장소이기도 했다.

카라보보 전투

1821년 6월 24일 마침내 카라보보 평원에서 베네수엘라의 운명을 결정지을 전투가 벌어졌다. 오전 11시 전투 개시와 동시에 전황은 번갯불처럼 빠르게 전개되었고, 불과 한 시간 만에 왕당파 군대는 완전히 붕괴되었다. 물론 혁명군도 적지 않은 피해를 입었지만, 단 한 시간 전투에서 거둔 승리로 베네수엘라에서 스페인의 지배는 사실상 종식 되었다.

이번 전투에서 결정적인 역할을 한 것은 영국인 용병 부대와 호세 안토니오 파에스가 이끄는 야네로 기병대였다. 파에스가 이끄는 야네로 기병대는 산악 지형을 우측으로 돌아 스페인군의 측면을 기습하고, 볼리바르가 이끄는 용병 부대는 스페인군 중앙에 강력한 압박을 가하자 스페인군 전열은 붕괴되고 2,000여 명 이상이 전사하거나 포로가 되었다.

보야카 전투가 누에바그라나다의 독립을 사실상 확정 지은 전투였다면 1821년의 카라보보 전투는 베네수엘라 해방의 결정적 분수령이었다. 이 두 전투는 모두 볼리바르가 거둔 가장 찬란한 군사적 위업으로 손꼽히지만, 그의 여정은 아직 끝나지 않았다. 그는 늘 그렇듯 단호하고 결의에 찬 문체로 이 전투의 경과를 의회에 보고했고, 카카보보에서의 승리를 다음과 같이 묘사했다.

> 어제의 찬란한 승리를 통해 콜롬비아 공화국의 정치적 탄생이 확인되었습니다.

볼리바르는 이렇게 선언하고 나서 곧장 파에스를 육군 총사령관으로 승진시켰다. 또한 전사한 마누엘 세데뇨(Manuel Cedeño) 장군에게 마지막 애도의 뜻을 표했다.

> 그보다 더 용감한 이는 없었고, 그보다 더 충직한 이도 없었습니다. 그는 전투의 한복판에서 쓰러졌으며, 콜롬비아의 용사라면 마땅히 해야 할 방

식으로 최후를 맞이했습니다.

이어서 전장에서 쓰러진 또 다른 지휘관 호세 마리아 플라사(José María Plaza y Moncada) 대령에게도 애도의 뜻을 표했다.

공화국은 가장 용감했던 이의 죽음을 깊이 애도합니다. 플라사 대령은 누구보다 뜨거운 열정으로 적의 보병대에 단신으로 돌격했고, 마침내 전장의 한복판에서 장렬히 전사했습니다. 그는 콜롬비아의 눈물로 기려야 할 인물이며, 그 이름은 자유를 위한 피의 대가로 오래 기억될 것입니다.

전투에 투입된 스페인군은 6천 명이 넘는 정예병으로 구성되어 있었지만, 결과는 참담했다. 볼리바르는 냉철하게 평가했다.

➡️ 「카라보보 전투(Batalla de Carabobo)」 마틴 토바르 이 토바르, 1887년, 벽화, 비네수엘라 국회의사당.

스페인군은 6천 명 이상의 정예병을 동원했으나 이제 더 이상 그 군대는 존재하지 않습니다. 오늘 오직 4백여 명만이 푸에르토카베요로 도망쳤습니다.

베네수엘라의 독립을 향한 투쟁은 1810년 4월 19일에 카라카스에서 시작되어 1821년 6월 24일 카라보보 전투의 승리로 그 막을 내렸다.

의회는 카라보보 전투의 전승자들에게 최고의 영예를 수여하고 전국적인 축하 행사를 명령했다. 또 다음 날은 전사자들을 기리는 국가 애도의 날로 지정되었다.

카라보보 전투 이후 베네수엘라는 세 개의 군사 관할 구역으로 나뉘었고, 그 지휘권은 각각 마리뇨, 파에스, 베르무데스에게 넘어갔다. 이들 모두는 전공을 인정받아 공식적인 장군으로 승진했다. 이는 장교들의 야망을 일정 부분 누그러뜨리려는 볼리바르의 의도가 반영된 조치이기도 했다. 당시 장군들은 자신이 점령한 지역을 개인의 영지처럼 여기는 경향이 강했고, 그중에서도 특히 파에스가 두드러졌다.

볼리바르는 이들과의 관계에 대해 각별한 주의를 기울였으며, 전쟁이 끝난 뒤에도 이들이 국가에 위협이 될 수 있음을 우려했다. 훗날 이와 같은 심경을 한마디로 토로했다.

나는 전쟁보다 평화가 더 두렵소!

사임 선언

이제 그의 관심은 남부로 향했다. 당시 산마르틴이 페루에서 왕당파와 일정한 타협을 모색하고 있다는 소식이 전해질 때였다. 볼리바르는 서둘러 그 지역으로 진격할 계획을 세웠다. 이 무렵 멕시코의 독립이 기정 사실로 확인되었고, 이는 그에게 다시금 그란콜롬비아의 해방을 완수하려는 의지를 한층 더 불태우게 했다. 특히 파나마 지협을 '세계의 운송로'라고 불렀는데, 이 지역의 해방이 대륙 전체의 해방에서 핵심이라고 확신했다.

누에바그라나다와 베네수엘라의 통합으로 '그란콜롬비아 공화국'이 창설되면서 볼리바르는 초대 대통령으로 선출되었다. 1821년 그는 쿠쿠타에서 제정된 「쿠쿠타 헌법(Constitución de Cúcuta, Colombian Constitution of 1821)」에 서명하긴 했으나 동시에 의회에 보내는 공식 서한을 통해 다시 한번 사임 의사를 분명히 밝혔다. 이번에는 그 어조가 한층 더 단호해졌다.

> 나 같은 사람은 국민 주권을 위협할 수 있기에 민중의 정부에 있어 위험한 시민입니다. 나 자신의 자유와 모두의 자유를 위해 그저 한 사람의 시

➡ (좌) 콜롬비아 빌라 델 로사리오에 있는 쿠쿠타 역사 교회. 콜롬비아 최초의 헌법이 작성되고 서명된 유적지로, 1875년 지진으로 파괴되었으나 재건 후 국립기념물로 지정되었다. (우) 「쿠쿠타 의회(Congreso de Cúcuta)」 리카르도 아세베도 베르날, 1926년. 볼리바르와 산탄데르 및 기타 독립운동가들이 쿠쿠타 의회를 떠나는 모습.

민으로 남게 해 주십시오. 나는 '해방자'라는 칭호보다 '시민'이라는 이름을 더 소중히 여깁니다. 해방자란 이름은 전쟁에서 비롯되지만, 시민은 법에서 태어나기 때문입니다. 바라건대 내가 지닌 모든 칭호를 '좋은 시민'이라는 하나의 이름으로 바꿔 주시길 바랍니다.

그러나 이제 막 국가 조직의 틀이 태동하고 있었고, 불안정한 정세 속에서 볼리바르의 지도력이 무엇보다 절실했다. 그 누구도 볼리바르의 사임을 받아들이려 하지 않았다.

앞서도 여러 차례 볼리바르가 자신의 사임 의사를 밝혔지만, 그때마다 의회는 이를 받아들이지 않았다. 하지만 그의 정적 가운데 일부는 이러한 시도가 진정성이 없는 정치적 제스처에 불과하며, 오히려 그란콜롬비아와 남아메리카 전역에서 권력과 영광을 독점하려는 야심가에 불과하다고 비난했다.

그럼에도 볼리바르의 사임 선언은 전 세계의 이목이 집중된 가운데 공개적으로 이루어진 것이었다. 당시 그는 당장 전장을 떠나더라도 '위대한 인물'로 기억될 만큼 충분할 명성과 권위를 쌓아 올린 상태였다. 만일 볼리바르의 사임이 실제로 수용되었더라면 그는 기꺼이 권력을 내려놓고 한 사람의 전사로서, 기획자로서, 헌신적인 애국자로서 명예를 지키는 길을 택했을 것이다.

그 무렵 북미 언론을 비롯한 세계 각지에서는 볼리바르에 대한 찬사가 쏟아지고 있었다. 미국 언론들은 그의 사임을 두고 시기상조라며 우려를 표명했다. 프랑스의 장군이자 정치가인 막시밀리앵 세바스티앵 푸아(Maximilien Sébastien Foy)는 그를 이렇게 평가했다.

볼리바르는 왕국의 신민(臣民)으로 태어나 세계를 해방시키고 공화국의 시민으로 생을 마감한 인물이다. 그는 아메리카 대륙에 있어 구세주와 같은 존재이며, 인류 역사 속에서 인간이 도달할 수 있는 가장 고귀한 위대함의 표상이 될 것이다.

벨기에 메헬렌(Mechelen)의 대주교이자 외교관인 몽시뇰 드 프라트 역시 볼리바르의 행보에 대해 이렇게 평했다.

볼리바르는 폭력과 야심, 탐욕과 위선이 지배하던 시대에 절대 권력을 앞에 두고도 스스로 내려놓는 길을 택했다. 그의 절제와 자기희생은 야망을 부끄럽게 만들었으며, 이 위대하고 고귀한 삶은 타락한 사회를 정화하는 숭고한 울림이 되었다.

한편 수크레 장군이 해로를 따라 과야킬로 향하는 동안 볼리바르는 육로를 통해 키토로 진격하기로 결심했다. 그는 이번 원정이 독립전쟁의 결정적 분기점이 될 것이라 확신했다. 볼리바르는 이처럼 작전 준비에 몰두하면서도 외교, 재정, 내치 등 국정 전반을 결코 소홀히 하지 않았다.

이 시기에도 그는 여전히 아메리카 대륙의 통합이라는 이상을 한시도 잊지 않았다. 비록 그 꿈은 끝내 실현되지 못했지만, 그것은 언제나 그가 따라가야 할 북극성과도 같은 것이었다. 볼리바르는 아르헨티나와 칠레의 정치인들과도 외교적 교류를 이어갔으며, 누에바그라나다 주민들에게 보낸 포고문에는 '남아메리카의 통일'이야말로 이 대륙 추구해야 할 최우선 과제임을 거듭 강조했다.

이에 따라 볼리바르는 멕시코에는 전권 대사를, 페루·칠레·아르헨티나에는 특사를 파견하면서 오늘날에도 여전히 깊은 울림을 주는 지침을 내렸다.

지금 이 순간 내가 언급한 모든 사안 가운데 가장 중요한 것은 진정한 아메리카 연합을 구성하는 일임을 다시 강조합니다. 그러나 이 연합이 단순한 안보 동맹 수준에 머물러서는 안 됩니다. 그것은 최근 유럽에서 민중의 자유를 억압하기 위해 결성된 반자유 동맹보다도 더욱 강력하고 긴밀한 결속력을 가져야 합니다.

비록 우리의 공동체는 각국의 현실에 따라 주권이 분리되어 있지만, 우리는 본질적으로 단일한 형제국들로 이루어진 공동체가 되어야 합니다. 이는 외세의 침략에 함께 맞설 수 있는 강인하고 단결된 정치적 공동체를 의미합니다.

그러므로 여러분은 범아메리카 대표자 회의체, 즉 전권 대표들로 구성된 상설 회의체 창설의 필요성을 끊임없이 강조해야 합니다. 이 회의체는 아메리카 각국의 공동 이익을 증진하고 서로 비슷한 풍속과 문화를 지닌 국가들 사이에서 발생할 수 있는 갈등을 조정해야 합니다. 만약 이처럼 신성한 제도가 마련되지 않는다면 과거처럼 또다시 끔찍한 내분과 전쟁에 휩싸이는 비극을 피할 수 없을 것입니다.

볼리바르가 이 구상을 담은 조약의 초안에는 다음과 같은 조항을 삽입했다.

체결 당사국들은 전쟁 이전의 경계에 따라 확정된 각국 영토의 완결성을 상호 보장한다. 단 적법한 절차에 따라 둘 이상의 지역이 자발적으로 통합되어 단일한 국가를 구성한 경우는 예외로 한다. 예컨대 베네수엘라 총독령과 누에바그라나다 왕국이 하나로 합쳐져 성립된 콜롬비아 공화국이 이에 해당한다.

멕시코로 파견된 외교 사절에게도 이와 유사한 지침이 전달되었다. 페루와 체결된 조약은 이후 칠레와 맺어진 조약과 내용 면에서 비슷했고, 이들 문서에는 다음과 같은 공통 조항이 명시되어 있었다.

첫째, 각국 대표들로 구성된 공동 회의체를 조직할 것.
둘째, 아메리카 전체 또는 스페인 통치 아래 있던 아메리카 국가들을 이
   연합이나 영구적 동맹체로 초청할 것.
셋째, 이 회의체는 각국 사이에 밀접하고 안정적인 관계를 제도적으로 설
   계하고 구축하는 일을 담당할 것.

또한 이 상설 회의체는 다음과 같은 기능을 수행할 것이라고 규정했다.

이 회의체는 위기 시 각국이 함께 모여 정치적 협의를 논의하는 장이 되어야 하며, 공동의 위험에 맞서는 연대의 접점이자 조약의 해석에 대해 분쟁이 발생했을 때 이를 판별하는 충실한 해석자 그리고 국가 간 분쟁과 갈등을 조정하고 화해를 이끄는 중재자의 임무를 수행해야 한다.

이처럼 볼리바르가 일관되게 강조해 온 두 가지 핵심 원칙이 선명하게 담겨 있다. 하나는 우티 포시데티스(uti possidetis) 원칙, 즉 독립 당시 식민지의 행정구역 경계를 각국의 영토로 인정한다는 영토 불가침 원칙이다. 다른 하나는 중재(arbitraje) 원칙, 즉 국제 분쟁을 무력이 아닌 평화적인 절차를 통해 해결하고자 하는 것이다. 특히 이 중재의 원칙은 볼리

바르가 그란콜롬비아 대통령 자격으로 최초로 공식 선언한 것이었다.

볼리바르가 남부로 원정을 떠나기 직전 두 가지 희소식을 접했다. 하나는 마리아노 몬틸라 장군이 무려 14개월에 걸친 끈질긴 포위 끝에 카르타헤나를 마침내 함락시켰다는 소식이었다. 다른 하나는 파나마에서 봉기가 일어나 독립을 선언하고 곧바로 그란콜롬비아의 여덟 번째 행정 구역으로 편입되었다는 소식이었다.

특히 파나마의 독립은 볼리바르에게 있어 전략적으로 중대한 의미를 지닌 사건이었다. 향후 파나마 운하의 개통과 미국의 개입 같은 국제 질서의 전개 과정은 20세기에 들어서자 그의 판단이 얼마나 옳았는지를 여실히 보여 주었다.

15장

과야킬을 둘러싼 정치적 대립
1822

파스토 점령과 키토 해방

1822년 1월 시몬 볼리바르는 육로를 따라 키토 공략을 단행하기 위해 칼리(Cali)에서 원정군을 소집했다. 이번 원정은 그가 수행한 모든 군사 작전 중에서도 자연의 장벽을 극복해야 하는 가장 험난한 도전이었다. 그의 앞길을 가로막은 것은 안데스산맥에서 갈라져 나와 가장 험준하기로 악명높은 '누도 데 로스 파스토스(Nudo de los Pastos, '파스토의 매듭'이라는 뜻)'라고 부르는 산악지대였다.

과거 베네수엘라와 누에바그라나다에서 경험한 홍수로 뒤덮인 평원, 깊은 계곡, 거친 산길, 야생동물의 위협 등은 이 남방의 거대한 장벽 앞에서 그저 사소하게 느껴질 정도였다. 누도 데 로스 파스토스 일대의 안데스산맥은 날카롭게 솟은 봉우리들, 깎아지른 듯한 협곡, 거센 급류 그리고 절벽을 따라 이어진 험로 등 그 어느 것 하나 군대가 무사히 통과하기에 만만한 장소가 아니었다. 그러나 물리적 장벽보다 더 위협적인 것은 현지인들의 적대감이었다. 파스토(Pasto) 지방의 주민들, 이른바 파스투소(Pastusos)은 남녀노소를 막론하고 공화국의 대의를 단호히 거부했고, 볼리바르의 군을 공격하기 위해 수단과 방법을 가리지 않았다. 그럼에도 볼리바르는 주저하지 않았다. 과거 보야카와 카라보보에서 이룬 영광을 재현하고 남부 지역의 해방과 키토 지역의 통합이라는 더 큰 대의를 위해 불굴의 의지로 군대를 이끌었다.

이번 원정에서 볼리바르가 맞서야 했던 남미의 거대한 안데스산맥이라는 장애물은 그야말로 나폴레옹이 넘었던 알프스마저 한없이 초라해 보일 정도였다. 1822년 3월 8일 남진을 개시했는데, 험준한 지형과 열악한 환경으로 인해 행군 중 약 천 명의 병사들이 낙오되거나 탈영했다. 누도 데 로스 파스토스에 도달했을 때 그에게 남은 병력은 고작 2천여 명 남짓이었다.

➡ 누도 데 로스 파스토스는 안데스산맥의 지형적 복합 지대로 '와카의 대산괴'로 불리기도 한다. 에콰도르의 카르치 지방과 콜롬비아의 나리뇨주에 위치한 안데스 지형 단지다.

한편 과야킬에 주둔하고 있던 수크레는 볼리바르를 지원하기 위해 왕당파의 주의를 분산시키는 작전을 전개했다. 실질적으로 이번 원정에서 볼리바르가 얻을 수 있는 거의 유일한 전략적 이점이었다.

파스토시(市)에는 왕당파 병력 약 2천 명이 주둔하고 있었다. 이들은 지형에 익숙했을 뿐 아니라 무엇보다 지역 주민들의 절대적 지지를 등에 업고 있었다. 그렇다 보니 볼리바르에게는 한층 더 까다로운 상대였다. 수비군의 지휘관은 스페인군 소속 바실리오 가르시아(Basilio García) 대령이었다.

양측은 봄보나(Bomboná) 고지대에서 격돌했다. 이 지역은 울창한 숲과 협곡, 절벽이 복합적으로 얽힌 천연 요새와도 같은 지형이었다. 왕당파는 이 지형을 최대한 활용해 포위와 매복에 최적화된 방어 진형을 갖추고 있었다. 그러나 볼리바르는 절대 위축되지 않았다. 그는 전투를 앞두고 병사들 앞에 나서서 단호하게 선언했다.

➔ 「봄보나 전투의 상징적 장면(Composición simbólica de la Batalla de Bomboná)」 호세 E. 오르도녜즈, 1972년, 후안 로렌조 루세로 나리뇨역사박물관, 나리뇨. 위키커먼스: Batalla de Bomboná. 그림에서 좌측은 전투 중 돌 위에 앉아 있는 볼리바르의 모습이다.

우리는 반드시 이겨야 한다. 그리고 반드시 이길 것이다!

1822년 4월 7일 봄보나 전투가 발발했다. 격렬한 전투는 오후 내내 그리고 밤까지 이어졌다. 혁명군은 그날 자신들의 한계를 뛰어넘어 전례 없는 대성공을 거두었다.

달빛이 전장을 은은하게 비추던 밤, 왕당파는 궤멸한 채 파스토시로 퇴각했다. 그 퇴각을 묵묵히 지켜본 것은 오직 고요한 대지와 하늘뿐이었다. 그리고 그날 이후 '봄보나'라는 이름은 보야카, 카라보보 전투와 더불어 아메리카 독립전쟁사에서 가장 중요한 승전의 하나로 기록되었다.

볼리바르는 곧바로 파스토 진입을 준비했다. 파스토 주민들은 여전히 공화국의 대의를 받아들이려 하지 않았고, 도시 전체가 노골적인 적개심으로 가득 차 있었다. 그 와중에 볼리바르는 왕당파 지휘관 바실리오 가르시아 대령에게 항복을 요구했다. 처음에는 강경히 거부하던 가르시아도 결국 항복을 수용했다. 그는 끝까지 용감한 군인이자 명예를 지키는 장교였다

파스토에 입성한 볼리바르를 기다리고 있던 것은 주민들의 격렬한 적대감이었다. 그는 심지어 생명의 위협을 느낄 정도였고, 아이러니하게도 그의 신변을 지킨 것은 바로 항복한 스페인 병사들이었다. 이들은 약속을 지키는 명예심에서 비롯된 충성으로 해방자의 안전을 보장했다.

봄보나 전투 두 달 후인 1822년 6월 8일에 볼리바르가 파스토에 입성했는데, 그동안 일련의 결정적 사건들이 이어졌다. 수크레 장군이 과야킬에서 출발해 키토 방면으로 진격하면서 여러 도시들을 점령했다. 마침내 5월 24일에는 피친차 화산(Volcán Pichincha) 기슭에서 결정적인 전투

를 벌였다. 그 결과, 키토 지방의 해방이 이루어졌다.

피친차 전투(Batalla de Pichincha)의 승리로 수크레는 명실상부하게 볼리바르 다음가는 공화국의 최고사령관의 반열에 올랐다. 그는 이 전투에서 1,200명의 적을 포로로 잡고, 야포와 소총 등 다량의 군수품을 노획했으며, 스페인군의 지휘관인 아이메리히(Melchior Aymerich) 장군까지 생포하는 전과를 올렸다. 이튿날인 5월 25일에는 스페인 정복자들이 키토에 처음 들어선 지 280년 만에 수크레는 민중의 이름으로 그 도시에 당당히 입성했다. 이때 키토는 수크레에게, 파스토는 볼리바르에게 각기 점령당하자 왕당파의 나머지 부대들은 연이어 항복했다.

➡ 피친차 전투(Batalla de Pichincha libre)

독립 국가 승인

이 당시 미국에서도 중대한 변화가 일어났다. 마침내 남아메리카의 신생 공화국들을 정식으로 승인할지를 두고 의회에서 논의가 상정되었다. 그리고 1822년 3월 8일 제임스 먼로(James Monroe) 대통령과 존 퀸시

애덤스(John Quincy Adams) 국무장관은 1820년부터 헨리 클레이 의원이 주장한 독립국 승인안을 최종 추인했다. 이미 미국 내 언론은 오랫동안 남미 독립의 당위성을 지지해 왔으며, 먼로 대통령의 승인은 당시 미국 여론의 흐름을 반영한 것이었다.

미 의회에 제출된 보고서에는 다음과 같은 문장이 담겨 있었다.

> 스페인 아메리카의 민중들에게 독립의 권리를 부정하는 것은 곧 우리 자신의 독립마저 부정하는 일이다.

남아메리카 신생 공화국들의 독립을 승인하는 표결은 미국 의회에서 160표 중 159표라는 압도적인 찬성으로 통과되었다. 스페인 측은 이 결정을 저지하기 위해 마지막까지 외교적 압력을 가했지만, 대세를 거스르기엔 역부족이었다. 이로써 그란콜롬비아, 멕시코, 부에노스아이레스는 마침내 자유 국가들의 연합에 당당히 이름을 올리게 되었다.

이 시기 볼리바르는 로스 파스토스(Los Pastos)* 지방의 통치 체계를 정비하기 시작했다. 이 과정에서 과거 독립운동에 적대적인 포파얀(Popayán) 교구의 주교마저 설득해 협력을 끌어낸 것이 주목할 만한 성과였다. 이는 민심을 달래고 새로운 공화국 체제를 안정시키는 데 이바지했다.

며칠 뒤 키토에 도착한 볼리바르는 시민들의 열렬한 환영을 받았다. 옛 키토 왕국(el Reino de Quito)은 그란콜롬비아 연방에 가입 의사를 공식적으로 천명했고, 통합에 대한 문서가 공식적으로 볼리바르에게 전달되

---

* 콜롬비아 남부와 에콰도르 북부에 이르는 지리적 · 문화적 지역으로, 파스토족이 살았던 안데스 산맥을 일컫는다. 파스토는 여기에 속한 도시의 이름이다.

었다. 그는 이 결정을 민중 대표들의 승인을 통해 정당성을 부여하고자 했다.

볼리바르는 그란콜롬비아의 국가 조직을 새롭게 정비하는 과정에서 과야킬, 쿠엥카(Cuenca), 키토 세 개의 주를 통합해 '에콰도르(Ecuador, '적도'라는 뜻)'라는 이름의 새로운 행정구역을 설치했다. 이어 수크레를 소장으로 승진시키고 에콰도르의 총독으로 임명했다.

볼리바르는 '페루의 수호자' 산마르틴에게 편지를 보내 그란콜롬비아에서의 전쟁은 종결되었으며, 이제 자신의 군대는 '남쪽 이웃들의 조국을 위해 어디로든 달려갈 준비가 되어 있다'고 전했다.

호세 데 산마르틴

대륙의 남부에는 아직 해결되지 않은 중대한 과제가 남아 있었다. 그 열쇠는 바로 과야킬에서 찾아야 했다. 마침내 남아메리카 독립운동의 두 위대한 인물이 마주하게 된 것이다. 이제 우리는 남아메리카 독립운동의 또 다른 걸출한 인물인 산마르틴 장군의 면모를 간단하게 살펴볼 필요가 있다.

호세 데 산마르틴(José de San Martín)은 1778년 2월 25일에 현 아르헨티나 동북부 미시오네스(Misiones) 지방에 해당하는 인디오 선교 마을인 야페유(Yapeyú)에서 스페인계 부모 사이에서 태어났다. 그의 부친은 이 지역을 관할하는 식민지 행정관이었다.

산마르틴은 어린 시절 스페인으로 건너가 귀족 자제들과 함께 정규 교육을 받았다. 불과 열한 살에 육군에 입대해 아프리카 전선과 프랑스 전쟁, 포르투갈 원정에 참전하면서 다양한 군 경력을 쌓았다. 특히 포르투갈 전역에서 카르타헤나의 영웅 마리아노 돈틸라와 함께 싸운 전우이기도 했다. 군 생활 중 중령까지 진급했으며, 1811년 런던에서 미란다를 만난 계기로 남아메리카 독립운동에 본격적으로 참여하게 되었다. 이듬해인 1812년 부에노스아이레스로 건너와 혁명정부에 투신했고, 정부는 그에게 기병 중령의 계급을 부여했다. 이후 산마르틴은 탁월한 조직력과 통솔력으로 장병들을 엄격히 훈련하면서 핵심 인물로 자리 잡기 시작했다.

아르헨티나 혁명이 막 시작되었을 무렵 '독립'이라는 개념은 여전히 모호하고 추상적이었다. 당시 혁명가들조차 자신들을 어떻게 불러야 할지 몰랐고, 정체성도 명확하지 않았다. 바로 이때 산마르틴이 나서서 "우리를 인디펜디엔테스(independentes, 독립파)라 부르자"라고 제안했다. 명확한 대의와 분명한 기치, 그리고 뚜렷한 정체성을 갖추려는 것이 그의 신념이었다.

하지만 이 지역의 독립운동은 태생적으로 군주제 경향을 띠고 있었다. 산마르틴 역시 일관되게 군주제에 우호적인 입장을 견지했다. 실제로 그는 아르헨티나에서 단 한 차례 전투에만 참여했으며, 그마저도 불과 120명의 병력으로 250명의 적군을 격파하는 전과만 올렸을 뿐이었다.

라플라타 부왕령(Virreinato del Río de la Plata)*의 독립은 오늘날 볼리비아에 해당하는 북부 지역을 제외하면 비교적 큰 유혈 사태 없이 평온하게 이루어졌다. 산마르틴은 스페인군과 싸우기 위해 북부 전선으로 파견되었으나, 그는 누구보다 육로를 통해 스페인군을 쓰러뜨리는 것이 사실상 불가능하다는 점을 잘 알고 있었다. 남아메리카 대륙 전체에서 가

---

* 스페인제국의 식민지인 마지막 부왕령으로, 라플라타강 유역을 중심으로 1776년에 설립되어 1814년에 멸망했다. 라플라타 부왕령에서 독립국가를 선언한 1811년부터 만들어진 국가가 라플라타 연방(Provincias Unidas del Río de la Plata)이다. 부에노스아이레스를 수도로 하여 1826년 국호를 아르헨티나로 바꿀 때까지 국호가 되었다.

장 강력한 왕당파의 거점이 바로 안데스 너머의 페루 부왕령(Virreinato del Perú)이었기 때문이다.

병을 핑계로 전선에서 물러난 산마르틴은 쿠요(Cuyo) 지역의 총독으로 임명되어 안데스산맥 기슭에서 조용하지만 집요하게 병력을 양성하고 전력을 확충해 나갔다. 산마르틴의 성공은 볼리바르처럼 번뜩이는 천재성에서 비롯된 것이 아니라 끈질긴 노력과 철저한 규율, 그리고 치밀하고 성실한 성격에서 나온 조직화의 산물이었다.

그는 매우 내성적이고 과묵한 인물로서 자신의 감정이나 속내를 좀처럼 드러내지 않았다. 전투에서는 적을 기만하는 전술에서 탁월한 능력을 발휘했다. 여러 면에서 그는 볼리바르와는 극명하게 대조되는 성향의 인물이었다.

1817년 산마르틴은 아르헨티나의 멘도사(Mendoza)에 4천 명의 병력을 집결시켜 안데스산맥을 넘어 칠레 해방을 위한 원정을 준비하고 있

➜ 「랑카과 전투(Batalla de Rancagua)」 줄리오 나네티(이탈리아), 1820년, 캔버스에 유화, 국립역사박물관, 산티아고. 칠레 독립전쟁 중 파트리아 비에하(Patria Vieja) 전역의 종식을 알린 랑카과 전투를 묘사한 그림.

173　　　　　　　　　　　　　　　　　　시몬 볼리바르

었다. 당시 칠레의 혁명군은 랑카과 전투(Batalla de Rancagua)에서 페루에서 파견된 스페인군에 패배해 사실상 궤멸 상태였다. 살아남은 이들은 뿔뿔이 흩어졌고, 일부는 안데스를 넘어 멘도사의 산마르틴에게 찾아왔다. 산마르틴은 칠레에서 넘어온 망명자 가운데 충성심을 확인한 일부만 받아들였는데, 그중에는 그가 깊이 신뢰한 베르나르도 오이긴스(Bernardo O'Higgins Riquelme)도 있었다.

산마르틴은 이듬해 안데스를 넘어 차카부코 전투에서 스페인군을 격파했고, 이어 마이포 전투에서 결정적인 승리를 거두면서 칠레의 수도 산티아고(Santiago)를 점령했다. 칠레 민중은 그를 국가 최고 책임자인 '국가 원수'로 추대했으나 곧바로 자진해서 물러났다. 그리고 모든 영향력을 동원해 오이긴스를 후계자로 임명했다. 오이긴스는 정직한 인물인 동시에 유능한 행정가였다. 그는 즉시 산마르틴을 군 총사령관으로 임명하고, 해로를 통한 페루 원정을 함께 계획했다.

이후 산마르틴은 영국 해군 출신 코크런 제독의 지원을 받아 해상을 통해 페루에 상륙했다. 독립운동에 대한 민중의 지지를 얻기 위해 잠시 시간을 두었고, 마침내 1821년 7월 8일 수도 리마(Lima)를 점령했다. 산마르틴은 '페루의 수호자(Protector del Perú)'라는 칭호를 함께 실질적인 최고 권력자의 자리에 올랐다.

과야킬을 둘러싼 정치적 대립

산마르틴은 과야킬과 페루를 하나로 통합하려 했으나 이 구상은 시몬 볼리바르의 강력한 반대에 부딪혔다. 과야킬은 1820년 10월 스페인으로부터의 독립을 선언했지만, 앞서 언급했던 산타아나에서 모리요와 체결된 정전 협정에는 포함되지 않은 지역이었다. 이에 따라 볼리바르는 서둘러 수크레 장군을 과야킬로 파견한 것이다.

당시 과야킬에는 서로 다른 세 개의 정치 세력이 존재했다. 하나는 페루와의 통합을 지지하는 세력, 다른 하나는 그란콜롬비아와의 합병을 지지하는 세력, 마지막은 완전한 독립을 주장하는 세력이었다. 이들의 대립 가운데 정치 상황은 각종 소요와 논쟁이 이어졌고, 볼리바르는 조속한 사태 수습을 위해 수크레, 오이긴스, 산마르틴을 포함한 주요 인사들에게 잇따라 서신을 보냈다.

과야킬의 혼란 속에서 수크레는 탁월한 신중함과 외교적 감각을 발휘했다. 그러나 볼리바르가 파스토 원정을 위해 잠시 자리를 비운 사이 내부의 정치적 갈등이 다시 격화되었다. 결국 볼리바르가 직접 개입에 나섰는데, 과야킬 의회에 공식 서한을 보내 과야킬과 그란콜롬비아의 통합을 정식으로 승인해 달라고 요청했다.

과야킬 회담

이 무렵 산마르틴은 그란콜롬비아에 대한 선전포고라는 극단적 조치까지 심각하게 고려하고 있었다. 이는 남아메리카 독립운동 진영에서 심각하고 돌이킬 수 없는 분열을 초래할 수 있는 위험한 도박이었다. 하지만 산마르틴에게도 페루에서 해결해야 할 시급한 과제들이 산적해 있었고, 그란콜롬비아군이 봄보나와 피친차 전투에서 거둔 눈부신 승리가 너무도 생생한 현실이었다. 결국 산마르틴은 무모한 선택을 접고 직접 과야킬에서 담판을 짓기로 결심했다.

한편 키토에 도착한 볼리바르는 과야킬 정국을 수습하기 위해 곧바로 현지로 향했다. 1822년 7월 11일 볼리바르는 시민들의 열렬한 환영 속에 과야킬에 도착했다. 그의 등장으로 그란콜롬비아 연방 편입을 지지하는 여론이 한층 고무되었다. 볼리바르는 즉시 주민들에게 통합에 대한 여론을 수렴하겠다는 포고문을 발표했고, 지방 대표자들이 소집을 기다리고 있었다.

바로 그때 '페루의 수호자' 산마르틴이 예고 없이 과야킬에 도착했다. 그는 사전에 자신의 방문을 알리는 서신을 보냈으나, 서신이 제때 도착하지 않아 그의 출현이 모두를 놀라게 했다. 그럼에도 볼리바르는 산마르틴을 진심으로 환영했다. 이미 여러 차례 산마르틴에 대한 존경과 우정을 공공연히 밝힌 바 있고, 이날 역시 예외는 아니었다.

1822년 7월 26일 과야킬에 도착한 산마르틴은 곧바로 볼리바르와 단독 회담을 가졌다. 이 회담의 구체적인 내용은 지금까지도 알려지지 않았고, 기록도 존재하지 않는다. 다만 분명한 것은, 이들은 과야킬의 귀속 문제를 비롯해 남아메리카의 미래와 양측의 정치적 비전에 대해 심도 있는 대화를 나누었다. 그 과정에서 볼리바르의 지적 우위가 뚜렷이 드러나기도 했다.

이윽고 산마르틴은 불과 40시간 만에 다시 페루로 돌아갔다. 얼마 지나지 않아 그는 모든 공직에서 물러난 뒤 아르헨티나로 향했고, 고국에서조차 환영받지 못했다. 결국 조용히 유럽으로 건너가 말년을 보내다가 프랑스의 작은 도시에서 쓸쓸히 눈을 감았다.

산마르틴은 위대한 인물이었으나, 민중의 냉대 속에 조용히 자취를 감췄고 끝까지 겸허하고 절제된 자세로 품위를 지켰다. 무엇보다 볼리바르에 대해 어떠한 원한도 품지 않았다. 실제로 회담 직후 페루의 항구도시 카야오(Callao)에 도착한 그가 지역 신문에 남긴 기사에는 다음과 같은 글이 실려 있었다.

지난 7월 26일에 남부의 영웅을 직접 포옹했던 그 날은 내 생애에서 잊을 수 없는 가장 행복한 날이었습니다. 콜롬비아의 해방자는 이 나라를 돕기 위해 용맹한 세 개의 대대를 파병했을 뿐 아니라 산타크루스(Andrés de Santa Cruz) 장군이 이끄는 페루의 정예 부대와 연합해 아메리카 대륙에서의 전쟁을 끝내려 하고 있습니다. 그는 이를 위해 막대한 무기도 지원하고 있습니다. 우리 모두 불멸의 볼리바르에게 영원한 감사와 경의를 바칩시다.

16장

수크레, 페루의 해방자

1822 - 1824

페루 해방을 위한 원정

봄보나 전투와 피친차 전투의 승리 후에도 시몬 볼리바르는 여전히 품격과 관대함을 잃지 않았다. 승리의 영광을 휘하의 부하 장군들에게 돌리고, 또다시 권력에서 물러나고 싶다는 뜻을 밝혔다. 한 편지에서 자신이 육체적으로나 정신적으로 점점 쇠약해지고 있으며, 휴식만이 기력을 되찾을 수 있는 유일한 방법일지도 모른다고 고백했다.

친구에게 보낸 편지에서 멕시코 제국의 이투르비데 황제에 대해 이렇게 썼다.

> 이투르비데가 피오 마르차(Pío Marcha)라는 일개 상사의 은혜로 황제가 되었다는 사실은 당신도 잘 알고 있을 것입니다. … 나는 네 개의 널빤지에 진홍빛 천으로 씌운, 이른바 '왕좌'라는 것이 두렵습니다. 그것은 안락

함보다 근심을, 기쁨보다 더 많은 피와 눈물을 불러오기 때문입니다. 어떤 이들은 머리에 왕관을 얹고 만인을 무릎 꿇게 하는 게 쉬운 일이라 생각합니다. 하지만 나는 이제 구시대의 왕정은 지나갔다고 믿습니다. 인간의 타락이 자유에 대한 갈망을 완전히 짓눌러 버리지 않는 한 왕좌가 다시 민중의 지지를 받는 일은 없을 것입니다.

피친차 전투에 관해서도 볼리바르는 이렇게 말했다.

수크레가 에콰도르의 해방자입니다.

자기 부하에게 줄 수 있는 최고의 찬사였다. 그런데 키토에 머무르고 있던 볼리바르에게 곧 페루에서 충격적인 소식이 전해졌다. 산마르틴이 떠난 뒤 그곳의 혁명군이 연달아 중대한 패배를 거듭하다가 수도 리마조차 위협받고 있다는 것이다. 볼리바르는 즉시 페루 부왕령을 해방하기 위한 준비 작업에 착수했다. 페루가 여전히 스페인의 지배 아래 남아 있는 한 그란콜롬비아의 자유 또한 위협받을 수밖에 없기 때문이었다.

당시 페루의 부왕은 2만 3천 명에 이르는 유럽의 정예 병력과 막대한 물자를 보유하고 있었다. 또한 페루는 남아메리카 대륙에서 가장 늦게 독립을 선언한 지역이었다. 현재의 볼리비아에 해당하는 알토 페루(Alto Perú)* 지역에서는 1809년경 몇 차례 반란이 일어났지만 이내 진압되었다. 이후 페루는 스페인 최후의 방어 거점이자 왕당파의 보루 역할을 맡고 있었으며, 이곳에서 칠레 내 왕당파 세력에게 병력을 지원하고 그란콜롬비아에 대한 지속적인 위협을 가하고 있었다.

* '고지 페루'라는 뜻이며, 라플라타 부왕령 시기에 사용된 용어다. 현재의 볼리비아 서부를 일컫는 용어인데, 흔히 차르카스(Charcas)라는 지명으로 사용되었다.

칠레가 독립한 뒤 아르헨티나의 애국자들은 산마르틴의 지휘 아래 페루 원정을 감행했고, 1821년 7월 산마르틴은 수도 리마를 점령하는 데 성공했다. 당시 부왕인 페수엘라(Joaquín de la Pezuela)가 의회에 의해 해임되고, 라세르나(José de la Serna)가 그 자리를 대신하게 되었다.

그러나 리마에 입성한 이후 산마르틴은 지나치게 소극적인 군사·정치적 행보를 보였고, 이것이 페루 해방의 결정적 기회를 잃는 결과를 초래했다. 심지어 스페인 측과 접촉해 유럽 왕족 출신의 인물을 초빙해 섭정 체제를 수립하는 방안까지 타진하려고 했는데, 이를 위해 직접 스페인까지 건너갈 의사를 밝히기도 했다. 그 사이 왕당파는 잉카 제국의 옛 수도 쿠스코(Cuzco)를 페루의 새로운 수도로 삼고 세력을 회복하여 반격에 나섰다. 여러 지역의 국지전에서 승리를 거두며 혁명군을 점차 압박해 오고 있었다.

혁명군이 연달아 패배하면서 결국 혁명정부 붕괴되었고, 의회는 해산되었다. 볼리바르는 이 상황을 지켜보면서 페루의 해방 없이는 그란콜롬비아의 안보도 불안정하다는 판단 아래 직접 개입을 결심했다. 먼저 3천 명의 병력을 선발대로 파견한 뒤 추가로 3천 명을 이끌고 직접 뒤따를 계획이었다. 그러나 그가 출발하기 전 산탄데르 부통령으로부터 스페인의 모랄레스 장군이 베네수엘라의 메리다에서 강력한 병력을 이끌고 쿠쿠타 방면으로 진격하고 있다는 보고가 들어왔다.

이에 따라 먼저 수크레를 리마로 보내 현지 상황을 파악하도록 하고, 자신은 본토 방위를 위해 보고타로 귀환하기로 결정했다. 게다가 당시까지만 해도 그란콜롬비아 정부로부터 정식 승인을 받지 못한 상태였다.

보고타로 향하는 도중 모랄레스 장군의 병력 규모가 당초 보고된 것보다 훨씬 과장되었다는 사실을 밝혀지면서 그란콜롬비아 본토 방어에 대한 위기감이 다소 누그러졌다. 한편 페루에서는 시몬 볼리바르의 군사적 개입을 촉구하는 여론이 날로 고조되고 있었다. 페루 의회는 자국 대통령에게 그란콜롬비아 정부가 '해방자 대통령(Libertador Presidente)'을 파견하도록 요청하라고 강력히 촉구했다.

페루군의 전투력이 현저히 뒤처진다는 사실을 잘 알고 있는 볼리바르는 성급하게 전투에 돌입하는 것보다 군을 재편하고 사기를 회복할 시간을 버는 것이 우선이라고 생각했다. 그리고 가능하다면 외교적 협상을 통해 독립을 이루는 게 바람직하다고 여겼고, 무력 충돌은 최후의 수단이 되어야 한다는 계획이었다.

하지만 볼리바르가 주저하는 사이에 왕당파가 강력한 병력을 이끌고 수도 리마로 진격했고, 혁명군은 도시를 포기하고 인근의 항구도시 카야오로 퇴각할 수밖에 없었다.

당시 수크레는 비공식적으로 콜롬비아-페루 연합군의 총사령관 역할을 맡고 있었다. 그는 철수 작전을 지휘하면서 의회와 시민 그리고 병력을 무사히 카야오로 대피시켰고, 그곳에서 병력을 규합하고 재정비하여 군사 작전을 재개했다. 얼마 지나지 않아 왕당파는 리마에서 버티지 못하고 퇴각했으며, 혁명군이 수도를 다시 탈환하는 데 성공했다.

한편 과거 볼리바르가 점령했던 파스토 지방에서 반란이 일어나자 즉시 과야킬을 떠나 키토로 향했다. 신속하게 반란을 진압한 뒤 파스토에 일부 병력을 주둔시켰다. 그 후 1823년 1월에 다시 과야킬로 돌아왔다.

페루의 해방자

보고타로 돌아온 볼리바르는 페루 정부의 공식 사절단을 맞이했는데, 그들은 볼리바르에게 페루군 총사령관직을 맡아달라고 요청했다. 이를 수락한 볼리바르는 그란콜롬비아 정부로부터 원정을 허가받고 1823년 9

월 1일 카야오항에 도착했다.

페루 의회는 그의 도착을 환영하며 해방자 칭호를 수여했고, 전군에 대한 최고 군사 권한을 위임했다. 이는 단순한 군사 지휘권에 국한되지 않았으며, 민간과 군부의 긴밀한 협력을 위해 정치·행정적 권한까지 포괄하는 사실상 전권을 부여한 것이다. 볼리바르는 이를 겸허히 수락하면서 다음과 같이 선언했다.

나는 지금 자신의 능력을 넘어서는 위치에서 페루를 위해 봉사하고 있습니다. 다만 이러한 헌신이 가능한 이유는 이 자리에 함께한 관대한 전우들의 노력이 있기 때문입니다. 지금처럼 위기와 혼란, 수많은 위험이 도사리는 상황 속에서 의회의 지혜는 나에게 길을 밝히는 등불이 되어 줄 것입니다.

나는 콜롬비아의 수도를 떠나는 순간 민간에 대한 모든 책임을 내려놓았습니다. 솔직히 나의 성격은 정치와 행정을 다루는 일에 그다지 적합하지 않습니다. 따라서 군사 작전과 관련되지 않은 한, 민정에 관한 권한은 영원히 사임할 것을 결정했습니다.

그럼에도 페루 의회는 콜롬비아군의 모든 군사력을 활용하여 이 나라에 무한한 자유를 가져다줄 수 있을 것입니다. 나는 국민의 대표가 지닌 권위를 잘 지켜냄으로써 한 인간이 국가를 위해 할 수 있는 가장 위대한 봉사를 완수할 것입니다.

볼리바르가 도착하자 리마에서는 그의 도착을 기념하는 성대한 환영 행사로 들썩였다. 이 역사적인 자리에는 칠레의 베르나르도 오이긴스 장군도 참석했다. 연회 자리에서 볼리바르는 잔을 높이 들며 다음과 같은 건배사를 올렸다.

아메리카에서 태어나는 아이들은 대륙 어디에서든 다시는 왕좌가 세워지는 모습을 보지 않기를 바랍니다. 나폴레옹이 대양의 한복판으로 유배되고 멕시코의 새 황제가 축출되었듯이 민중의 권리를 찬탈한 자들은 마땅히 몰락해야 합니다. 그 누구도, 그 어떤 군림의 상징도 이 신세계에서 다시 자리 잡아서는 안 될 것입니다.

그러나 볼리바르 앞에는 여전히 수많은 과제가 놓여 있었다. 오랜 실전 경험으로 단련된 베네수엘라나 누에바그라나다 병사들과 달리 페루군은 전투에 익숙하지 않았다. 분명 조국에 대한 열망은 가득했으나 오직 볼리바르만이 불어넣을 수 있는 규율과 결연한 태도는 부족했다.

이에 볼리바르는 그란콜롬비아 정부에 지원군 파병을 서둘러 요청했다. 믿을 수 있는 병사들이 군의 중심축이 되어야 전쟁의 승패를 결정지을 수 있을 것이라 여겼다. 끊임없이 이어지는 고된 업무 가운데 그는 이렇게 말했다.

우리는 승리하거나 죽을 것이다. 그러나 나는 반드시 승리할 것이라 확신한다. 신은 우리가 다시 사슬에 묶이길 바라지 않기 때문이다.

1824년 1월 시몬 볼리바르는 고열로 쓰러져 병상에 눕게 되었다. 병세가 완전히 회복되기도 전에 그는 몸을 추스르고 다시 작전 준비에 몰두했다. 병상에서 털고 일어나 활력 넘치는 모습으로 다시금 업무에 복귀했으나 종종 지친 기색을 드러내기도 했다. 자신이 예전만큼의 기력을 가

→ 페루 리마의 의회 앞 볼리바르 광장에 있는 시몬 볼리바르의 승마상 기념비. 1858년에 완성된 이 기념비는 카라카스의 마요르 광장에 동일한 복제품이 설치되어 있다.

지고 있지 않다고 여러 차례 고백한 바 있었고, 수크레 장군에게 보낸 편지에서도 다음과 같은 심경을 토로했다.

> 나는 이제 아메리카의 전쟁을 끝장낼 결전을 위해 스페인군과 맞설 준비가 되어 있습니다. 하지만 이것이 나의 마지막입니다. 나는 지쳤고 나이 들었으며, 더 이상 그 무엇도 기대하기 어렵습니다.

그러나 그에게는 여전히 기대할 만한 것이 남아 있었다. 바로 최종적인 승리였고, 그 뒤에 이어질 동포들의 배신이었다. 어쩌면 그는 이미 그 시점에서 자신의 생을 앗아갈 병마의 기운을 예감하고 있었는지 모른다.

후닌 전투

그런 가운데 볼리바르가 오랜 시간에 걸쳐 공들여 준비해 온 계획을 위협하는 중대한 사건이 발생했다. 카야오 항구 요새에서 일부 부대가 반란을 일으킨 것이다. 요새에는 스페인 국기가 게양되었고, 반란군은 스페인 부왕에게 도시를 넘기겠다는 연락을 취했다. 이에 따라 라세르나 부왕은 로딜(José Ramón Rodil) 장군을 리마 지역 총독이자 군사령관으로 임명하고, 요새와 반란군 전체에 대한 지휘권을 그에게 맡겼다. 이 일은 공화파 진영에게 막대한 타격이었다. 사태의 심각성을 인지한 페루 의회는 즉시 헌법과 관련 법률을 정지시키고, 이 혼란을 수습할 수 있도록 볼리바르에게 비상 독재권을 부여했다.

당시 왕당파가 보유한 총 1만 8천 명에 달하는 병력 중 1만 2천 명이 볼리바르를 견제하기 위해 중부 지역에 배치되어 있었다. 나머지 6천 명은 알토 페루, 곧 오늘날의 볼리비아와 남부 해안 일대를 점거하고 있었다. 이에 비해 볼리바르가 지휘하는 병력은 그란콜롬비아군 4~6천 명과 실전 경험이 떨어지는 페루군 약 4천 명이 전부였다. 그가 리마에서 확보할 수 있는 모든 자원을 총동원했으나 이미 군 내에는 탈영과 배신이 만연한 상황이었기에 실질적으로 동원할 수 있는 전력은 얼마 되지 않았다. 당시 리마에서는 변절이 일종의 유행처럼 번지고 있었다.

그럼에도 볼리바르는 절대 흔들리지 않았다. 이 시기 한 편지에서 다음과 같이 쓰고 있다.

> 올해가 가기 전에 우리는 반드시 포토시(Potosí, 볼리비아 남서부의 도시)를 손에 넣을 것이다.

볼리바르가 가장 큰 희망을 걸고 있는 것은 그란콜롬비아 본국에서 파견되는 지원군이었다. 그런데 트루히요에 머물고 있을 때 그란콜롬비아 정부는 의회의 승인 없이 병력이나 물자를 보낼 수 없다는 충격적인 소식을 전해 왔다. 사실상 지원군이 상당히 지연될 수밖에 없다는 의미였다.

한편 왕당파의 칸테라크(José de Canterac) 장군은 트루히요를 향해 진군 중이었다. 볼리바르는 이에 굴하지 않고 특유의 추진력으로 사실상 무에서 유를 창조해 냈다. 병사, 군복, 무기, 말, 심지어 말편자에 이르기까지 그의 손길 아래 준비되지 않는 것은 없었다. 가까운 거리에서 먼 곳까지, 사소한 세부 사항 하나하나까지 그의 지휘 아래 철저하게 조율되었다. 바로 이 점에서 볼리바르의 '천재성'이라고 불리는 자질은 정밀함과 철저함을 기반으로 세워진 것이었다.

볼리바르는 파스코를 혁명군 전체의 집결지로 정하고, 5월을 기점으로 대공세를 단행하기로 계획했다. 6월에는 안데스를 넘어 진격을 개시했고, 8월 2일 파스코주 인근의 사크라멘토 평원(Llanuras de Sacramento)에 집결했다. 이곳에서 병력을 정렬하고 인근에 주둔 중인 왕당파를 공격하기로 결심했다.

당시 칸테라크가 이끄는 스페인군은 총 9천 명인데, 그중 2천 명은 기병이었다. 1824년 8월 6일 오후 4시 양 군대가 아마존강의 수원지 인근의 후닌 평원(Pampa de Junín)에서 맞붙었다. 이 전투는 특이하게도 기병전만으로 전개되었으며, 그 양상과 결과 면에서 볼 때 모두 격렬한 격전이었다. 전투가 시작되고 끝날 때까지 단 한 발의 총성도 울리지 않았다. 오직 말을 탄 기병들의 창과 검이 전장을 가득 메웠고, 격렬한 육박전 끝에 왕당파 기병대가 무너졌다. 패주하는 기병대는 자신들의 보병 방진(方

陣)까지 무너뜨리는 바람에 군대 전체의 붕괴로 이어졌다.

후닌 전투(Batalla de Junín)는 상징성과 전략적 파급력 면에서 보야카, 카라보보, 봄보나, 피친차 전투와 어깨를 나란히 하는 위대한 승리였다. 이 승리는 페루 원정의 향방을 결정짓는 중대한 전환점을 마련했다. 특히 왕당파의 사기를 완전히 무너뜨렸다. 패주한 칸테라크는 이후 험준한 산악 지형을 따라 700킬로에 달하는 긴 퇴각을 감행해야 했으며, 이 과정에서 상당수의 병력을 상실했다.

후닌 전투의 승리를 기념하는 축하연 자리에서 봄보나의 영웅과 피친차의 정복자가 나눈 대화는 그날의 영광만큼이나 빛났다. 수크레는 이렇게 말했다.

➡ 「후닌 전투(Batalla de Junín)」 페드로 다비드 오소리오 차베스, 2024년. 위키커먼스: Batalla de Junín. 페루의 기병들이 검을 들고 몸을 던져 승리한 전투.

해방자가 이끄는 한, 우리는 오직 승리만을 기대할 수 있습니다!

이에 볼리바르는 응답했다.

내 곁에 누가 있는지를 안다면, 나는 승리를 확신할 수 있네.

그는 다른 자리에서도 이 같은 신념을 거듭 밝혔다.

만약 내가 자유로 인도하고 있는 이 나라들을 오히려 내가 억압하게 된다면 그때는 나를 둘러싼 이 용사들의 칼날이 내 가슴을 천 번이라도 꿰뚫기를, 민중의 권위만이 지상에 존재하는 유일한 힘이 되기를, 그리고 '폭정'이라는 말이 이 세상 언어에서 완전히 지워지고 영원히 잊히기를 바란다.

아야쿠초의 승리

후닌 전투 이후 볼리바르는 수크레에게 군의 지휘권을 넘기고 자신은 해안 지대에서 보급과 국가 조직 정비에 전념했다. 후닌에서의 참패 소식을 접한 왕당파는 즉시 리마로 도망쳤고, 로딜 장군은 카야오 요새에 남아 최후의 방어 태세를 유지했다. 한편 쿠스코에 주둔 중인 라세르나 부왕은 후닌의 패배를 설욕하겠다고 의지를 다지며, 가능한 모든 병력을 끌어모았다. 그리하여 총 1만 1천 명의 대군이 다시 편성되었고, 남부 고원지대에서 최후의 결전을 준비하면서 진격을 시작했다.

1824년 12월 9일 남아메리카 독립전쟁의 마지막 결전이 페루 남부의 아야쿠초 평원(Pampas de Ayacucho)에서 펼쳐졌다. 정오가 되자 양측은 일제히 진격을 개시했고, 초반에는 스페인군이 다소 우의를 점하는 듯 보였다. 그러나 곧 전세는 혁명군 쪽으로 기울기 시작했다. 결정적인 전환점은 수크레 휘하의 코르도바(José María Córdova Muñoz) 장군이 병사들 앞에서 자신의 말을 검으로 내려쳐 죽이고 이렇게 외쳤다.

내게 도망칠 방법 따위는 없다! 내게 남은 것은 오직 이 검 하나, 오직 승리를 위한 도구만 있을 뿐이다. 전진하라! 전진!

코르도바의 결연한 투지는 병사들의 사기에 불을 지폈고, 왕당파는 끝내 그 기세를 막아내지 못했다. 부왕은 모든 예비 병력을 투입하면서 끝까지 저항했지만, 혁명군의 승리에 대한 집념은 꺾이지 않았다. 마침내 코르도바 본인이 직접 부왕을 생포하는 영광을 차지했다.

그날 오후 전세는 완전히 혁명군의 승리로 돌아섰다. 전투가 끝났을 무렵에는 병사 수보다 포로가 더 많았다는 이야기가 돌 정도였다. 항복 조약이 제안되었고, 포로가 된 부왕을 대신하여 칸테라크 장군이 대표로 서명했다. 스페인 장교들은 더 이상 전쟁에 가담하지 않고 왕당파가 장악한 지역으로도 돌아가지 않겠다는 서약을 했다. 항복 조약에는 카야오 요새도 포함되어 있었지만, 로딜 장군은 이에 불응하고 끝까지 저항을 이어갔다.

볼리바르는 자신의 곁에 있는 인물들을 영웅으로 성장시키는 탁월한 지도자였다. 보야카에서는 안소아테기, 카라보보에서는 파에스, 봄보나에서는 토레스, 피친차와 아야쿠초에서는 총사령관 수크레, 그리고 마지막 독립전쟁에서는 그 휘하에서 싸운 코르도바가 그러했다.

1810년 4월 19일 베네수엘라의 카라카스에서 시작된 라틴아메리카 독립전쟁은 1824년 12월 9일, 페루의 아야쿠초 평원에서 마침내 마침표를 찍었다. 그날의 전투에 대해 볼리바르는 이렇게 말했다.

아야쿠초 전투(Batalla de Ayacucho)는 아메리카 대륙이 기록한 가장 위

➡ (상)「아야쿠초 전투(Batalla de Ayacucho)」마르틴 토바르 이 토바르, 유화, 국립미술관, 카라카스. (하)「아야쿠초 항복(Capitulación de Ayacucho)」다니엘 에르난데스 모릴로, 유화, 페루 중앙은행 박물관, 리마.

대한 영광이며, 그 모든 공은 전적으로 수크레 장군의 것이다. 전투의 설계는 흠잡을 데 없이 완벽했고, 실행은 인간적 한계를 넘어선 초인적 결단이었다. 수크레는 날카롭고도 신속한 기동으로, 무려 14년간 승리를 자랑해 온 적의 정예 병력을 불과 한 시간 만에 므너뜨렸다. 왕당파는 완벽하게 조직되어 있었고 유능한 지휘관 아래 있었지만, 그날에 그 모든 것이 무너졌다.

볼리바르는 수크레에게 최고의 영예를 부여했다. 그는 수크레를 '페루의 해방자(General, Libertador del Perú)'라는 칭호와 함께 대원수(Gran Mariscal)로 임명해 최고의 영예를 안겼다. 그에게 보낸 편지에서는 다음과 같이 경의를 표했다.

1824년 12월 9일 당신이 독립의 적을 꺾은 그 날은 수 세대에 걸쳐 길이 기억될 것입니다. 아메리카의 역사 속에서 그날을 빛낸 애극자이자 전사인 당신의 이름은 언제나 찬사를 받게 될 것입니다. 아야쿠초가 기억되는 한, 수크레의 이름도 함께 기억될 것입니다. 그것은 영원할 것입니다.

1775년 4월 19일 미국 매사추세츠주 미들섹스(Middlesex County)에서 벌어진 렉싱턴 콩코드 전투(Battles of Lexington and Concord)에서 시작되어 아메리카 대륙에서 벌어진 독립전쟁은 아야쿠초 전투를 마지막으로 사실상 종지부를 찍었다.

17장

볼리비아의 탄생

1825 - 1827

위대한 이상

1825년 2월 8일 아야쿠초 전투에서의 결정적 승리 직후에 볼리바르는 새로운 시대의 문을 여는 첫걸음으로 징병 제도의 폐지를 명했다. 그리고 헌법제정회의 소집을 지시하면서 이렇게 선언했다.

> 이제 의회가 독재라는 비상조치에 의존할 수밖에 없었던 암울한 시대는 갔고, 공화국은 마침내 스스로의 의지에 따라 구성하고 조직할 수 있는 단계에 이르렀다.

이는 단순히 국내 문제에 대한 정상화 선언이 아니었다. 볼리바르는 한 걸음 더 나아가 오랫동안 가슴에 품어온 라틴아메리카 연합의 이상을 실현에 옮기고자 했다. 그래서 라틴아메리카 각 공화국 정부에 공식 초청장을 보내어 전권대표 회의를 제안했다. 초청장에는 이렇게 적혀 있었다.

이제야말로 아메리카 공화국들을 하나로 결속시키는 공동의 이해가 항구적인 기반 위에 놓여야 할 때이다. 그래야만 각국 정부가 존속할 수 있으며, 하나의 위대한 정치 공동체로서 그 권능을 확립할 수 있다.

이 체제를 수립하고 정당성을 명확히 해야 할 사명은 각국 정부의 방향을 인도하고 행동 원칙을 일관되게 유지할 수 있는 고귀한 권위에 맡겨져야 한다. 이름만으로도 폭풍을 잠재울 수 있는 존엄한 권위는 오직 각 공화국이 지명한 전권대표들이 모인 회의에서만 탄생할 수 있다. 이들은 스페인 정부에 맞서 우리 군대가 거둔 승리의 이름 아래 단결하게 될 것이다.

전권대표들이 각자의 권한을 교환하는 날 아메리카 외교사에는 불멸의 시대가 시작될 것이다. 수천 년의 세월이 흐른 뒤 후세가 이 대륙의 국제법이 어디에서 비롯되었는지 묻는다면 그들은 이 회의에서 체결된 협약을 기억하고 경외심을 품은 채 '이스무스 회의*'를 바라보게 될 것이다. 그리고 그 속에서 최초의 동맹 구상이 어떻게 우리의 대외 관계를 규정했는지 발견하게 될 것이다. 나아가 이렇게 되물을 것이다. 고대 그리스의 코린토스가 과연 파나마와 견줄 수 있겠는가?**

---

* 이스무스(Isthmus)는 두 개의 육지를 연결하는 좁고 잘록한 땅인 지협을 의미하며, 1826년 파나마 지협(地峽)에서 열린 외교 회의를 파나마 의회(Congreso de Panamá) 또는 이스무스 회의(conventions of Isthmus)라고 한다. 종종 고대 그리스의 동맹을 기념하여 파나마 동맹 의회로 지칭하기도 한다.
** 마케도니아의 필리포스 2세가 주도하여 그리스 도시국가들이 맺은 일종의 군사 동맹인 코린토스 동맹을 빗댄 것이다. 이 동맹은 스파르타를 제외한 모든 그리스와 섬지방의 국가대표들이 평화를 지키기로 서약한 것이다.

이 위대한 구상이 세상에 공개된 직후 볼리바르는 자신이 이끄는 그란콜롬비아 정부에 사직서를 제출했다. 아메리카 대륙에는 이제 더 이상 적이 존재하지 않으며, 자신이 과거 공언했던 약속을 이행할 시점이 되었다고 밝혔다.

그러나 바로 이 순간을 기점으로 정적들은 볼리바르를 향한 공격을 본격화했다. 그들은 볼리바르가 제왕적 권력을 노리는 야심가라고 몰아세우며 그의 의도를 왜곡하려고 했다. 볼리바르는 이런 비난이 앞으로 더욱 거세질 것이며, 심지어 외국 세력까지 가세할 것을 예감하고 있었다. 하지만 현재까지도 그 야심을 입증할 만한 문서는 단 한 건도 발견되지 않는다.

독립전쟁이 실질적으로 막을 내릴 무렵 스페인 왕당파의 마지막 거점은 페루 해안 카야오의 펠리페 요새(la fortaleza del Real Felipe)를 지키는 로딜 장군의 부대였다. 또 알토 페루 역시 여전히 스페인의 통제 아래에 있었다. 이렇게 남은 적들을 소탕하고 독립전쟁을 완전히 종결짓는 임무가 수크레에게 맡겨졌다. 그동안 볼리바르는 페루의 수도 리마에 남아 페루 공화국의 정치적 기반을 다지기 위해 헌법 제정 의회의 소집에 전념했다.

이 시기 해방자는 권력에 대한 자신의 철학을 다음과 같이 밝혔다.

그 어떤 사람에게도, 심지어 아폴론의 손에조차 안전하게 맡길 수 없을 정도로 그토록 막대한 권력을 한 개인에게 부여하는 것은 지극히 위험한 일이다.

그는 의회 연설에서 한층 더 분명한 입장을 밝혔다.

나는 해방된 페루 국민에게 경의를 표하고자 합니다. 아야쿠초 전투의 승리를 통해 국민은 전쟁이라는 가장 참혹한 굴레에서 해방되었고, 나의 사임을 통해 전제정치로부터도 해방되었기 때문입니다. 부디 로마를 멸망시킨 그 거대한 권력을 이 땅에서 영원히 추방하여 주시기를 간절히 바랍니다.

의회가 거센 폭풍에 맞서기 위해 법률 대신 해방군의 총검을 선택한 것은 칭송받아 마땅한 일이었습니다. 그러나 이제 국가가 평화를 회복하고 자유를 보장받은 이상, 이 나라 위에 존재할 수 있는 유일한 권위는 오직 법의 통치뿐이어야 합니다.

그러나 페루 국민과 의회는 해방자의 사의를 받아들이지 않았다. 그의 뜻을 존중하여 '독재자'라는 호칭은 사용하지 않으면서도 그에게 실질적으로 동일한 권한을 부여하는 법안을 통과시킨 것이다.

같은 날 의회는 볼리바르에게 각종 영예를 수여했다. 그리고 혁명군 장병들에게는 총 1백만 페소를 포상금을, 해방자 본인에게도 감사와 존경을 뜻으로 1백만 페소를 지급한다는 내용의 법령을 공포했다. 볼리바르는 이와 같은 금전적 보상에 깊이 감동하면서도 동시에 내심 상처를 받았다. 이어 다음과 같은 말로 정중히 거절했다.

나는 내 조국으로부터조차 이런 보상을 얻고자 한 적이 없습니다. 내 나라에서 거절한 것을 어찌 페루의 손에서 받을 수 있겠습니까! 이것은 이치에 맞지 않는 일입니다.

결국 페루 의회는 볼리바르에게 금전을 지급하는 대신, 이 금액을 그란콜롬비아의 여러 지역에서 자선사업 용도로 사용할 것을 결의했다. 볼리바르는 이에 대해 흔쾌히 동의하며 감사를 표했다.

볼리바르는 차기 의회가 소집되는 1826년까지 페루에 머무르기로 결심하고 곧바로 내정 정비에 착수했다. 그의 통치 아래 페루 각 주에는 사범학교가 설치되었고 사법 체계가 정비되었다. 그리고 교육기관, 광산국, 도로 건설, 공공 자선기관을 비롯한 여러 행정기구가 차례로 조직되었다.

볼리비아의 탄생과 마지막 해방의 여정

한편 1825년 4월 1일 수크레 장군이 알토 페루의 투무슬라(Tumusla, 볼리비아 남부 포토시주의 마을)에서 벌어진 전투에서 스페인군의 마지막 잔존 병력을 격파함으로써 남아메리카 대륙에서 벌어진 긴 독립전쟁의 마침표를 찍었다. 볼리바르는 자신에게 주어진 행정 임무를 마무리한 뒤, 쿠스코와 알토 페루를 순시하기로 하고, 5월 16일 페루의 아레키파

➡ 「투무슬라 전투(Batalla de Tumusla)」 작자 미상.

(Arequipa)에서 알토 페루 공화국의 수립을 공표했다.

쿠스코에 도착한 해방자는 군중의 환호 속에 함께 도시로 들어섰다. 천여 명의 여성들이 진주와 다이아몬드로 장식된 왕관을 헌정하자 그는 모든 영예를 자신이 아닌 수크레에게 돌리며 이렇게 말했다.

그는 아야쿠초의 정복자이자 공화국의 진정한 해방자입니다.

라파스에서도 상황은 마찬가지였다. 성대한 환영식이 이어졌고, 알토 페루 의회는 그를 맞이하기 위해 공식 대표단을 파견했다. 새로운 국가는 그의 이름을 따 '볼리바르 공화국(República Bolívar)'이라 명명되었으며, 이 이름은 오늘날의 볼리비아(Bolivia)로 계승된다.

볼리바르는 곧 포토시로 이동해 몇 주간 체류하면서 각국의 외교 사절단과 부에노스아이레스에서 파견된 대표단을 접견했다. 대표단은 이구동성으로 그를 칭송하면서 "이 대륙의 자유는 해방자의 손에 의해 영원히 확고해졌다"라고 선언했다.

볼리바르는 이 신생국에 첫 정치 체제를 수립하면서 권력의 집중을 경계한 자신의 이상에 따라 헌정 질서를 정비했다. 교육 제도가 새로이 마련되었고, 건조하고 척박한 지대에는 수로와 치수 사업이 추진되었다. 원주민들에게는 토지가 분배되었고 광산기계에 부과되던 세금이 폐지되었으며, 조림 사업과 같은 장기적 기반 구축도 시작되었다. 이러한 모든 작업은 볼리바르 특유의 정력적이고 치밀한 행정력 아래 추진되었다.

그는 행정 각료들을 비롯해 페루·콜롬비아의 내각과 끊임없이 외교 문서를 주고받았고, 추키사카(Chuquisaca)에서는 페루에 주둔 중인 베네수엘라 병사들에게 본국으로 돌아갈 것을 명령했다. 나아가 쿠바와 푸에르토리코의 독립 문제에도 관심을 두고 그 동향을 주시하고 있었다.

1826년 1월 볼리바르는 안데스 고원을 떠나 해안으로 이동해 페루로 향했다. 한 달 뒤 리마에 도착해 알토 페루와 남부 지역에서의 활동에 관한 보고서를 남겼다.

그즈음 독립전쟁의 마지막 거점인 카야오 요새가 마침내 함락되었다. 이 요새를 끝까지 지킨 로딜 장군은 볼리바르 휘하의 노장 바르톨로메 살롬(Bartolomé Salom) 장군에게 항복하고 말았다. 카야오 함락은 무려 11개월에 걸친 기아와 질병 그리고 끈질긴 저항 끝에 이루어진 것이었다. 1826년 1월 23일을 기점으로 스페인 제국의 마지막 그림자는 남아메리카 대륙에서 완전히 사라졌다.

페루의 정세가 안정되자 볼리바르는 그란콜롬비아로 귀국을 준비했다. 그런데 이 무렵 일부 열광적인 지지자들은 그에게 그란콜롬비아, 페루, 볼리비아를 통합한 '안데스 제국'의 황제로 즉위할 것을 권유했다. 심지어 카라카스의 파에스 장군조차 군주제 수립을 진지하게 제안했다. 하지만 볼리바르는 단호하게 거절했고, 파에스에게 보낸 편지에서 다음과 같이 응답했다.

프랑스는 본래부터 왕국이었습니다. 혁명으로 탄생한 공화정부는 스스로 신뢰를 저버렸고, 점점 타락하여 결국 증오의 심연으로 빠져

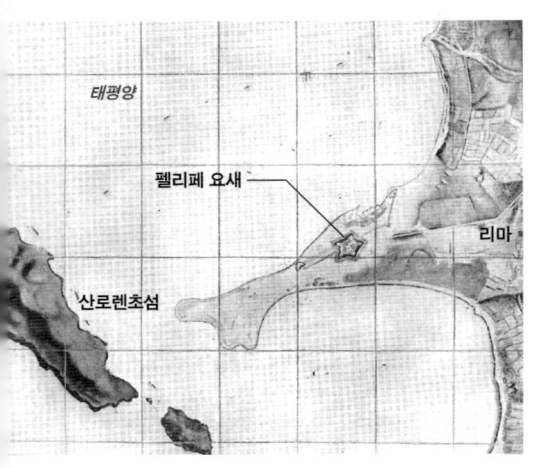

➡ 1826년 1월경 카야오 해안 펠리페 요새 포위 공격 시 지역의 평면도.

들었습니다. 그 지도자들은 잔혹함과 무능함에서 서로 다를 바 없었다. 나폴레옹은 위대하고 독보적인 인물이었지만, 극도의 야심으로 가득 차 있었습니다. 그러나 이곳에는 그런 인물도, 그러한 상황도 존재하지 않습니다. 나는 나폴레옹이 아니며, 되고 싶지도 않습니다. 나는 카이사르를 흉내 낼 생각도 없고, 이투르비데는 더더욱 아닙니다. 콜롬비아 관료들은 로베스피에르*도, 마라**도 아닙니다. 콜롬비아는 본래 왕국이 아니었습니다. 만약 이 나라에 왕좌가 세워진다면 그것은 그 높이와 화려함 때문이 아니라 그것이 불러일으킬 두려움 때문에 공포의 상징이 될 것입니다.

볼리바르는 주변 모든 사람에게 군주제에 대해 거듭해서 단호하게 반대했으며, 부통령 산탄데르에게 보내는 다른 편지에서도 확고한 입장을 밝혔다.

나는 내게 주어진 모든 의무를 다했습니다. 나가 맡은 유일한 직책은 군인이었습니다. 나는 통치자가 되기 위해 태어난 사람이 아닙니다. 아무리 조국을 구한 병사라 해도 그가 훌륭한 정치 지도자가 되는 경우는 드뭅니다. 물론 그 예외가 있다면, 바로 당신입니다.

볼리바르가 평생 가장 소중히 여긴 영예 중 하나는 조지 워싱턴의 가족이 프랑스의 귀족이자 미국의 독립 영웅인 라파예트(Gilbert du Motier, Marquis de Lafayette) 장군을 통해 보내온 선물이었다. 그것은 워싱턴의 초상화와 머리카락 한 가닥으로 이루어진 것으로 아메리카 대륙의 두 위대

* 막시밀리앵 드 로베스피에르(Maximilien de Robespierre)는 프랑스혁명을 주도한 혁명 정치가이자 법학자이며, 공포정치를 행하다가 되려 테르미도르의 쿠데타로 반대파에 의해 처형당했다.
** 장폴 마라(Jean-Paul Marat)는 프랑스혁명에서 급진적 언론인이자 정치가이며, 혁명 후 자코뱅 클럽의 산악파에 참가하여 공포정치를 추진했는데, 샤를로트 코르데에 의해 암살되었다.

한 해방자를 위한 경의의 표시이자 헌사였다.

라파예트는 이 선물을 보내면서 다음과 같은 편지를 전했다.

워싱턴 장군에 대한 나의 경건하고 자애로운 충정에 대해 그 가족은 이처럼 고귀한 사명을 맡김으로써 인정해 주었습니다. 살아 있는 모든 이들 가운데, 아니 인류의 역사 전체를 통틀어 이 선물을 받을 자격이 있는 사람은 바로 볼리바르 당신입니다. 남아메리카 대륙에서 '해방자'라는 칭호를 받고 두 대륙에서 그 이름을 확인시켜 준 이 위대한 시민에게 더 이상 무슨 말을 보태겠습니까? 자기부정만큼이나 영향력을 지닌 사람이며, 마음속에는 자유와 공화국에 대한 순수한 사랑을 간직한 분에게….

이에 대해 볼리바르는 다음과 같은 답장을 보냈다.

이 선물이 내 마음속에 불러일으킨 감동은 말로 다 표현할 수 없습니다. 워싱턴 가문이 내게 베푼 이 영예는 내가 품었던 가장 큰 기대마저 넘어서는 것이며, 라파예트 장군의 손을 통해 전해진 이 선물은 인간이 누릴 수 있는 모든 영예 가운데 가장 숭고한 보상이라 할 것입니다.

드리워지는 암울한 그림자

워싱턴 가문이 보내온 고귀한 선물은 볼리바르의 마음을 깊이 울렸고, 그 감동은 오래도록 가슴에 남아 있었다. 그런데 그 감동이 채 가시기도 전에 '왕관을 수락하라'는 주변의 목소리가 점점 더 노골화되면서 볼리바르도 불쾌함을 감추지 못했다. 그러나 이보다 더 중대한 사태가 닥쳐왔다. 1826년 베네수엘라에서는 파에스의 독자적인 정치 행보를 계기로 국가 전체가 혼란에 빠져 버리고 말았다.

앞서 언급했듯이 당시 베네수엘라는 세 개의 군사 구역으로 나뉘어 있었고, 각각 베르무데스, 마리뇨 그리고 파에스가 실질적으로 통치하고 있었다. 이들 모두 과거에는 볼리바르의 정적들이었는데, 볼리바르는 그들의 야망을 달래고 내전을 막기 위해 고위직을 맡겼던 터였다.

파에스가 카라카스에 주둔하면서 점차 독단적인 통치를 펼치면서 시민들의 반감을 불러일으켰다. 그는 산탄데르 부통령의 권위에 노골적으로 저항했으며, 특히 병력을 징집하라는 베네수엘라 중앙정부의 명령에 대해 일부러 공분을 불러일으키는 방식으로 집행해 민심의 반발을 불러일으키기도 했다. 일련의 일들로 인해 베네수엘라 하원에는 파에스를 고발하는 청원이 제출되었고, 상원은 이를 받아 그의 직무를 정지시키고 수도 보고타로 출두할 것을 명령했다.

파에스는 처음엔 출두 명령을 거부했으나 나중에는 복종하는 척하며 지휘권을 내려놓고 발렌시아로 물러났다. 그런데 그곳에서 각종 소요를 부추기면서 자신이 복귀하지 않으면 무정부 상태가 닥칠 것이라는 인상을 사회 전반에 퍼뜨리는 데 성공했다. 그의 측근들과 지지자들은 '민중의 요구'라는 이름으로 파에스의 복귀를 추진했고, 결국 발렌시아 시의회의 지지를 등에 업고 자진해서 직위에 복귀했다. 그는 자신을 '베네수엘라의 군민 최고 책임자'라 칭하기 시작했다.

이어 파에스는 마리뇨의 지지를 끌어냈으나 아무리 설득해도 베르무데스는 끝내 움직이지 않았다. 이로써 라틴아메리카 독립 이후 겪게 되는 끝없는 내란의 악순환이 서서히 시작되고 있었다.

산탄데르는 해방자에게 내란의 혼란에서 조국을 구해 달라고 간청하는 편지를 보냈다. 반대로 파에스 역시 볼리바르에게 부통령 산탄데르에 대한 불만을 강하게 표출했다. 정국은 빠르게 혼돈으로 치닫고 있었고, 볼리바르는 더 이상 머뭇거릴 수 없었다. 그는 즉시 조국으로 돌아가기로 결심했다.

하지만 그의 귀환 결정은 페루 당국과 시민들의 격렬한 반대에 부딪혔다. 국민의 절대적 신뢰와 찬사를 한 몸에 받고 있는 그에게 페루는 계속 머물러 주기를 간절히 원했다. 볼리바르는 한동안 고심하기는 했지만, 마침내 조국으로 돌아가기로 결단을 내렸다.

이로써 볼리바르가 각국 민중에게 명성과 인기가 절정에 달했던 영광의 시대는 조용히 막을 내리게 되었다. 그리고 그를 기다리고 있는 것은 끝없는 배신과 분열 그리고 침묵 속에서 희미해져 가는 운명이었다. 이때 볼리바르는 페루를 떠났고, 다시는 돌아오지 못했다.

이제 남은 삶이 있다면 그것은 오직 슬픔뿐이리라.

파에스의 저항

조국으로 향하는 여정 중 볼리바르는 그란콜롬비아 남부 지방에서 자신에게 독재 권한을 위임하고자 한다는 소식을 받았다. 여전히 그는 단호히 거절하며, 자신은 오직 헌정 질서의 회복과 유지를 원한다고 분명하게 밝혔다. 그리고 국민에게 새로운 포고문을 발표했다. 해방자는 자신을 '형제'라 자처하고 다음과 같이 호소했다.

누가 잘못했는지는 알고 싶지 않습니다. 나는 여러분이 피로 맺어진 형제이며, 함께 싸운 전우라는 사실을 한 번도 잊은 적이 없습니다. 더 이상

쿤디나마르카(Cundinamarca)라는 이름은 없어야 합니다. 이제 우리는 모두 콜롬비아인이어야 합니다. 그렇지 않다면 무정부 상태가 남긴 황무지를 죽음이 덮게 될 것입니다.

볼리바르는 침보라소산(Chimborazo)을 넘어 에콰도르의 수도 키토에 도착했다. 귀국길에 지나친 모든 도시들처럼 이곳에서도 열렬한 환영을 받았다. 그리고 이곳에서도 독재를 맡아달라는 요청을 받았으나 거듭 거절했다. 1826년 11월 중순에 마침내 수도 보고타에 도착했다. 환영식 자리에서 그는 국민에게 통합과 화해를 호소하면서 군이 법의 명령에 순응하고 있다는 점에 대해 깊은 만족을 표하면서 동시에 경고의 말도 남겼다.

무장한 병력이 정치적 판단을 하고 논쟁을 벌이는 순간 자유는 위태로워지고 콜롬비아가 치러온 모든 희생은 물거품이 될 것입니다.

볼리바르는 단 이틀만 통치 권한을 행사했지만, 그 짧은 시간 동안에도 그는 다시 한번 조직가이자 통치자로서의 깊은 인상을 남겼다. 이후 곧바로 베네수엘라로 향했다.

그곳에서는 이미 파에스가 중앙정부의 승인 없이 베네수엘라 헌법제정회의를 1827년 1월 15일에 발렌시아에서 일방적으로 소집해 둔 상태였다. 볼리바르는 파에스의 야심을 경계하고 있었기에 여차하면 대응할 수 있도록 소규모 병력을 준비해 두고 있었다.

여정 중 푸에르토카베요에서 '통합'을 지지하고 나섰다는 소식이 전해졌으나, 곧바로 파에스가 그 도시를 공격해 베네수엘라인의 피가 흘렀다는 비보가 전해졌다.

볼리바르는 마라카이보에 도착하자마자 포고문을 발표하면서 이 사태를 무력이 아닌 설득과 조정으로 해결하겠다는 뜻을 밝혔다. 한편 파에스는 볼리바르가 단지 '일개 시민'의 자격으로 베네수엘라의 개혁을 돕고자 한다고 주장했다. 곧 해방자는 코로에서 직접 파에스에게 서한을 보내 그의 행동이 명백한 범죄에 해당함을 경고했다. 그리고 즉각적인 중단과 함께 우호적 조건을 제시할 의사가 있음을 밝혔다.

볼리바르가 직접 수도 카라카스를 향하고 있다는 소문이 퍼지자 민심은 크게 동요했고, 파에스 역시 위기감을 감추지 못했다. 일부 시민들은 공개적으로 볼리바르 지지를 선언하며 정세는 급속히 역전되기 시작했다.

1826년의 마지막 날 해방자는 깊은 내적 갈등에 사로잡혀 있었다. 파에스를 복종시키되, 피를 흘리지 않고 이 사태를 해결할 방법은 과연 존재하는가. 그는 모든 책임과 고뇌를 홀로 감당하면서 자신에게 이 중대한 물음을 던진 채 깊은 침묵 속에서 위기의 순간을 보내고 있었다.

이튿날 1827년의 첫 아침에 그는 공화국의 대통령으로서 비상 권한을 발동하여 포고령을 발표했다. 이른바 '개혁 운동'에 가담한 모든 이들에 대해 휴전을 선언하고, 대통령으로서 자신의 권위가 정당하게 존중되어야 하며, 이를 위해 전국적인 회의를 소집할 것을 천명했다.

파에스는 정치적 압력에 굴복할 수밖에 없었다. 그는 볼리바르의 권위를 인정하고 헌법제정회의 소집을 취소했다. 코로에서 카라카스에 이르는 모든 지역에서 대통령에 대한 권위를 복원하라는 명령을 내렸다.

볼리바르는 푸에르토카베요에서 다음과 같이 선언했다.

이제 이 땅에는 더 이상 내부의 적이 없습니다. ⋯ 오늘 마침내 평화가 승리를 거두었습니다. … 1826년을 시간의 심연 속에 묻어버립시다. … 나는 무슨 일이 있었는지 알지 못합니다. 콜롬비아 국민이여, 여러분이 기억하는 모든 고통의 날들을 이제 잊어주십시오.

파에스는 스스로 처벌을 청할 만큼 굴욕적인 태도를 보였으나 볼리바르는 이를 거절했다. 도리어 파에스의 자기희생적 자세를 치하하면서 한 걸음 더 나아가 그를 '조국의 구원자'라 부르는 관용을 베풀었다. 하지만 이러한 태도로 인해 누에바그라나다 출신 엘리트들을 중심으로 거센 비난을 불러일으켰다. 그들은 이를 두고 볼리바르의 리더십 부재라고 하거나 정치적 계산에 따른 타협의 결과로 해석했다.

하지만 그것은 사실이 아니었다. 볼리바르는 과거 피아르의 반역에 대해 단호하게 대처한 것처럼 결단이 필요한 순간에는 결코 주저하는 인물이 아니었다. 다만 그는 언제나 정의에 화해를 곁들이는 방식을 더 선호했을 뿐이다.

그의 권위가 한 치의 흔들림도 없이 굳건하다는 사실을 잘 보여 주는 일화가 있었다. 파에스의 지지자들로 가득한 자리에서 누군가 도발적인 발언을 하자 볼리바르는 조용히 단상에 올라 다음과 같은 말을 남겼다.

이 자리에서 나 외에 다른 어떤 권위나 권력도 존재하지 않는다. 모든 부하 중에서 나는 태양과도 같은 존재다. 그들이 빛날 수 있는 것은 오직 내가 비춰준 빛 덕분이다.

그 순간 연회장은 숨소리조차 들리지 않을 만큼 조용해졌다. 파에스를 포함한 모든 이들은 해방자가 마음만 먹는다면 언제든지 절대적인 복종을 이끌어 낼 수 있음을 뼈저리게 깨달았다.

카라카스에서의 환영은 그가 지금껏 받아 본 그 어떠한 영접보다도 성대하고 뜨거웠다. 거리에는 인파가 몰려들어 걸음을 옮기기조차 어려웠다. 도시 곳곳에서는 환영 연설이 이어졌으며, 찬가와 송시가 울려 퍼졌다. 사람들은 그에게 월계관을 씌우고 연회에 초대하며, 온갖 예우와 형식을 갖춰 경의를 표했다.

그의 겸손함은 어느 연회장의 식탁 위에 새겨진 문구를 통해 널리 회자되었다.

전장에서의 승리는 행운이 가져올 수 있으나 승리의 교만을 이겨내는 일은 오직 정복자만이 할 수 있다.

그날 볼리바르는 자신의 검을 파에스에게 하사했다. 이에 파에스는 감격에 겨워 다음과 같이 맹세했다.

➡ 「호세 안토니오 파에스(Jose Antonio Paez)」, 존 J. 페놀리, 1890년, 캔버스에 유화, 213.3×153cm, 스미소니언 미국 미술관, 워싱턴.

차라리 이 검을 손에서 놓느니 나는 백 번 죽고 내 피 한 방울까지 모두 흘리는 편을 택하겠습니다. 이 검은 결코 부당한 피를 흘리게 하지 않을 것이며, 지금껏 그래왔듯 오직 자유를 위한 피만을 흘릴 것입니다. 지금 볼리바르의 검은 내 손에 있습니다. 나는 그대들을 위해, 그리고 그를 위해 이 검과 함께 영원히 나아갈 것입니다. 이 맹세는 절대로 깨지지 않을 것입니다.

18장

분리주의자들의 음모
1828

분리주의의 불씨

볼리바르가 머무는 곳에서는 혼란이 잠잠해졌으나 그가 자리를 비우는 순간 분열과 음모가 어김없이 다시 고개를 들었다. 그가 카라카스에서 열렬한 환대를 받고 있을 무렵 공화국의 수도 보고타에서는 정반대의 분위기가 감지되고 있었다. 파에스에 대한 관대한 처분은 누에바그라나다 사람들의 격렬한 반발을 불러일으켰고, 산탄데르 부통령마저도 공개적으로 그를 비난하고 나섰다.

의회가 소집되자 볼리바르는 늘 그랬듯 대통령직 사임서를 제출했다. 그리고 이번에는 그 어느 때보다 단호하고 강한 어조로 물러날 뜻을 밝혔다.

지난 14년 동안 나는 공화국의 최고 수반이자 대통령이었습니다. 위기가 나를 이 직무로 이끌었고, 이제 그 위기가 사라진 지금 나는 개인의 삶으로 돌아가고자 합니다.

마지막은 다음과 같은 말로 연설을 마무리했다.

의회와 국민에게 간절히 요청합니다. 나를 단순한 시민의 신분으로 돌아갈 수 있도록 허락해 주십시오.

그의 사임에도 불구하고 누에바그라나다의 정치적 혼란은 가라앉지 않았다. 분리주의 정서는 날로 거세졌으며, 연방 내 갈등은 곧 헌정 위기로 비화했다. 누에바그라나다 공화국이 연방에서 이탈하게 될 경우 베네수엘라 출신인 볼리바르는 더 이상 대통령 자격을 유지할 수 없었다. 정적들은 이 허점을 교묘히 이용해 노골적인 적의를 드러내지 않고도 그를 정치적으로 배제할 수 있는 길을 찾아낸 셈이었다.

반대로 베네수엘라의 파에스와 그의 지지자들은 누에바그라나다 출신인 산탄데르가 다시 권좌로 복귀하는 것을 결코 용납하지 않았다. 양측은 서로의 출신 지역을 명분 삼아 상대를 정치에서 배제하려고 했고, 연방은 점차 위태로운 국면으로 치닫고 있었다.

설상가상으로 페루 리마에서는 반란이 일어났고, 과야킬에서도 유사한 사태가 벌어졌다. 연방의 통합이 근본부터 흔들리는 위기의 순간이었다. 이미 사임서를 제출한 상태였지만, 볼리바르는 다시금 조국의 혼란을 수습하기 위해 나섰다. 그는 자유가 무정부 상태로, 법치가 반란으로 대체되는 것을 막기 위해 자신을 바칠 준비가 되어 있었다.

볼리바르는 고향 카라카스를 떠났다. 살아서 다시는 고향으로 돌아올 수 없는 '마지막 작별'이었다. 1828년 7월 카리브 연안의 항구도시 카르타헤나에 도착한 그를 시민들은 따뜻하게 맞아 주었다. 그 순간 볼리바르는 문득 1812년을 떠올렸다. 오직 독립이라는 하나의 이상만을 품고 이곳에서 처음 항해를 시작했던 날이었다. 그로부터 15년의 세월이 흘렀고, 이제 다시 같은 항구에 서 있지만, 그가 이룩한 모든 것이 무너질 위기 앞에 놓여 있었다.

볼리바르가 분리주의 세력에 대한 군사적 대응을 준비하자 산탄데르와 그의 지지자들은 이를 조국과 정치적 자유에 대한 위협으로 규정했다. 누에바그라나다에서는 연방 해체와 더불어 베네수엘라와 맺은 기본 협정마저 폐기해야 한다는 주장을 노골적으로 내놓기에 이르렀다.

산탄데르는 끝까지 맞설 생각이었다. 가까스로 주변의 만류로 물러서기는 했지만, 거침없이 격한 분노를 쏟아내면서 볼리바르와 전쟁을 선포해야 한다고 주장했다. 심지어 자유가 박탈당할 바에는 차라리 스페인의 지배 아래 남아 있는 편이 더 나았을 것이라는 말까지 서슴없이 했다. 그가 보기에는 모리요가 볼리바르보다 더 나은 통치자처럼 보였다.

볼리바르는 이에 굴하지 않고 보고타를 향해 진격했다. 그러자 산탄데르는 과야킬에서 이미 헌정 질서가 회복되었기에 군사적 개입은 불필요하다는 전갈을 보냈다. 볼리바르는 사태의 본질을 꿰뚫고 있었다. 과야킬의 문제가 단지 한 지역만의 소요가 아니라 연방 자체를 뒤흔드는 분리주의의 전조였으며, 그 배후에는 산탄데르를 비롯한 정치 엘리트들의 암묵적 동의가 자리하고 있었다. 그는 주저하지 않고 진격을 계속했고, 마침내 1827년 9월 10일 보고타에 입성했다.

볼리바르는 누에바그라나다 의회의 공식 환영을 받았고, 대통령으로서의 취임 선서를 마친 뒤 연설을 했다. 그는 헌법에 따라 국정을 운영하고 의회가 정식으로 소집될 때까지 그란콜롬비아 연방의 자유와 통합을 수호하겠다고 천명했다.

산탄데르는 의례적인 인사만을 남긴 채 조용히 자리를 떠났다. 두 사람이 짧은 대화를 나누었으나 그것은 돌이킬 수 없는 관계 위에 던져진 마지막 인사에 불과했다. 볼리바르는 여전히 관용을 보였지만, 그 손길은 화해를 위한 제스처라기보다 떠나간 전우에게 바치는 마지막 예우에 가까웠다.

의회는 해방자에 대한 전적인 신임을 표명했고, 그가 지금까지 취한 모든 조치를 승인했다. 또 그란콜롬비아의 존속을 위해 필요한 새로운 조치를 취할 수 있도록 특별 권한을 부여했다. 더불어 1828년 3월 2일 누에바그라나다 북부 내륙 도시 오카냐에서 그란콜롬비아 전역의 대표들이 참석하는 전국 회의를 소집하기로 결의했다. 이 회의는 그란콜롬비아의 통합을 지켜낼 수 있는 마지막 희망이자 그란콜롬비아 연방의 미래와 해방자의 운명을 가를 중대한 분수령이 될 예정이었다.

➡ 오카냐 회의가 진행된 산프란시스코교회. 현재는 콜롬비아 북부 산탄데르에 있는 대공의회 박물관으로 국가기념물로 지정되었다.

오카냐 회의

볼리바르는 대표 선출을 앞두고 조국의 독립과 통합, 자유에 헌신하는 강한 애국심과 명예를 갖춘 인물을 선택해 달라고 간곡히 호소했다. 과야킬 지역에 대해서도 연방에서 이탈하지 갈 것을 요청했고, 다행히 그 지역에서는 분리 운동 세력이 무너지고 불온한 움직임도 진정되었다는 소식이 전해졌다. 그 외 지역에서의 소규모 반란들도 이내 진압되었고, 한때 긴장을 불러왔던 스페인군 침공설도 차츰 사그라들었다.

일정한 준비 작업을 거친 뒤, 오카냐에서 4월 9일에 회의가 공식적으로 시작되었다. 참석자들 가운데는 볼리바르의 강력한 지지자들뿐 아니라 가장 적대적인 인사들, 그리고 어느 쪽에도 속하지 않은 이른바 '중도파' 인물들이 뒤섞여 있었다. 회의는 곧 갈등과 수치스러운 논쟁의 장으로 얼룩졌고, 볼리바르는 정치적 기반이 불안정하고 이해관계만 앞세운 인물들이 한자리에 모인 이 회의가 자칫 국가적 파국으로 이어질 수 있다는 우려 속에 깊은 고통을 느꼈다. 그는 공화국이 무정부 상태로 전락할 가능성을 심각하게 경고했다. 회의에 공식 서한을 보내 국가의 존립과 질서 유지를 위한 책임 있는 결정이 그동안 전장에서 쓰러진 50만 명의 목숨에 보답할 수 있는 길이라고 역설했다.

> 법이 지켜지고 재판관이 존중받으며, 국민이 자유를 누릴 수 있는 정부를 우리에게 주십시오. 국민의 명령과 일반 의지를 침해하려는 그 어떤 시도도 단호히 제어할 수 있는 정부가 필요합니다. 콜롬비아의 이름으로 간청합니다. 국민을 위해, 군대를 위해, 사법과 행정의 질서를 위해 단호하고 흔들림 없는 정부를 허락해 주십시오.

볼리바르는 자신이 강력한 정부를 요청할 때마다 정적들이 개인적인 야망의 그림자를 드러내거나 혹은 엿보는 척할 것임을 누구보다 잘 알고 있었다. 실제로 산탄데르는 이 분위기를 활용해 즉각 볼리바르에 대한 정치적 공세의 기회로 삼았다. 하지만 그는 과거에도 원하기만 하면 모든 권력을 차지할 수 있는 수많은 순간에도 결코 사리사욕을 드러낸 적이 없었다. 그리고 지금처럼 조국이 중대한 위기에 처한 이 순간에도 자신의 명예를 해명하거나 야심을 부정하려는 시도조차 하지 않았다. 그에게 지금 필요한 것은 해명이 아니라 실행이었고, 자기를 변호하는 일보다 나라를 구하는 일이 더 시급했다.

비극의 전조

이 무렵 볼리바르는 한 친구에게 다음과 같은 글을 남겼다.

오카냐에서 채택되는 헌법이 내가 생각하는 콜롬비아의 현실에 부합하지 않는다면 나는 미련 없이 떠날 것입니다. 이제는 이 통치의 무게가 마음속 깊이 지겹기까지 합니다.

또 누이에게 보내는 편지에서는 이렇게 적었다.

저는 곧 베네수엘라로 떠날 생각입니다. 이 사실만큼은 누구보다 먼저 당신께 알리고 싶었습니다. 그리고 한 가지 간곡히 부탁드릴 것이 있습니다. 부디 저를 위해서든 당신을 위해서든 그 어떤 지출도 하지 말아 주십시오. 당신도 잘 아시겠지만, 지금의 저는 가진 것이 아무것도 없습니다.

시몬 볼리바르는 바로 이런 사람이었다.

오카냐 회의(Convención de Ocaña)에서 헌법 초안이 마련되자 볼리바르는 자신이 구상하던 국가의 방향성과 본질적으로 어긋난다는 사실을 직감했다. 그는 베네수엘라로 돌아갈 뜻을 굳혔으나 지지자들의 간곡한 만류로 잠시 더 머물기로 했다. 그러나 곧 볼리바르의 측근들조차 산탄데르와 그 지지 세력의 정치적 압박을 더 이상 감당할 수 없다고 판단하고 의회에서 집단으로 퇴장했다. 이미 일부 대표들이 사임한 상황이었기에 회의는 결국 의사정족수를 채우지 못한 채 사실상 무력화되었다.

6월 11일 볼리바르 측은 공식 포고문을 통해 오카냐 회의의 실패가 헌법 개정을 둘러싼 정치 세력 간의 극심한 대립으로 좌초되었다고 비판했다. 그리고 그란콜롬비아의 법적 지위에 관한 입장을 다음과 같이 공표했다.

> 1811년에 제정된 헌법은 여전히 유효하며, 현행 법률 또한 그대로 시행 중이다. 정부의 수장은 국민의 신뢰를 받는 해방자 대통령이다.

오카냐 회의가 공식적으로 폐회되자 볼리바르는 수도로 돌아가 공직에서 물러날 뜻을 밝혔다. 하지만 그의 퇴진은 내전을 의미했고, 이 혼란을 수습할 만한 인물은 어디에도 없었다. 이 위기 속에서 보고타의 고위 인사들이 긴급히 임시 평의회를 구성하고, 볼리바르에게 다시 권한을 위임하여 정국을 수습해 달라고 요청했다. 그리고 수도로 조속한 귀환을 촉구했다.

이 시점에서 볼리바르에게는 다른 선택지가 없었다. 그것은 단지 국민의 요구 때문만이 아니라 조국을 지키려는 자신의 양심이 내리는 마지막 명령이기도 했다. 그는 국가적 위기 극복을 위한 범위 내에서만 전권을 행사하겠다는 조건 아래 권한을 수락했다. 모든 중대한 사안은 반드시 자문과 숙의를 거쳐 결정하겠다는 입장도 분명히 했다.

보고타 시민들은 이례적일 만큼 열렬히 볼리바르를 환영했다. 이는 단순한 정치적 복귀에 대한 기대가 아니라 혼란 속에서 질서와 안정을 회복시켜 줄 그에게 거는 마지막 기대였다. 이에 대해 볼리바르는 공개적으로 자신은 언제나 공공의 자유를 수호하는 투사로 남을 것이라고 선언했다.

> 국민이 내게서 권력을 거두고 지휘권을 내려놓기를 원한다면 나는 기꺼이 그 뜻에 따르겠다. 그때는 나의 검을, 나의 피를, 나의 생명까지도 서슴없이 국민 앞에 바칠 것이다. 이것이야말로 지금 모든 고위 공직자들과 그보다 더 숭고한 국민 앞에 바치는 나의 신성한 맹세이다.

실제로 볼리바르는 자신에게 주어진 전권을 매우 신중하고 절제 있게 행사했다. 그는 군을 재편하고 해적 행위를 뿌리 뽑는 데 주력했다. 이를 위해 사략선 면허의 신규 발급을 금지하고, 기존 면허도 반납하도록 명령했다.

누에바그라나다 전역에서는 볼리바르가 국정을 맡아달라는 청원이 잇따랐고, 가장 작은 마을들까지도 한목소리로 그를 지지했다. 과야킬과 베네수엘라도 마찬가지였다. 모든 것이 안정된 듯 보였고 평화가 지속될 것처럼 느껴졌다.

볼리바르는 자신에 대해 '독재자'나 '최고 수반'이 아닌, 헌법에 따라 부여된 명칭인 '해방자 대통령'이라는 호칭만 사용했다. 그는 자문기구로 국무회의를 설치하고, 「쿠쿠타 헌법」이 보장한 기본권을 유지하겠다고 약속했다. 1830년 1월 2일에는 전국 대표자 회의를 소집해 새로운 헌법을 제정하겠다는 계획도 밝혔다. 그는 헌정 문서 전반에 걸쳐 독재라는 정치 형태에 대해 분명한 거부감을 드러냈다.

독재 아래에서 누가 감히 자유를 말할 수 있겠는가?

그는 이렇게 말하며 덧붙였다.

혼자 명령하는 자와 그 명령에 따를 수밖에 없는 국민, 서로를 위해 우리 모두 연민을 가져야 한다.

암살 시도

볼리바르는 이전과 다름없이 적에게조차 관대했다. 산탄데르는 그란콜롬비아의 워싱턴 주재 공사로 임명되었고, 국무회의는 볼리바르의 개인적 친분과 무관하게 능력과 애국적 헌신이 뚜렷한 인물이라면 주저 없이 중용했다.

그러나 산탄데르는 이러한 관용에 보답하기는커녕 오히려 해방자의 생명을 위협하는 음모를 조장하거나 방조했다. 1828년 9월 25일 밤 무장한 자들이 볼리바르의 보고타 관저를 급습했다. 목표는 단 하나, 해방자의 암살이었다. 경비병들은 허를 찔렸고, 일부는 중상을 입거나 즉사했다. 침입자들은 곧장 그의 침실로 돌진했다.

볼리바르는 끝까지 맞서려 했지만, 곁에 있던 이들의 만류로 무장을 거두고 창문을 넘어 거리로 몸을 던졌다. 공모자들은 "폭군에게 죽음을! 산탄데르와 「쿠쿠타 헌법」 만세!"를 외치며 그를 뒤쫓았다. 이 과정에서 아일랜드 출신 부관 윌리엄 퍼거슨(William Owen Ferguson) 대령은 끝까지 상관을 지키기다가 끝내 목숨을 잃었다. 그 외에도 여러 명이 희생되었다.

관저는 곧 반란 세력에 의해 점령되었고, 진압 병력이 시내 중심 광장에 집결해 방어를 준비했다. 도시 곳곳에서는 충돌이 벌어졌고, 해방자가 살해되었다는 소문이 퍼지면서 공포와 절망이 뒤섞인 밤이 이어졌다.

그러나 볼리바르는 살아 있었다. 그리고 자신의 살아남았다는 사실보다 조국을 위해 바쳐온 18년 세월에 대한 보답이 이렇게 돌아왔다는 현실에 더 큰 고통을 느꼈다. 잠시 후 시내를 지나던 병사들이 반란군이 패퇴했다는 소식을 나누는 모습을 보고는 조용히 그들 곁에 섰다. 이어 병영에 자신의 생존을 직접 알렸다. 그를 본 장병들은 눈물과 환희 속에 해방자를 맞이했다.

볼리바르는 결연한 자세로 대응에 나섰다. 자신에게 위임된 전권을 공식적으로 행사하겠다는 포고령을 발표했다. 비록 정세에 따라 신중하게 그 권한을 조율하겠다고 밝혔지만, 이 사건은 그의 생애에 가장 깊은 상처로 남았다.

나는 이미 살아 있는 시체와 다름없소. 단검이 이 가슴에 꽂혔소. 이것이 내가 콜롬비아

➡ 1828년 9월 25일 보고타에서 일어난 시몬 볼리바르에 대한 암살 시도 때 볼리바르가 도망친 산 카를로스궁전의 창문.

와 아메리카의 독립을 위해 바친 헌신에 대한 보답이란 말입니까? 내가 자유에게, 그리고 그들에게 무슨 죄를 지었단 말입니까? 이 모든 비극은 산탄데르로부터 비롯된 것이오. 그러나 … 나는 관용을 베풀겠습니다.

음모에 가담한 자들 가운데 상당수는 사형을 선고받았고, 그 속에는 산탄데르 역시 포함되어 있었다. 그러나 볼리바르는 끝내 그 판결을 집행하지 않고 추방형으로 낮추었다. 산탄데르는 이후에도 자신에 대한 사형 선고가 부당하다고 주장했으며, 실제로 그가 음모에 어느 정도까지 연루되었는지는 끝내 명확히 밝혀지지 않았다. 그날 밤 칼을 들었던 자들이 받은 가장 무거운 형벌은 아마도 국민 모두의 한결같은 분노와 비난이었을 것이다.

19장

무너지는 볼리바르의 이상

1829 − 1830

페루의 침공

볼리바르의 가슴에 남은 상처는 끝내 치유되지 못했다. 육체는 날이 갈수록 쇠약해졌지만, 나라 전체가 여전히 심각한 위협 속에 있었기에 권좌를 내려놓을 수도 없었다.

그 무렵 볼리비아에서는 수크레가 페루계 인사들의 정치적 음모에 휘말려 부상을 입고 자신이 통치하던 땅을 떠나야 했다. 그는 볼리비아를 떠나기에 앞서 의회에 보낸 마지막 메시지에는 수크레 특유의 관용과 품위를 잃지 않았다.

나는 지금 외세의 선동으로 부러진 팔을 안고 이곳을 떠납니다. 이 팔은 한때 아야쿠초에서 아메리카 독립전쟁을 종결지었으며, 페루의 사슬을 끊어내고 볼리비아의 탄생을 이끌었습니다. 하지만 나는 이 어려운 상황에서도 양심에 부끄러움이 없다는 사실에 위안을 느낍니다. 나의 통치는 언제나 관용과 인내 그리고 온정에 바탕을 두고 있었습니다.

그의 말은 결코 과장이 아니었다. 페루는 실제로 볼리비아를 침공했으며, 나아가 그란콜롬비아를 직접 공격했다. 볼리바르는 서둘러 원정군 조직했고, 아야쿠초 전투에서 혁혁한 전공을 세운 호세 마리아 코르도바 장군에게 지휘를 맡겼다. 자신도 직접 출정할 채비를 서둘렀다.

행정적 사안을 정리한 뒤 남쪽을 향해 길을 나섰다. 그러나 건강은 이미 눈에 띄게 나빠지고 있었고, 말에 오르는 것조차 버거울 지경이었다. 그는 자신의 삶이 얼마 남지 않았음을 알고 있었지만, 남은 시간마저 조국을 위해 바치기로 결심했다. 그에게 복수는 관심사가 아니었다. 페루에서 자신을 모욕하고 음해했던 이들을 벌하고자 한 것이 아니라 외세의 침략 앞에서 그란콜롬비아의 영토와 명예를 지키는 것이 목적이었다.

볼리바르는 언제나 그랬듯 평소의 방식대로 우선 외교적 해결을 시도했다. 그는 부관 오리어리(Daniel Florence O Leary) 대령을 페루에 보내 우호적인 의사를 타진했으나 페루 정부는 아무런 답변조차 하지 않았다.

1829년 1월 페루군은 8천 명이 넘는 정예 병력으로 과야킬과 그 인근 지역을 점령하며 일정 부분 전과를 거두었다. 반면 그란콜롬비아군은 6천 명 규모로 수적 열세에 놓여 있었지만, 지휘관은 볼리바르 이후 라틴아메리카 최고의 장군이라 불리는 수크레였다. 수크레는 2월 한 달 동안 두 차례에 걸친 격전 끝에 페루군을 격퇴하며 전세를 뒤집었고, 결정적 승리 이후 휴전 협정을 제안했다. 페루 측은 그란콜롬비아와 페루 간의 국경 문제에 대해 공동위원회를 통해 해결하는 데 동의했다. 또한 양국은 서로의 내정에 일절 간섭하지 않으며, 과야킬은 그란콜롬비아에 반환하는 조건으로 제안을 수용했다.

한편, 페루군을 이끌었던 인물은 라마르(José de la Mar)로, 페루 내 대표적인 반 콜롬비아파의 지도자였다. 같은 시기 파스토에서는 원주민들이 또다시 그란콜롬비아에 반기를 들었으나, 단 한 방울의 피도 흘리지 않고 진압되었다. 항복했다는 보고를 받은 볼리바르는 키토로 향했고, 그곳에서 오랜 세월 떨어져 있던 수크레와 마침내 재회했다.

아야쿠초의 위대한 원수가 보여 준 변함없는 우정은 온갖 배신과 고통으로 가득 찬 볼리바르의 마음에 잠시나마 위안이 되었다. 그 자리에서 볼리바르는 아무 말도 하지 못했고, 그저 눈물로 자신의 감정을 드러냈다.

이 무렵 베네수엘라의 파에스로부터 9월 25일의 암살 미수 사건과 관련해 자신은 충성을 저버린 적이 없다는 해명이 담긴 선언문을 받았다. 파에스는 과거 볼리바르에게서 받은 검을 언급하며 이렇게 말했다.

➜「호세 데 라마르(José de La Mar)」

그 검은 언제나 볼리바르의 검이지, 제 것이 아닙니다. 그분의 뜻이 닿는 곳이라면 제 팔은 그 뜻을 따를 것입니다.

그런데 라마르는 사소한 구실을 내세워 과야킬의 반환을 거부했으며, 오히려 군을 재편하고 전력을 증강하기 시작했다. 볼리바르는 또 한 번의 충돌에 대비해 군사적 준비에 착수하는 한편, 비공식 경로를 통해 휴전 협정을 이행하라고 조용히 압박했다. 그리고 과야킬로 진격했고, 마침내 단 한 발의 총성도 없이 그란콜롬비아가 잃었던 영토를 되찾는 데 성공했다.

당시 페루 내에서는 이 전쟁의 책임을 둘러싼 여론이 급격히 악화되었고, 결국 라마르는 지휘권을 박탈당하고 국외로 추방되었다. 그가 추방되자 페루는 이전과 달리 그란콜롬비아에 대한 호의를 드러내기 시작했고, 양국 관계도 빠르게 회복되었다. 라마르는 망명지에서 쓸쓸히 생을 마감했으며, 그를 기억하는 이는 아무도 없었다.

코르도바의 반란

볼리바르는 과야킬에서 중병을 얻어 생명이 위태로웠다. 육신은 이미 무너지고 있었고, 끊이지 않는 비방과 음해로 인해 그의 영혼까지 지치게 만들었다.

1815년 영국령 자메이카 총독 맨체스터 공작(5th Duke of Manchester, William Montagu)은 그를 두고 '기름을 소진한 불꽃'이라고 비유한 바 있었는데, 이제 그 말이 점점 현실이 되고 있었다. 그럼에도 볼리바르는 8월 31일 간신히 회복된 몸을 이끌고 다시 정치 전면으로 나섰다.

그는 국민에게 다음 헌법제정회의에서 채택되는 정부 형태와 헌법에 대해 자유롭게 의견을 표명해 달라는 유명한 공개서한을 발표했다. 병상에서 일어선 뒤 키토로 가면서 남부 지방의 행정 제도를 개편하는 데 힘썼다. 10월 말에는 다시 수도 보고타를 향해 길을 나섰다.

바로 그때 또 하나의 어두운 소식이 들려왔다. 코르도바 장군이 야망에 이끌려 볼리바르에게 반기를 들고 나선 것이다. 그는 누에바그라나다와 베네수엘라의 분리 독립을 주장했다. 또한 볼리바르가 이제는 노쇠하여 더 이상 지휘권을 행사해서는 안 된다며 목소리를 높였고, 파에스와 마리뇨 등과 손잡고 정치적 동맹을 시도하기도 했다.

볼리바르는 그 소식을 접하자마자 직접 코르도바를 만나서 무너진 우정을 회복하기 위해 애썼다. 한때 아야쿠초의 영웅이라 불렸던 이 뛰어난 장군이 은혜를 저버리고 자신의 명예를 더럽힐 만큼 경솔하지 않을 것이라 믿고 싶었다. 그러나 코르도바의 배신은 현실이었고, 「쿠쿠타 헌법」을 앞세워 반란의 깃발을 들면서 볼리바르를 '국가의 폭군'으로 비난했다. 코르도바는 급조된 병력을 이끌고 무장봉기에 나섰지만, 오리어리 대령의 부대에 의해 진압되었다. 결국 전투 중 입은 치명적인 부상으로 인해 전사했다.

➡ 「승자의 발걸음(Paso de Vencedores)」 프란시스코 안토니오 카노, 1916년, 군사사관학교, 보고타. 아야쿠초 전투에서 그란콜롬비아 군대를 이끄는 호세 마리아 코르도바 장군을 묘사한 그림. "¡A paso de vencedores!"는 아야쿠초 전투에서 승리한 코르도바가 한 말로 유명하다.

호세 마리아 코르도바(José María Córdova Muñoz)는 1799년 누에바그라나에서 태어난 젊고 부유하고 뛰어난 재능을 갖춘 매력적인 인물이었다. 그는 용감했고 총명했으며, 한때는 볼리바르의 가장 믿음직한 장군 중 한 사람이었다. 그러나 그의 배신과 반란은 아메리카 역사에서 가장 쓰라린 비극 가운데 하나로 기록되었다. 이 사건은 볼리바르의 내면에 또 하나의 깊은 상처를 남겼다. 볼리바르가 이것을 드러내지는 않았지만, 이 마지막 배신이 분명 그를 다시 죽음을 향해 한 발짝 더 내몰았다.

외부 세계의 찬사

이 시기 볼리바르에게는 어느 정도 위안이 되는 일도 있었다. 프랑스에서 파견된 특별 사절단이 남미의 위대한 인물에 대한 존경을 표하기 위해 보고타로 찾아온 것이다. 프랑스 사절 브레송(Charles-Joseph Bresson)은 내각에서 다음과 같이 연설했다.

> 우리는 곧 볼리바르 장군을 만나 그의 이름이 얼마나 깊은 존경을 받고 있는지 직접 전하고자 합니다. 프랑스는 그가 위대한 장군으로서의 자질뿐 아니라 정치적 재능과 미덕을 지닌 지도자로서 깊이 존경합니다. 그의 정치적 역량은 독립과 질서를 수호하고, 이 나라의 자유를 위해 자신의 운명을 걸었다는 점에서 더욱 빛납니다.

볼리바르에 대한 유럽의 찬사는 일치했다. 영국 또한 그를 '아메리카 위대한 영웅'으로 높이 평가했다. 1828년 3월 영국의 외무장관인 더들리 백작(John William Ward, 1st Earl of Dudley) 외무장관은 콜롬비아 주재 영국 임시공사 캠벨(Patrick Campbell)에게 보내는 편지에 이렇게 적었다.

콜롬비아와 그 인근 지역이 모국으로부터 분리된 이후 일어난 일련의 사건들을 지켜본 결과, 볼리바르 장군의 공로와 업적으로 인해 그가 동료 시민들의 감사와 외국의 존경을 받을 만한 자격이 있다는 것을 확신한다.

볼리바르가 남부에 머무는 동안 내각은 조심스럽게 군주제 도입을 추진하기 시작했다. 내각이 그에게 보낸 서한에는 국민의 불안정한 상태와 미래에 대한 대비가 필요하다는 내용으로 '군주제(monarquía)'라는 표현은 의도적으로 피하고 있었다.

이에 대해 볼리바르는 부분적으로 동의하면서도 베네수엘라와 누에바그라나다 간의 적대적 대립으로 인해 정부의 안정은 더 이상 불가능하다고 판단했다. 또 다가올 내란을 막기 위해서라면 차라리 국가를 합법적이고 평화로운 방식으로 분할하는 것이 더 바람직하다고 선언했다. 다만 외국의 군주를 데려오는 것에 대해서는 단호히 반대하면서 더 이상 고통과 배신을 견디며 공직을 맡는 것에 지쳤다고 토로했다.

그러면서도 과거 과야나에서 제안했던 의견-다른 대안이 없다면 종신 대통령제와 세습 상원제를 도입하는 것-을 다시 거론하면서 그것이 유일한 대안이 될 수도 있음을 시사했다.

오리어리에게 보낸 편지에서도 이렇게 밝혔다.

나는 이 나라에서 군주제 수립의 가능성조차 상상할 수 없다. 콜롬비아는 헌법상 민주주의 국가이며, 그 권리를 원하고 있는 국민 대다수의 의지가 그 사실을 증명한다. 법적 평등은 신체적 불평등을 보정할 수 있는 필수 조건이다. 그리고 콜롬비아에서 누가 왕이 될 수 있겠는가? 아무도 없다. 외국의 왕자라 해도 위험과 가난에 둘러싸인 이 왕좌를 맡으려 하지 않을 것이다. 게다가 장군들은 동료에게 복종하거나 최고 권한을 스스로 포기하는 것에 대해 수치로 여길 것이다.

볼리바르는 군주제 아이디어를 헛된 몽상이라고 단언하면서 더 이상 그 문제가 논의되지 않기를 바란다고 썼다. 또한 의회가 소집되든 말든 이제 권력을 포기할 결심을 굳혔다고 선언했다.

볼리바르는 1830년 1월 15일 보고타에 도착해 수크레의 주재로 의회가 본격적으로 활동을 개시하는 것을 지켜보았다. 그리고 개회 선언과 동시에 그는 공직에서 자신의 모든 의무가 끝났다고 생각했다. 이에 대한 단호한 어조의 선언문을 발표했는데, 선언문은 이렇게 끝맺고 있다.

> 동포들이여, 나의 마지막 말을 들어주십시오. 콜롬비아의 이름으로 간청합니다. 항상 단결하십시오. 조국이 죽음에 이르게 하지 않도록, 그리고 여러분 스스로 죽음에 이르지 않도록!

그에게 여러 차례 왕관이 제안되었으나 충성스러운 공화주의자로 남기 위해 분노와 함께 거절했다고 밝혔다. 또 의회에 보낸 메시지에서도 자신을 대신할 인물이 선출되면 기꺼이 그를 따르고 도울 것이라고 약속했다.

> 공화국은 이제 행복할 것입니다.

볼리바르는 말했다.

> 이제 의회가 저의 사임을 수락하고 국가의 사랑을 받는 시민을 대통령으로 임명한다면 우리 공화국은 번영할 것입니다. 그러나 만약 저에게 계속

지휘하라고 강요한다면 공화국은 멸망할 것입니다. … 오늘부터 저는 일개 시민일 뿐입니다. 국가를 지키고 정부에 복종하는 무장한 시민입니다. 저의 공직은 영원히 끝났습니다. 저는 국가의 의지가 저에게 부여한 최고 권한을 이제 여러분에게 넘깁니다.

파국 그리고 쓸쓸한 퇴장

볼리바르가 8월 31일 과야킬에서 발표한 공개서한이 베네수엘라의 파에스에게 전해지자 사태는 악화되었다. 그는 이것을 명분으로 그란콜롬비아 연방에서 베네수엘라가 탈퇴를 요구하는 시위를 조장했다. 특히 분리주의 정서가 강했던 발렌시아에서는 볼리바르의 추방을 요구하는 목소리가 거세게 일었다.

파에스의 영향력이 미치는 지역에서 볼리바르의 권위가 급속하게 무너졌고, 파에스에게 국가 최고 권한을 주자는 주장이 점차 힘을 얻기 시작했다. 언론은 볼리바르를 폭군이자 위선자로 낙인을 찍었고, 그를 추방하자는 여론 또한 거세게 일었다. 결국 파에스는 공개적으로 카라카스에서 볼리바르에 대한 반란을 승인하고, 볼리바르와의 결별을 선언했다. 이에 따라 베네수엘라는 독립 국가로 선포되면서 새로운 내각이 구성되었고, 발렌시아에서 헌법 제정을 위한 의회가 소집되었다.

파에스는 전쟁 준비를 위해 전쟁 자금을 요청하는 한편, 볼리바르에게 서신을 보내 베네수엘라 국민의 뜻을 거스르지 말라고 경고했다. 심지어 베네수엘라는 볼리바르보다 차라리 스페인을 택할 준비가 되어 있다고 도발했다.

그란콜롬비아 의회는 볼리바르에게 무정부 상태를 진압하고 헌법이 공포되어 국가수반이 선출될 때까지 권력을 행사해 달라고 요청했다. 볼리바르는 이를 수락하고 즉시 베네수엘라와 타협을 시도했다. 하지만 파에스는 면담 요청조차 거절했다. 과거 볼리바르에게 받은 해방자의 검을 되려 그를 향해 뽑아 든 것이다.

그란콜롬비아 의회는 헌법위원회를 구성했고, 볼리바르는 새로 제정되는 헌법의 의도와 내용을 베네수엘라에 설명하기 위해 평화 사절단 파견을 제안했다. 사절단에는 수크레 장군과 의회 부의장도 포함되었다. 그들의 임무는 헌법이 전적으로 공화주의에 근거하고 우호적인 합의를 원한다는 의회의 입장을 베네수엘라 국민에게 전하는 것이었다. 수크레는 베네수엘라 정세를 고려할 때 긍정적인 결과를 기대하기 어렵다고 솔직히 인정했다. 채택된 헌법 초안에는 다음과 같은 내용을 담고 있었다.

> 공화국은 기본법에 따라 단일국가로 정의된다. 정부는 국민에 의해 선출되는 방식으로, 임기는 8년으로 정한다. 입법권은 상원, 하원, 행정부로 분할되며, 공화국 대통령을 보좌할 국무위원회가 설치된다. 국무위원회는 반역을 제외하고 별도의 책임을 지지 않으며, 내각의 각료들이 그 책임을 진다. 또한 지역의 이익을 대표하기 위한 지방 의회가 창설되며, 개인의 권리는 보장된다.

한편 볼리바르는 9월 25일의 음모 사건으로 망명한 이들을 사면하고 다시 한번 관용을 베풀었다. 그러나 건강 악화를 이유로 의회에 사임을 요청하고, 의회의 승인을 받은 후 요양을 위해 시골로 떠났다.

그가 다시는 대통령직에 오르는 일은 없었다. 후임자로는 도밍고 카이세도(Domingo Caicedo) 장군을 임명했다. 카이세도는 매우 온화하고 애국심이 깊은 인물로, 대립하는 정치 세력들을 중재하는 데 적임자로 평가

되었다.

평화 사절단은 베네수엘라 영토에 들어가지도 못한 채 국경에서 파에스가 보낸 대표들과 회담을 진행했다. 대표들 가운데는 마리뇨도 포함되어 있었다. 파에스는 볼리바르가 누에바그라나다를 억압하고 있으며, 이제는 단순히 베네수엘라의 독립뿐 아니라 그란콜롬비아 전체를 '압제자'로부터 해방시키는 투쟁을 벌이겠다고 주장했다. 하지만 실상은 그의 개인적 야망이 본질이었다.

결국 회담은 결실 없이 끝났고, 대표단도 철수했다. 파에스는 볼리바르를 비난하는 포고문을 잇달아 발표했다. 시골에서 요양 중이던 볼리바르는 사태 수습을 위해 다시 보고타로 돌아가야 했다. 그는 내각의 장관들과 가까운 이들에게 상의했지만, 뚜렷한 결론은 나지 않았다. 일부 의원들은 그를 헌법상 대통령으로 선출하려 했으나 다른 의원들의 격렬한 반대가 뒤따랐다. 많은 동료마저도 그의 최후가 얼마 남지 않았음을 알고 해방자의 곁에서 떠나갔다.

볼리바르는 이제 자신이 해야 할 최선의 길은 권력에서 물러나는 것뿐 아니라 자신이 깊이 사랑하고 그토록 헌신해 온 이 나라에서 떠나는 것임을 확신했다. 결국 1830년 4월 27일 그란콜롬비아 의회에 공식적으로 최종 사임 의사를 통보하면서 이렇게 말했다.

> 나의 존재가 조국의 행복을 가로막는 걸림돌이 되지 않기 위해 나에게 생명을 준 이 땅을 영원히 떠나는 것마저 감수해야 한다고 확신하게 되었습니다.

3일 뒤 의회는 그의 애국적이고 사심 없는 결단에 공식 찬사를 보냈다. 그란콜롬비아 국민은 그를 영원히 기억하고 기릴 것이며, 이 나라의 건국자이자 가장 위대한 이름으로 후세에 전해질 것이라고 약속했다.

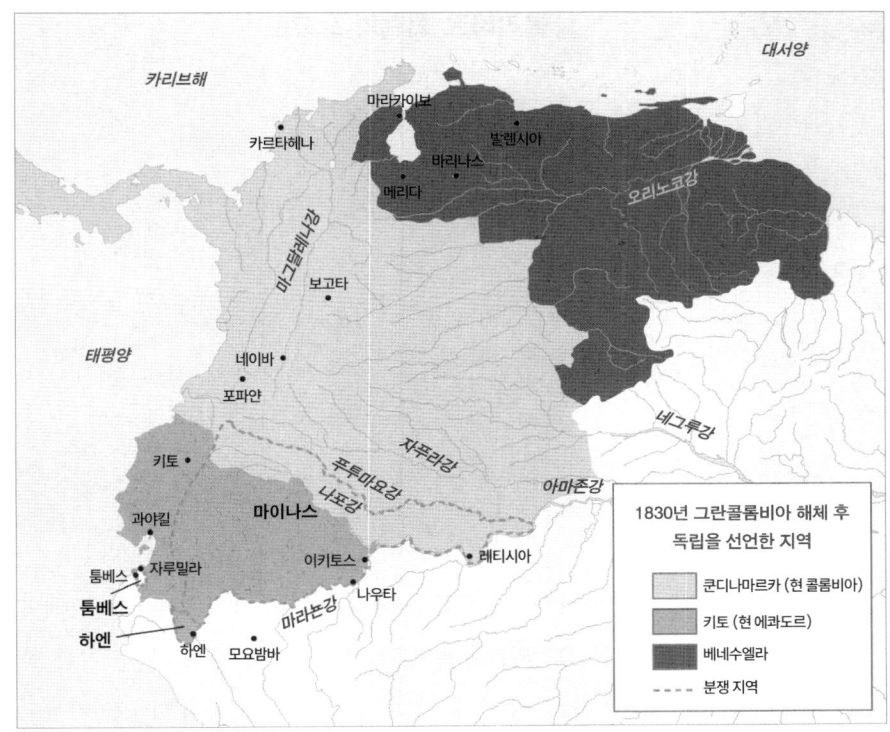

➔ 1830년 그란콜롬비아가 해체된 후 생겨난 베네수엘라, 쿤디나마르카(현 콜롬비아), 키토(현 에콰도르).

20장

볼리바르 최후의 포고문
1830

친구와 적

볼리바르는 자메이카나 유럽으로 떠나기 위해 카르타헤나로 갈 채비를 했다. 깊은 상실감과 외로움에 시달리던 그에게 키토에서 도착한 한 통의 편지가 잠시 위로를 주었다. 키토의 저명한 인사들이 자국을 거처로 삼아달라고 요청하며 그에 대한 존경과 찬사를 전하고 있었다.

> 이곳으로 오십시오. 우리 마음속에 살면서 아메리카의 천재이자 세계의 해방자인 당신이 마땅히 누려야 할 감사와 존경을 바치게 해 주십시오.

키토의 주교 라파엘 라소(Rafael Lasso) 몬시뇰 역시 성직자들을 대표해 같은 내용의 요청을 담은 서한을 보냈다. 그러나 볼리바르는 이 초청을 정중히 거절했다.

1830년 5월 3일 「그란콜롬비아 헌법」이 공식적으로 인준되었으며, 다음 날인 5월 4일에 호아킨 모스케라(Don Joaquín Mosquera)와 도밍고 카이세도 장군이 각각 대통령과 부통령으로 선출되었다. 볼리바르는 이 결과에 대해 만족감을 표하며, 다음과 같은 말을 남겼다.

➡ 1821~1831년 사용된 그란콜롬비아의 국기.

> 내가 오랫동안 갈망해 온 사생활로 돌아가게 되었습니다. 단약 의회는 내가 헌법과 법률에 복종하고 있다는 확실한 증거 원한다면 나는 무엇이든지 기꺼이 따를 준비가 되어 있습니다.

볼리바르는 관저를 떠나 시내의 한 소박한 민가로 거처를 옮겼다. 그곳에서 보고타의 주요 시민들로 이뤄진 대표단이 찾아와 특별한 문서를 전달했다.

> 당신은 우리 미래의 행복을 위한 토대를 마련했습니다. 그러나 당신은 그 행복에 걸림돌이 되지 않고자 스스로 최고 권력을 내려놓았습니다. 이처럼 고귀하고 관대한 결단으로 인해 당신은 영웅보다 더 위대한 존재가 되었습니다.
> 역사에는 용감한 군인과 운이 좋은 장군들의 이야기로 가득하지만, 그것을 아름답게 만드는 것은 오직 워싱턴이나 볼리바르 같은 이들의 업적 덕분입니다. 비록 이제는 당신이 사적인 삶을 살아가더라도 우리는 당신에 대한 변함없는 존경을 보여 드릴 것이며, 당신의 공로와 헌신을 언제

까지나 기억할 것입니다. 당신의 이름은 우리 자녀들에게도 경외심과 감사하는 마음으로 불리게 될 것입니다.

이 문서는 1830년 5월 5일 대통령을 대신해 카이세도 부통령과 보고타의 대주교 그리고 장관들과 2천 명의 주요 시민들이 서명하여 작성된 것이었다.

3일 뒤 볼리바르는 보고타에서 출발했다. 거리에는 10킬로에 걸쳐 각료들, 외교 공사들, 다수의 군인과 시민들 그리고 외국인 공동체들의 배웅을 받으며 도시를 나섰다. 다음 날 그란콜롬비아 의회는 볼리바르에게 경의와 감사를 표하는 결의안을 통과시켰다. 이 결의안에는 그란콜롬비아의 이름으로 그에게 존경을 바치는 동시에 그가 어디에 거주하든 항상 그란콜롬비아의 제1시민으로 마땅한 존경과 예우를 받을 것이며, 1823년 의회가 볼리바르에게 지급하기로 결정된 연금 3만 페소를 평생 지급할 것을 명시했다.

아이러니하게도 고통으로 가득 찬 이 위대한 인물에게 있어 가장 비극적인 사실은 그 연금이 절실히 필요했다는 점이다. 그해 3월 은식기를 팔아 여비를 마련했으나 그마저도 충분하지 않았다.

카리브해로 향하는 길에서 그가 들르는 모든 도시마다 열렬한 환영이 이어졌다. 그는 시민들에게 법을 존중하고 정부에 복종할 것을 당부했다. 점차 그의 삶은 궁핍해졌고, 베네수엘라에 남아 있는 그의 재산은 거의 사라진 상태였다. 상속받은 유산은 각종 소송에 휘말려 있어서 실질적으로 의지할 수 있는 재산은 거의 없었다. 카르타헤나에서 출항할 계획이었지만, 자금 부족으로 배를 구할 수조차 없었다. 결국 카라카스에 있는 친척들에게 도움을 요청했지만, 그 시도마저 실패로 돌아갔다.

수크레의 암살

카르타헤나에 머무는 동안 볼리바르는 그란콜롬비아의 통합과 자신을 국가의 수반으로 옹립하기 위해 각지에서 반란이 일어난다는 소식을 들었다. 하지만 그는 어떠한 요구에도 일절 응하지 않았고, 가난 속에서 조용한 삶을 이어갔다.

그 와중에 비통한 소식을 접하게 되었다. 그의 오랜 동지이자 사랑하는 친구이며, 피친차와 아야쿠초의 영웅인 안토니오 호세 데 수크레가 암살되었다는 소식이었다. 1830년 6월 4일 키토로 향하던 중 베루에코스(Berruecos) 산길에서 매복 중이던 자들에게 피격되어 즉사했다. 그날은 홀로 말을 타고 길을 가고 있었는데, 암살자의 총탄이 정확히 그를 꿰뚫었다. 뒤따르던 호위병이 현장에 도착했을 때는 이미 숨진 뒤였다. 그의 시신은 그날 오후부터 밤새도록 방치되었다가 다음 날 아침 병사들에 의

➡ 「베루에코스에서 수크레의 암살(Muerte de Sucre en Berruecos)」 아르투로 미켈레나, 1895년, 국립미술관, 카라카스.

해 숲속에 조용히 묻혔다.

수크레는 라틴아메리카 독립전쟁의 모든 인물 가운데에서도 가장 고결하고 순수한 정신을 지닌 인물이며, 누구에게도 원한을 살 만한 이유가 없는 사람이었다. 그래서 더욱 이 소식은 어쩌면 볼리바르에게 가해진 마지막 일격이었을지 모른다.

수크레의 암살 소식을 들은 날 볼리바르는 심한 감기 증세를 보였고, 이를 대수롭지 않게 여기며 방치했다. 그러나 감기는 그의 연약한 몸속에 오랫동안 잠복해 있던 치명적인 질환으로 악화되었다. 그는 수크레의 암살 소식이 자신의 심신을 심각하게 동요시켰다고 말했다. 실제로 그날 이후 그는 정신적으로나 육체적으로 눈에 띄게 쇠약해졌다.

베네수엘라 역시 그의 심장 깊숙이 단검을 찔러 넣었다. 베네수엘라가 연방에서 탈퇴하기로 한 이후 베네수엘라 의회는 다음과 같이 결의했다.

> 시몬 볼리바르 장군이 옛 콜롬비아 영토 내에 머무는 한 베네수엘라와 누에바그라나다 사이에는 어떤 교섭도 이루어질 수 없다.

심지어 한 의원은 베네수엘라와 누에바그라나다 사이의 관계 개선을 위한 조건으로 볼리바르를 그란콜롬비아 전 영토에서 추방해야 한다는 안건을 제안했고, 이 제안은 그대로 채택되었다.

한때 그를 따르던 자들은 이제는 병들어 죽어가는 해방자의 적이 되어 있었다. 이러한 변화는 결국 파에스의 야망, 그를 지지하는 자들의 음모, 그리고 이상주의적인 공화주의 원칙이 그란콜롬비아의 현실적 문제를 해결할 수 있다고 믿은 순진한 자들로 인한 것이었다.

최후의 포고문

그란콜롬비아의 대통령 호아킨 모스케라는 재임 중 수많은 실정을 거듭한 끝에 결국 국민의 신뢰를 잃고 보고타에서 추방되었다. 국정은 카이세도 부통령에게 일시적으로 넘어갔으나 곧 군부가 쿠데타를 일으켜 대통령과 부통령을 축출한 뒤 볼리바르를 공화국의 최고 통수권자로 선언하고 그에게 전권을 부여했다.

볼리바르의 오랜 동지이자 늘 함께했던 우르다네타 장군이 임시로 정권을 위임받아 내각을 구성하고 해방자를 맞이하기 위해 사절단을 카르타헤나로 파견했다. 국내외 여러 인사들도 볼리바르에게 편지를 보내 그가 보고타로 돌아와서 공공질서를 회복해 달라고 간청했다. 각국의 외교 사절들은 볼리바르야말로 평화를 보장할 수 있는 유일한 인물이라며 권력을 수락할 것을 권유했다.

한편 볼리바르는 군사 정권의 지도자로 추대되는 것을 거부했고, 반란 세력을 단호히 비난했다. 우르다네타에게 보낸 편지에서는 이렇게 밝히고 있다.

> 나와 대통령직 사이에는 청동으로 만든 벽이 있으며, 그 벽이 바로 법이다.

볼리바르는 자신의 입장을 직접 전달하기 위해 오리어리 장군을 임시 의회에 파견해 청원권이라는 합법적 절차만이 유일하게 허용되는 정치 수단임을 강조했다. 그리고 국민 다수의 자유로운 의사에 따라 선출되지 않는 이상 어떤 공직도 맡지 않을 것임을 거듭 천명했다.

그가 남긴 마지막 공식 입장은 다음과 같은 문장으로 요약된다.

> 합법성의 원천은 국민의 자유로운 의지에 있으며, 폭력에 의한 반란이나 지지자들 간의 투표는 아니다.

카르타헤나를 떠난 볼리바르는 소레다드(Soledad)를 지나 바랑키야(Barranquilla)로 향했다. 그곳에서 10월과 11월을 보내면서 자신이 해방한 베네수엘라에서 날마다 들려오는 치욕적이고 절망적인 소식만 접하고 있었다. 반면 그를 여전히 지지하는 다른 지역의 목소리는 점점 멀어졌다.

누에바그라나다에서는 볼리바르가 다시 공화국의 통치자가 되기를 바라는 여론이 지배적이었다. 에콰도르는 그를 '조국의 아버지'이자 '남부 콜롬비아의 수호자'로 선언했다. 볼리비아 정부는 그가 유럽으로 떠난다는 소식을 듣고 그를 교황청 주재 대사로 임명할 계획을 세웠다. 그럼에도 볼리바르는 마지막 여정을 준비하고 있었다.

친구들은 산타마르타에서 요양할 것을 권유했고, 주치의도 그곳이 건강을 회복하는 데 도움이 될 것이라며 찬성했다. 1830년 12월 1일 산타마르타에 도착했을 때는 스스로 걷지 못해 의자에 실려 움직일 정도로 쇠약해져 있었다. 프랑스인과 미국인 의사들의 진찰을 받고 산타마르타 인근의 산페드로 알레한드리노(San Pedro Alejandrino)라는 시골의 농장으로 옮겨졌다. 그곳에서 잠시나마 병세가 호전되는 듯했다.

12월 10일 뇌 울혈의 증상이 나타났으나 곧 사라졌다. 같은 날 볼리바르는 자신의 유언장을 작성했다. 시민들에게 마지막으로 남기고 싶은 말을 담아 '최후의 포고문'을 발표했다.

콜롬비아인들이여, 그대들은 내가 자유를 위해 폭정이 지배하는 이 땅에서 싸운 노력을 직접 보았습니다. 나는 사리사욕 없이 일했으며, 내 재산과 안위를 모두 포기했습니다. 그리고 그대들이 나의 결백을 더 이상 믿지 않는다고 느꼈을 때 나는 사심 없이 지휘권을 내려놓았습니다. 나의 적들은 그대들의 순진함을 이용하여 내가 가장 신성하게 여기는 명예, 곧 자유에 대한 사랑을 모독하고 짓밟았습니다. 나는 그들의 박해 가운데 무덤의 문턱까지 이르게 되었습니다. 그러나 나는 그들을 용서합니다.

그대들의 곁을 떠나며 나는 사랑으로 마지막 유언을 남기고자 합니다. 내가 바라는 유일한 영광은 콜롬비아 공화국의 통합이 실현되는 것입니다. 우리 모두는 그 무엇보다 소중한 '통합'이라는 축복을 위해 헌신해야 합니다. 무정부 상태에서 자신을 구하기 위해 국민은 현재의 정부에 복종해야 하며, 성직자들은 하늘에 기도를 올려야 하고, 군인들은 질서를 수호하기 위해 검을 들어야 합니다.

콜롬비아인들이여, 나의 마지막 소망은 조국의 행복입니다. 만약 나의 죽음이 분열을 종식하고 통합을 강화하는 데 조금이라도 도움을 줄 수 있다면 나는 편안히 무덤으로 향할 것입니다.

이 포고문을 발표한 직후 볼리바르는 차츰 의식이 흐려지면서 착란 상태에 빠져들었다. 그는 시종을 부르며 흐릿한 목소리로 중얼거렸다.

호세, 우리 가세. 그들이 우리를 쫓아내고 있어. … 어디로 가야 하지?

1830년 12월 17일 오후 1시 남아메리카의 해방자, 세계사에 길이 남을 위대한 인물, 시몬 볼리바르는 조용히 눈을 감았다. 기이한 우연인지, 아니면 운명의 장난인지 그날은 정확히 11년 전 앙고스투라에서 그가 그란콜롬비아를 건국한 바로 그 날이었다.

향년 47세, 너무도 짧은 생애였다. 볼리바르의 전기 작가이자 우루과이 사상가 호세 엔리케 로도는 이 장면을 다음과 같은 말로 요약했다.

> 격동의 삶 속에서 이토록 아름답게 산 이도 드물며, 평온한 침대 위에서 이처럼 고귀하게 죽음을 맞이한 이도 없었다.

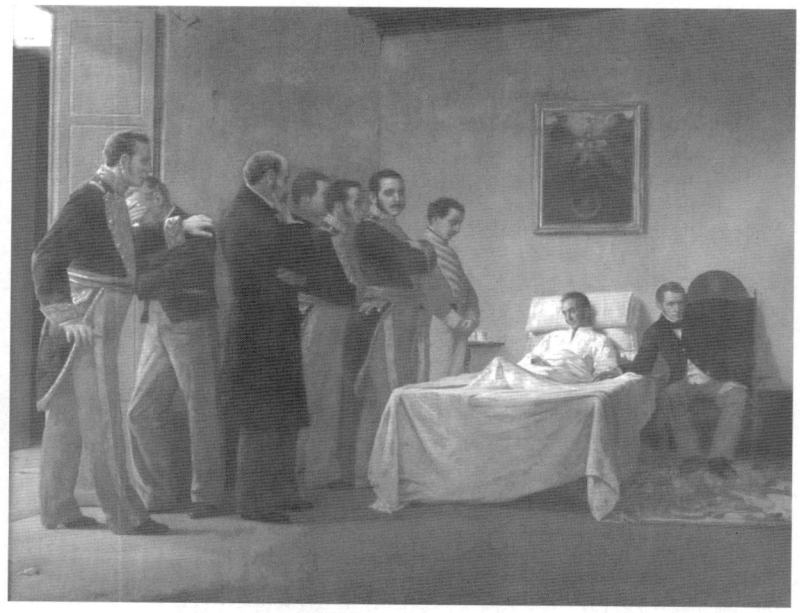

➡ 「시몬 볼리바르의 죽음(Muerte de Simón Bolívar)」 안토니오 에레라 토로, 1889년, *Enciclopedia Salvat de Venezuela*(1986).

볼리바르의 죽음은 곧 그란콜롬비아의 죽음이었다.

정직한 자의 죽음

그의 유해는 12년 동안 산타마르타에 안치되어 있다가 마침내 카라카스로 이장되었다. 현재는 베네수엘라 국립묘지인 판테온(Panteón Nacional de Venezuela)에 안장되어 있다. 그의 오른편에는 미란다의 빈 관이, 왼편에는 수크레를 위해 비워둔 관이 놓여 있다.

오늘날 베네수엘라인들은 그를 조국의 수호신으로 숭배한다. 과거 조상이 보여 준 배은과 망각의 흔적들은 모두 역사 속에 묻혔고, 오늘의 국민은 이 위대한 인물을 경외의 상징으로 받들면서 조국의 창조자이자 수호자로 기린다. 그들은 더 이상 볼리바르가 꿈꾸었던 '그란콜롬비아'라는 하나의 조국을 이루지 못했지만, 그 통합의 이상은 오늘날까지 베네수엘라의 절제와 단결의 정신으로 남아 있다.

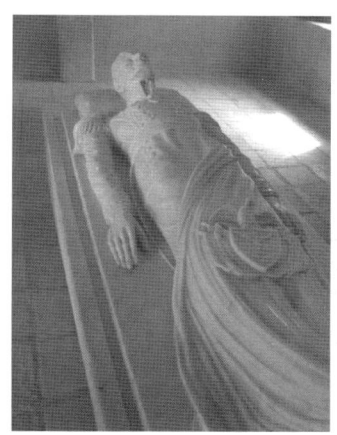 

➡ 고향 카라카스에 있는 볼리바르의 무덤(좌)과 사망한 장소인 산페드로 알레한드리노 농장의 기념관(우)

볼리바르는 위대한 애국자였으며, 역대 어떤 장군과 견주어도 손색없는 영웅이었다. 탁월한 식견과 통찰력을 지닌 정치가였으며, 그의 예지는 비로소 한 세기 만에 아메리카의 역사 속에서 충분히 입증되었다. 그는 충직한 친구였으며, 늘 자유롭고 고결한 정신의 소유자였다. 나아가 적에게도 두 팔을 벌리는 관대한 사람이었다.

자신이 가진 물질적 재산과 정신적 유산을 아낌없이 나누고 조국을 억압하던 자들을 몰아냈으며, 세 개 국가-이후 다섯 개로 분열된-의 건국자였고, 아메리카 대륙의 독립을 더욱 공고하게 했다. 그의 영향력은 남미의 라플라타강 유역과 칠레에까지 미쳤다. 그의 이름은 자유의 상징되었고, 유럽에서도 억압에 맞선 모든 이들에게 하나의 깃발처럼 받아들여졌다.

볼리바르는 진정한 공화주의자이자 스페인계 라틴아메리카의 이상을 가장 순수하게 구현한 인물이었다. 그는 모리요, 라토레, 로딜과 마찬가지로 스페인 혈통이었고, 스페인 민족은 지금도 전 세계 20개국이 넘는 지역에서 자신들만의 전통, 언어, 문명을 이어가고 있다.

그들의 역사 속에서 자유를 위해 검을 든 자라면

그 이름이 코바돈가(Covadonga)의 펠라요(Pelayo)든,*

카라보보의 볼리바르이든

그 기억은 하나의 이상 아래 함께 남는다.

볼리바르의 삶과 행적 그리고 그 고통을 글로 옮기는 자는 더 이상 역사 저술가로서의 냉철함을 유지하기 쉽지 않다. 그에 대한 깊은 경외심과 인간적 사랑에 휩싸이게 되어 비록 처음에는 담담히 시작했을지라도 마지막 문장은 어떤 말로도 표현할 수 없는 깊은 침묵 속 눈물로 맺게 된다.

---

* 아스투리아스 왕국 초대 국왕이자 현 스페인 왕실의 시조

맺음말

라틴아메리카 자유의 상징, 시몬 볼리바르

패배 속에 오히려 위대해지는 볼리바르

시몬 볼리바르는 평균보다 다소 작은 키에 마른 체격을 지녔다. 그의 움직임은 날렵했고, 눈빛은 사람의 내면을 꿰뚫는 듯한 깊이를 지녔다. 굽은 모양과 짙은 색의 눈썹 아래 자리한 곧은 콧날, 움푹 팬 뺨과 생기 어린 입술은 섬세하면서도 결기 있는 인상을 남겼다. 젊은 시절부터 그의 이마에는 깊은 주름이 패어 있었으며, 얼굴에는 사색과 시련의 흔적을 고스란히 간직하고 있었다.

머리카락은 붉은빛이 도는 갈색이었고, 피부는 창백할 정도로 흰 편이었으나 전장을 누비면서 햇볕에 그을려 거칠게 익어갔다. 흰머리가 비치기 시작하자 그는 면도를 택했고, 군인으로서의 외형보다 인간으로서의 인상을 더 풍기게 되었다. 볼리바르의 외모는 단순한 생김새를 넘어 내면을 비추는 거울과도 같았다. 사람들은 그의 눈빛과 태도 속에서 정직과 단호함, 꺾이지 않는 정신력, 그리고 고통을 견디고 걸어온 운명의 무게를 읽었다.

볼리바르는 언제나 열렬한 독서가였다. 특히 『플루타르코스 영웅전』을 즐겨 읽었음이 그의 문체와 인용문에 드러난다. 연설문이나 포고문에서는 수사와 강조가 뚜렷하다. 물론 이런 문체는 당시 그의 정치적인 기고문이나 연설문에서 흔히 드러나는 특징이기도 하지만, 편지에서는 대체로 간결하고 재치 있는 문체로 인간적인 면모를 드러냈다. 그는 인상적인 격언을 만드는 데에도 능했고, 각종 포고문과 연설 속에는 지금까지도 회자되는 수많은 명문이 담겨 있다.

또한 볼리바르는 시대적 통념을 뛰어넘는 정치적 통찰력이 탁월했다. 그는 당대에 성역처럼 여겨지던 통념과 정치 원칙들을 과감히 넘어서는 결단을 내릴 수 있었으며, 국가의 상황에 보다 적합한 새로운 원칙을 제시하는 통찰이 있었다. 사람을 보는 눈도 뛰어났고, 정의와 칭찬을 통해 동지들을 존중하고 고무시켜 대의를 위해 헌신하도록 이끌었다.

그는 파에스나 베르무데스처럼 개성과 독립심이 강한 인물들조차 통제할 수 있는 지적 능력을 지니고 있었다. 결단은 언제나 신속했으며, 큰 그림에서부터 세부적인 사항까지 동시에 꿰뚫는 집중력을 발휘했다. 특히 군 조직을 구성할 때면 가장 미세한 부분까지 일일이 챙겼으며, 장기간의 원정을 준비할 때도 그러한 관심과 정성을 아끼지 않았다.

그의 인품 중에 가장 경이롭고 눈부신 자질은 단연코 '불굴의 의지'였다. 그것은 그의 모든 성격이나 역량을 뛰어넘어 인생 전반을 관통하는 중심축이자 핵심이었다. 수없이 맞닥뜨린 시련과 좌절의 벽을 뚫고 나아갈 수 있었던 것은 결국 그의 강인한 추진력 덕분이었다.

볼리바르는 패배의 나락 속에서 오히려 더 위대해지는 역설적인 인물이었다. 그 점에서 그는 그리스 신화 속의 안타이오스를 떠올리게 했다. 안타이오스가 대지에 쓰러질 때마다 힘을 되찾았듯 그는 가장 깊고 고통스럽고 치욕적인 순간일수록 오히려 더 강하게 되살아났다. 역경과 모욕은 그에게 마치 나무가 수액을 빨아들이듯 내면으로 들어가 자신만의 자양분으로 삼았다. 그 힘은 경험이나 이성에서 비롯된 교훈이 아니었으며, 자기 본성에 깊이 새겨진 무의식적이고 본능적인 반응, 즉 자신만의 법칙에 따라 작동하는 생리적 반응에 가까웠다.

전사로서의 그의 인격은 바로 이러한 특질 속에서 고유한 낙인을 지녔다고 할 수 있다. 그의 적장인 모리요 장군은 이 점을 한마디로 정리했다.

그는 승리했을 때보다 패배했을 때가 더 두려운 인물이었다.

볼리바르의 영혼은 때로는 강철처럼 단단했고, 때로는 물처럼 유연했다. 피아르에 대한 단호한 처분에서는 그 냉철함이 드러났고, 산탄데르에게 보여 준 끝없는 용서에서는 깊이를 가늠할 수 없는 관대함을 보여 주었다. 그는 자신이 가진 것을 거리낌 없이 내주었으며, 이름 없는 병사조차 그의 문을 두드리면 빈손으로 돌아가는 일이 없었다. 누구도 그의 손에서 1달러 이하를 받고 떠났다는 이야기는 전해지지 않는다. 심지어 권좌에서 영원히 물러난 후 해외로 떠날 여비조차 마련하지 못해 카르타헤나로 향하던 길에서도 그는 자신에게 도움을 청하는 이들에게 수중에 남아 있는 것들을 기꺼이 나누어 주었다.

그의 야망은 정당한 것이었다. 그는 한 편지에서 자신이 야망에서 완전히 자유롭지는 않다고 고백한 바 있다. 그러나 그것은 그가 야망에 이끌려 행동했다는 의미가 아니다. 덕성이란 유혹이 아예 없음을 뜻하지 않으며, 유혹을 통제하고 극복하는 데 있다. 볼리바르가 품은 것은 지위와 권력을 향한 탐욕이 아니라 명예를 향한 열망이었다. 그는 자신이 이룬 대의와 조국의 자유에 대해 정당하게 평가받기를 원했고, 그러한 의미에서 그의 야망은 가장 건전하고 고결한 형태의 열망이었다.

영국의 전기 작가 로레인 페트르(Francis Loraine Petre)는 볼리바르에 대해 아첨을 즐기는 인물이라고 비판하기도 했고, 포토시로 향하는 길에서 받은 환영과 찬사에 도취했다고 평하기도 했다. 그러나 위대한 인물은 시대를 불문하고 찬사를 받기 마련이며, 찬사를 받았다고 해서 그것을 즐기고 요구했다는 뜻은 아니다. 누구나 일정한 예우와 칭찬을 자연스럽게 받아들이기 마련이다. 미국에서도 살아 있는 위대한 인물을 '성인(聖人)'으로 칭하는 일이 드물지 않으며, 그것이 반드시 과장되었다고 보지 않는다.

볼리바르는 세 나라의 독립을 이끌었고, 그중 하나는 세 개의 광대한 지역을 포함한 국가였다. 그런 사람에게 헌사와 존경이 따르는 것은 그가 감당했던 역사적 역할에 상응하는 결과였다. 그에 대한 찬사는 과하지도, 부당하지도 않았다.

볼리바르는 세련된 태도와 품격을 갖춘 인물이었다. 군사 작전 중에는 여건상 단정한 옷차림을 유지하기 어려웠지만, 도시에 머무를 때는 외모와 태도에 이르기까지 예의를 갖추려고 노력했다. 그는 돈에 집착하지 않았다. 돈이 있으면 거리낌 없이 사용했고, 필요하지 않을 때는 기꺼이 타인에게 내어 주었다. 즉 자신의 필요보다 타인의 요청에 더 민감하게 반응하는 사람이었다. 그는 사람들과 어울리는 것을 즐겼으며, 여성에 대해서는 깊은 애정과 존중하는 태도를 유지했다. 그의 사랑은 단순한 감정적 집착이라기보다 예우와 품위를 바탕으로 한 균형 잡힌 관계에 가까웠다. 그를 두고 동시대인은 이렇게 표현했다.

> 그는 사랑 앞에 무릎을 꿇되, 결코 검은 내려놓지 않았다.

볼리바르는 철저히 인간적인 인물이었다. 유쾌한 농담을 즐겼고, 때로는 그 농담이 상대에게 상처를 입힐 만큼 날카롭기도 했다. 잘 알려진 한 일화가 있다.

어느 날 긴 행군을 마친 뒤 한 외진 마을에 도착했다. 지친 몸을 이끌고 따뜻한 식사를 기대하고 있었는데, 그를 맞이하러 나온 마을 유지 중 한 젊은 지식인이 미리 준비한 긴 연설문을 꺼내 읽기 시작했다. 볼리바르는 서두를 듣자마자 그것이 장황하고 지루한 연설이 될 것임을 직감했다. 그리고 얼마 지나지 않아 "카이사르가 루비콘강을 건넜을 때…"라는 문장에 이르렀을 때 그는 조용하지만 단호하게 말을 끊고 이렇게 말했다.

> 친애하는 친구여, 카이사르가 루비콘을 건넜을 때는 이미 아침 식사를 마친 뒤였소. 그런데 나는 아직 아침도 못 먹었소. 먼저 식사부터 합시다.

대체로 그는 타인의 감정을 존중하는 인물이었다. 살아 있는 사람들에게만 아니라 세상을 떠난 이들에게도 마찬가지였다. 또한 언제나 관대한 찬사를 아끼지 않았다. 히라르도를 위한 장례식, 세데뇨와 플라사를 기리는 추도문, 카라보보 전투 후 파에스에게 승리의 공로를 온전히 돌린 일, 그리고 수크레를 이 대륙이 낳은 가장 위대한 영예라고 평가한 일 등은 대표적인 예다. 안소아테기의 죽음을 회고할 때도 그는 이렇게 말했다.

> 전투에서 두 번 지는 것보다 안소아테기를 잃는 게 더 가슴이 아프오.

이보다 더 공정함과 관대함을 동시에 담은 말을 찾기란 쉽지 않다. 그를 '신사'라 부르는 표현도 적절하지만, 어쩌면 '기사(騎士)'라고 칭하는 것이 그의 본성을 더 정확히 설명해 줄지도 모른다.

워싱턴, 산마르틴 그리고 볼리바르

볼리바르는 하나의 이상을 사랑했고, 그 이상을 위해 생애를 바쳤으며, 죽음이 가까워지는 마지막 순간까지도 그 이상을 잊지 않았다. 시몬 볼리바르는 종종 나폴레옹, 워싱턴, 산마르틴과 비교되기도 했다. 에콰도르의 작가 후안 몬탈보(Juan Montalvo)는 두 권으로 출간한 그의 에세이 『7개의 논문(Siete tratados)』에 「라틴아메리카 해방의 영웅들(Los héroes de la emancipación de la raza hispanoamericana)」이라는 논문을 통해 볼리바르의 업적을 기리고 있다. 볼리바르가 나폴레옹만큼 널리 알려지지 않은 까닭은 나폴레옹의 생애가 지나치게 화려하여 동시대인들을 오히려 침묵시켰기 때문이라고 말한다. 그러나 미래에는 볼리바르가 프랑스 황제 곁에 당당히 자리하게 될 것이라고 단언했다.

나폴레옹은 샤토브리앙(Chateaubriand), 라마르틴(Lamartine), 마담 드 스탈(Madame de Staël), 바이런(Byron), 빅토르 위고(Victor Hugo) 등과 같은 거장들의 글을 통해 신화적 존재가 되었지만, 볼리바르에게는 그의 업적을 반추해 줄 전기 작가들이 많지 않았다. 그를 진정한 권위로 찬양하거나 비판한 이도 극히 드물었다. 워싱턴과 볼리바르를 비교하면서 몬탈보는 다음과 같이 말했다.

워싱턴과 볼리바르 모두 신성한 인물이었으며, 신세계의 영광이었다. 두 사람은 각기 다른 기질과 환경 속에서 각자의 시대를 이끌었고 걸어간 길도 달랐다. 하지만 둘 다 자국의 자유와 공화의 이상을 실현하고자 했던 고결한 영혼이었다.

워싱턴은 기억과 상상 속에서 위대한 장군이라기보다 위대한 시민으로, 전략가라기보다 철학자로 우리에게 다가온다. 그는 조용한 위엄과 질서, 동료 시민과의 일치된 의지, 그리고 합리와 이성에 바탕을 둔 공화정의 정신을 구현한 자였다. 이에 반해 볼리바르는 훨씬 불안정하고 격렬한 시대 가운데 무수한 적대 세력과 빈약한 자원 속에서도 싸웠으며, 때로는 자기 동포들과도 충돌해야 했다. 그가 꿈꾸는 국가는 처음부터 존재하지 않았기에 새로운 질서를 창조해야 했으며, 그의 에너지는 현실의 공백을 채우는 데 소진되었다.

워싱턴은 자신과 비견될 만한 인물들, 예컨대 제퍼슨, 매디슨, 프랭클린과 같은 동료들과 함께 일할 수 있었고, 그들은 한뜻으로 대의에 복무하면서 복종에 있어서도 서로 경쟁할 정도였다. 반면 볼리바르는 자기 손으로 부하들을 훈련해야 했고, 적과 싸우는 동시에 조국의 내부로부터도 끊임없는 공격을 견뎌야 했다. 그가 이끌던 대의는 끊임없이 안팎에서 도전받았으며, 전장뿐 아니라 정치·사회·민심의 복잡한 갈등 속에서도 홀로 서야 했다.

워싱턴은 자신의 과업을 마친 후 소박한 선물 외에는 아무것도 바라지 않았다. 세 번째 임기 제안도 단호히 거절한 채 조용한 시민으로 은거하여 동포들의 존경과 친구들의 사랑을 받으며 살았다. 그는 행복한 인물이었고, 적이 없었다. 반면 볼리바르는 세 번째로 다가온 권력의 유혹 앞에서 그 출처가 불순하다는 것을 알면서도 그 유혹을 끝내 떨쳐내지 못했다. 그는 거절당하고 박해받고 모욕을 당한 채 생을 마감했다. 그러나 죽음은 그 모든 오점을 씻어냈으며, 오늘날 우리가 기억하는 것은 이 대륙의 자유를 상징하는 인물로서의 찬란한 광휘(光輝)뿐이다.

우리는 말할 수 있다. 워싱턴과 볼리바르는 모두 시대를 초월한 위엄을 지닌 인물이며, 신세계의 가장 숭고한 영광이다.

_ 후안 몬탈보, 『7개의 논문』 중에서

사실 위대한 인물들은 서로 비교될 수 없다. 그들은 각기 독립된 존재이며, 저마다의 방식으로 시대를 밝히는 빛이 되었다. 워싱턴은 훌륭한 장군이자 조국을 위해 기꺼이 자신을 희생할 준비가 되어 있던 인물이다. 군사적으로 체계적인 훈련을 받은 지식인이었고, 무엇보다 동포들의 의지를 대표하는 존재였다. 그는 동료 시민들로부터 전폭적인 신뢰와 지지를 받으며 자유를 위한 전쟁을 승리로 이끌었다. 워싱턴은 조국의 아버지이자, 조국의 종(從)이었다.

반면 볼리바르는 정규 군사 교육을 받은 바가 없었으며, 당대의 어떤 정치 제도나 공동체의 합의를 대표하지도 못했다. 그가 꿈꾼 조국은 현실에서 존재하지 않았고, 결국 그의 정신과 의지로부터 창조된 것이었다. 그는 오직 양심의 명령에 따라 움직였으며, 무(無)에서 유(有)를 빚어낸 창조적 존재였다. 그의 군사적 행보는 전통적인 전략이나 과학이라기보다 번뜩이는 천재성과 직관에 가까운 방식으로 전개되었다.

워싱턴은 군사 지휘관으로서도 성공했지만, 정치 지도자로서 더 큰 성과를 거두었다. 볼리바르는 장군으로서 눈부신 승리를 거두기도 했지만, 치명적인 패배도 겪었다. 정치가로서는 때때로 예언자 같은 통찰력을 보여 주었다. 그러나 그가 정신과 영혼을 바쳐 세우려 했던 그란콜롬비아 연방은 끝내 비극적인 실패로 막을 내리고 말았다.

워싱턴은 이미 법이 존재하는 국가에서 활동했지만, 볼리바르는 법을 처음부터 만들어야 했다. 워싱턴이 자리를 비우더라도 법과 제도는 여전히 기능을 다했지만, 볼리바르는 그가 등을 돌리는 순간 벽이 곧바로 무력화되었다.

산마르틴은 고귀한 인물이었다. 그는 아메리카 대륙의 남쪽 끝에서 홀로 우뚝 선 존재였으며, 볼리바르를 향한 찬사를 아끼지 않았다. 볼리바르의 우월함을 솔직히 인정하고 역사적 무대에서 스스로 물러났다. 그러한 승복은 산마르틴을 오히려 더욱 위대한 인물로 만들었고, 실제로 과야킬 회담 이후 그의 진가가 더욱 높이 평가받게 되었다.

산마르틴과 볼리바르를 직접적으로 비교하는 것은 결국 두 영웅 모두에게 해가 될 뿐이다. 누구에게도 유익하지 않다. 그들은 각자의 위치에 머물러야 하며, 자국민의 가슴 속에, 그리고 자유를 사랑하는 모든 이들의 정신 속에 살아 있어야 한다.

오히려 볼리바르와 에이브러햄 링컨 사이에 깊은 유사성을 발견할 수 있다. 두 사람 모두 노예에게 자유를 주었고, 국가의 분열이라는 진정한 내전의 한복판에서 싸운 인물이었다. 우리는 남아메리카에서 왕당파 중 상당수가 남미인들이었다는 사실을 잊지 말아야 한다. 이들 두 인물은 모두 시대의 깊은 상처를 꿰뚫고 걸어가야만 했다.

라틴아메리카의 돈키호테

볼리바르의 초상화와 동상을 유심히 바라보면 그의 눈빛 속에는 북미의 위대한 인물 링컨에게서 볼 수 있는 형언할 수 없는 슬픔이 스며 있다. 볼리바르는 링컨처럼 모욕과 비방을 묵묵히 견뎌 냈다. 링컨이 암살자의 총에 쓰러졌다. 물론 볼리바르가 암살의 칼날을 피하긴 했지만, 배신과 배반의 독에 의해 서서히 무너져 내렸다.

물론 볼리바르는 성격이 급하고 때로는 날카로운 언사를 서슴지 않았다. 그의 지적 재능은 우둔함에 대한 인내심을 허락하지 않았기에 상처 주는 말을 하기도 했다. 하지만 폭풍이 지나간 뒤에는 언제나 관대함으로 돌아갔다. 그는 링컨처럼 모든 것을 견디고 모든 것을 용서했다.

볼리바르는 스스로에 대해 돈키호테로 비유하곤 했다. 실제로도 그 어떤 표현보다 그를 가장 정확히 드러낸다. 돈키호테가 둘시네아(Dulcinea del Toboso)를 창조했듯 볼리바르 또한 자신만의 이상을 창조했다.

물론 둘시네아가 실제로는 거칠고 투박한 시골 처녀 알돈사 로렌소(Aldonza Lorenzo)인 것이 돈키호테의 잘못이 아니었다. 마찬가지로 볼리바르가 꿈꾸었던 '민중'이라는 둘시네아도 현실에서는 미성숙하고 거칠며 때로는 그 이상에 반기를 드는 존재였다. 그것은 볼리바르의 책임이 아니다. 그러나 이 아메리카의 돈키호테는 세르반테스(Miguel de Cervantes)가 창조한 기사보다 더 숭고한 정신의 소유자였다. 돈키호테는 끝내 알돈사를 둘시네아로 바꾸지 못했다. 물론 볼리바르가 상상한 민중도 처음에는 볼리바르의 이상을 거부하고 외면했으며, 그의 의도를 이해하지 못했다. 하지만 한 세기의 정화 과정을 거치면서 민중은 마침내 볼리바르를 상징으로, 수호신으로, 경고로, 그리고 희망으로 떠받들게 되었다.

이제 한때 알돈사 로렌소였던 아메리카의 민중은 볼리바르의 숭고한 광기 덕분에 불순물 없이 정화된 채 그의 꿈속 둘시네아로 다시 태어나는 중이다.

부록

시몬 볼리바르의 생애

볼리바르 인물 사전

부록 1

시몬 볼리바르의 생애
1783년 7월 24일 ~ 1830년 12월 17일

1783.7.24. 시몬 볼리바르 카라카스에서 출생하다.	1783 대영제국과 미국의 파리 조약 체결
	1784 미국 독립 전쟁 종결
	1787 미국 헌법 탄생
	1788 호주에 처음으로 영국인 이주 시작
	1789 조지 워싱턴 미국 대통령 취임
	1790 프랑스 왕국 입헌군주제 도입
	1791 아이티 흑인 노예 혁명 발발
	1792 조선 건국 400주년, 프랑스혁명, 프랑스혁명 전쟁 시작
	1793 프랑스 로베스피에르의 공포정치 시작
	1794 프랑스 제1공화국 노예제 폐지
	1796 나폴레옹 밀라노 점령, 수원화성 완공
1797년 14세에 스페인 정부에 대한 음모에 연루되었다는 혐의로 고발되어 국외로 추방되면서 아라과 군사사관학교에 입학하고, 민병대에 등록되어 1년 후 장교로 임관하다.	

1799.1.19.	라과이라항에서 유학을 위해 카디스로 떠나다.	1799	미국 서부 골드 러시 시작, 뉴욕주의 노예제 폐지	
1800년	군사학을 공부하기 위해 스페인 마드리드로 유학을 가서 계몽주의 철학을 접하다.	1800	종조 사망, 나폴레옹이 프랑스 제1공화국 통령에 당선	1800년(17세)
1802년	아버지 후안 비센테의 사망(1786년)과 어머니 마리아 콘셉시온의 사망(1792년) 후 16세 나이에 시작한 멕시코, 프랑스, 스페인 유학을 통해 학업을 마치다.	1802	아미앵 조약 체결, 프랑스 국민투표 실시	1802년(19세)
1802.5.26.	2년간의 교제 끝에 마리아 테레사 로드리게스와 마드리드에서 결혼 후 카라카스로 돌아오다.			
1803.1.22.	카라카스로 돌아온 지 10개월 만에 델 토로가 황열병으로 사망하다.			
1803.10.	볼리바르가 카디스로 가다.			
1804년	프랑스 파리에 살면서 여러 나라를 여행하다.	1804	아이티의 독립과 공화국 선포, 나폴레옹이 프랑스 황제로 선포	
1804.12.2.	노트르담 대성당에서 대관식을 한 나폴레옹에 대해 신랄하게 비판하다.			1804년(21세)
1805.5.26.	밀라노 대성당에서 나폴레옹의 즉위 장면을 비롯한 이탈리아 대여행 후 8월 18일에 아메리카에서 스페인의 지배를 종식시키겠다고 맹세하다.	1805	나폴레옹 이탈리아 국왕 즉위	
		1806	신성 로마 제국 해체	
1807.6.	여행을 마치고 1806년 4월 파리로 돌아온 후 보스턴, 뉴욕, 필라델피아 등 도시를 방문하고 베네수엘라로 귀국하여 부유한 크리오요들에게 베네수엘라의 독립을 장려하다.	1807	포르투갈 왕국의 마리아 1세 브라질로 망명	
		1808	이베리아 반도 전쟁 발발, 스페인령 아메리카 독립 전쟁 시작	
		1809	에콰도르가 스페인 제국으로부터 독립 선언	
1810.4.19.	쿠데타 이후 카라카스 시의회에 의해 아메리카 최초의 시민 정부가 수립되고 베네수엘라가 독립을 선언하고, 볼리바르는 민병대 장교로 군 경력을 시작하다.	1810	베네수엘라 독립 전쟁 시작	1810년(28세)

시몬 볼리바르

	1810.6.	루이스 로페스 멘데스 및 안드레스 벨로와 함께 런던 사절단으로 파견되다.	
	1811년	카라카스 평의회와 시민들이 라과이라에서 미란다를 환영하다.	1811 파라과이가 스페인 제국으로부터 독립 선언
	1811.7.3.	의회에서의 강렬한 연설로 위대한 웅변가의 존재감을 드러내다.	
	1812.3.26.	1812년 카라카스 지진이 발생하다.	1812 미영전쟁 발발, 나폴레옹의 러시아 제국 침공
	1812.5.4.	볼리바르가 푸에르토카베요에 도착하다.	
	1812.6.30.	몬테베르데에게 푸에르토카베요에 있는 탄약고와 함께 산펠리페 요새를 잃고 산마테오 영지로 후퇴하다.	
	1812.7.6.	볼리바르와 남은 병력이 라과이라로 도망치다.	
	1812.7.25.	미란다가 공화주의의 대의가 실패했다고 판단하고 몬테베르데와 항복 협정에 서명하다.	
	1812.8.27.	볼리바르가 카라카스에서 카사 레온의 도움으로 여권을 발급받아 퀴라소로 떠나다.	
	1812.12.15.	카르타헤나에서 라틴아메리카 식민지 간의 단결과 결단을 역설하는 「카르타헤나 선언」을 발표하다.	
1813년	1813년	볼리바르가 테네리페섬 요새 점령 후 카르타헤나 정부는 군 지휘권을 부여하다.	1813 이베리아 반도 전쟁에서 영국-스페인 연합군 승리, 라이프치히 전투에서 나폴레옹 패배
	1813.2.28.	볼리바르가 쿠쿠타를 점령하고 해방자 칭호를 얻다.	
	1813.5.15.	산크리스토발에서 8백 명의 병력을 이끌고 해방 전쟁을 시작하다.	
1813년	1813.5.30.	메리다를 점령하다.	
	1813.6.15.	6월 9일 트루히요가 점령되고 스페인군이 혁명군을 학살하자 6월 15일 볼리바르는 「죽음의 전쟁 포고령」을 선포하다.	
	1813.7.1.	안데스산맥을 넘어 과나레를 점령하다.	
	1813.7.28.	산카를로스를 점령하다.	
1813년(31세)	1813.8.6.	카라카스를 탈환하고, 볼리바르는 엘 리베르타도르(El Libertador)로 추대되어 베네수엘라 제2공화국을 수립하다.	
	1813.12.5.	아라우레 전투에서 세바요스가 이끄는 왕당파 세력의 주력을 무너뜨리다.	

1813.12.31.	볼리바르는 보고서를 통해 남아메리카 대륙의 정치적 대연합이 담긴 구상을 제시하다.		
1814.1.2.	베네수엘라 제2공화국의 독재자로 임명되다.	1814	나폴레옹 폐위 및 유배
1814.2.28.	산마테오에서 벌어진 전투에서 보베스의 왕당파 기병대를 물리치다.		
1814.5.28.	제1차 카라보보 전투에서 마누엘 카히갈의 왕당파를 궤멸시키다.		
1814.6.15.	제2차 라푸에르타 전투에서 보베스의 왕당파에 패배하여 카라카스를 잃고, 카라카스 대탈출이 발생하다.		
1814.8.17.	아라과 데 바르셀로나 전투에서 모랄레스에게 다시 패배 후 쿠마나와 마르가리타섬으로 항해하다.		
1815.5.14.	카르타헤나 정부와 여러 차례의 정치적·군사적 분쟁 끝에 볼리바르가 자메이카 킹스턴으로 도피하다.	1815	나폴레옹이 워털루 전투에서 패배, 신성동맹 결성
1815.9.	자메이카 편지로 볼리바르의 이념과 아메리카의 미래에 대한 비전을 밝히다.		
1815.12.9.	자메이카에서 암살 시도를 받은 후 아이티로 도피하다.		
1816.1.2.	아이티 공화국의 대통령 알렉상드르 페시옹에게 지원을 요청하다.	1816	아르헨티나가 스페인에게서 독립 선언
1816.6.2.	아이티 군인과 물자 지원을 바탕으로 마르가리타섬을 비롯한 베네수엘라 본토로 향하다.		
1816.7.6.	발렌시아 항구도시 오쿠마레 데 라코스타에 상륙하여 「죽음의 전쟁 포고령」 종식과 스페인령 아메리카 노예들의 해방을 선언하다.		
1816.7.14.	왕당파에게 폐하고 바다를 통해 귀리아(Güiria)로 도망치다.		
1817.1.8.	바르셀로나에서 귀국을 발표하고 카라카스로 진군했으나 클라리네스 전투에서 패배하다.	1817	콜레라 대유행
1817.4.4.	앙고스투라를 포위한 마누엘 피아르 장군과 합류하다.		
1817.7.17.	볼리바르가 미겔 데 라토레의 반격을 물리치고 앙고스투라를 점령하다.		
1818.2.	최고지도자 볼리바르는 북쪽 칼라보소를 점령하고 모리요를 격파하다.	1818	칠레가 스페인에게서 독립 선언
1818.3.16.	볼리바르가 카라카스로 진격했으나 라푸에르타 제3차 전투에서 패배하다.		

1816년(34세)

1819년(37세)

1819.1.17.	볼리바르가 그란콜롬비아 공화국을 선언하다.	1819	미국 경제 공황 발발
1819.2.15.	앙고스투라 의회가 개최되고 볼리바르가 자유에 대한 신념과 정치적 이상을 연설하다.		
1819.5.27.	볼리바르 지휘 하에 누에바그라나다 독립 전투를 시작하다.		
1819.6.4.	2천 명이 넘는 군인과 함께 안데스산맥을 향해 진군하여 카사나레 지방에 입성하다.		
1819.8.7.	안데스산맥을 넘어 역사상 군사적 위업 중 하나로 기록된 보야카 전투에서 승리하다.		
1819.12.17.	볼리바르가 의회에서 그란콜롬비아 공화국 수립 법안을 통과시키고 초대 대통령으로 취임하다.		
1820.11.25.	모리요가 볼리바르와 2개 조약을 비준하면서 6개월간의 휴전과 함께 볼리바르를 공화국의 대통령으로 인정하다.	1820	카디스 반란 발발, 에콰도르가 스페인 제국으로부터 독립 선언
1821.6.24.	볼리바르는 베네수엘라와 에콰도르에서 전면적인 독립 운동을 전개하고 카라보보 전투 승리하다.	1821	베네수엘라, 페루, 파나마 스페인으로부터 독립
1821.6.29.	카라카스에 입성하다.		
1821.9.7.	그란콜롬피아(현 콜롬비아, 에콰도르, 파나마, 베네수엘라의 대부분을 포함하는 국가)가 건국되고, 볼리바르가 대통령으로, 산탄데르가 부통령으로 취임하다.		
1821.8.30.	「쿠쿠타 헌법」에 따라 제헌 의회인 쿠쿠타 의회가 콜롬비아 공화국을 선포하다.		
1822.4.7.	봄보나 전투에서 승리하다.	1822	과야킬 회담, 포르투갈 왕자 페드루가 브라질 제국 선언
1822.5.24.	수크레가 피친차 전투에서 승리하다.		
1822.6.16.	볼리바르가 키토에 입성하다.		
1822.7.26.	7월 26~27일 과야킬(현 에콰도르)에서 아르헨티나 장군 호세 데 산마르틴과 과야킬 회담을 갖다.		
1823.9.1.	페루 대통령이자 페루군 총사령관에 임명되어 그란콜롬비아 정부의 원정 허가 아래 카야오항에 도착하다.	1823	중앙아메리카 연방 공화국이 스페인으로부터 독립 선언
1824.2.10.	볼리바르는 페루를 완전히 해방시키는 임무를 맡게 되고, 페루 의회는 그를 독재자로 임명하다.	1824	멕시코가 독립 후 첫 헌법 선포

1823년(41세)

256

1824.8.6.	후닌 전투에서 스페인 기병대를 결정적으로 격파하다.		
1824.12.9.	볼리바르가 12월 5일 리마를 탈환하고 수크레가 아야쿠초 전투에서 승리하고 스페인군 잔존 세력을 섣멸함으로써 라틴아메리카 독립전쟁의 마침표를 찍다.		
1825.2.8.	징병제도를 폐지하고 헌법제정회 소집을 지시하다.	1825	볼리비아 독립
1825.8.6.	알토 페루 회의에서 '볼리비아 공화국'이 건국되다.		
1826.5.12.	리마에 도착해 볼리비아 헌법 초안을 수크레에게 임명하다.	1826	베르나르디노 리바다비아가 아르헨티나 초대 대통령으로 취임
1827.1.12.	볼리바르가 카라카스로 돌아오다.		
1827.9.10.	볼리바르가 보고타에 입성하다.		
1828.4.9.	그란콜롬비아 국가를 하나의 단일체로 유지하기 위한 오카냐 회의가 공식적으로 시작되다.	1828	웰링컨 공작이 영국 수상으로 임명, 브라질 제국과 아르헨티나가 우루과이 독립 승인
1828.6.3.	볼리바르가 페루에 선전 포고를 하다.		
1828.6.10.	이에 대해 누에바그라나다에서 논란이 발생하고, 6월 10일까지 열린 심의의 이유가 되다. 그 결과, 볼리바르 지지파 대의원들이 회의에서 탈퇴하다.		
1828.9.25.	보고타 관저에서 암살 위협을 받다.		
		1829	오스만 제국이 그리스에 자치권을 부여
1830.1.13.	누에바그라나다, 베네수엘라, 에콰도르에서 봉기가 일어나고 베네수엘라고 독립을 선언하다.	1830	그리스 제1공화국 독립, 미 의회 인디언 추방법 통과
1830.1.20.	볼리바르가 국민들에게 마지막 연설을 하고 대통령직에서 물러나겠다고 선언하다.		
1830.4.27.	볼리바르가 대통령직을 사임하다.		
1830.6.4.	수크레가 베루에코스 산길에서 암살당하다.		
1830.12.1.	친구들의 요양 권유로 산타마르타에 도착하다.		
1830.12.17.	그란콜롬비아 산타마르타의 산페드로 알레한드리노 농장에서 47세의 시몬 볼리바르가 결핵으로 사망하다.		

1825년

1826년(44세)

1828년

1830년(47세)

부록 2

볼리바르 인물 사전

  **가르시아, 바실리오**(Basilio García, 1791-1844) 당시 신문에는 '돈 바실리오 데 로그로뇨'로 알려진 스페인 군인이자 카를리스트의 군사령관이다. 아메리카 독립전쟁 시 봄보나 전투에 스페인군 소속 대령으로 참전했다.

 **고도이, 마누엘 데**(Manuel de Godoy, 1767-1851) 스페인의 귀족이자 정치인으로 왕실 근위대에 들어간 후 왕비의 정부가 되어 승승장구했다. 1792년 총리가 되면서 권력을 잡았고, 정치에 무관심한 국왕 카를로스 4세를 대신해 왕비와 함께 국정을 운영했다.

  **더들리 백작**(John William Ward, 1st Earl of Dudley, 1781-1833) 초대 더들리 백작인 존 윌리엄 워드는 영국의 정치인이자 노예 소유자였으며, 1827년부터 1828년까지 외무장관을 지냈다. 1828년 3월 콜롬비아 주재 영국 임시공사 캠벨에게 편지를 통해 볼리바르의 공로와 업적을 칭찬했다.

 **데팔라시오스, 마리아 콘셉시온**(Maria de la Concepción de Palacios y Blanco, 1758-1792) 볼리바르의 어머니, 가족은 스페인 부르고스 지방의 미란다 데 에브로 지역 출신이며, 15세 때 후안 비센테 볼리바르와 결혼하여 네 자녀를 낳았다. 1792년 결핵으로 사망했다.

라라사발, 펠레페(Felipe Larrazábal, 1816-1873) 베네수엘라의 음악가, 변호사, 정치인이다. 베네수엘라의 음악 활동과 언론의 자유 달성에 기여한 것으로 유명한 자유주의자다. 낭만주의의 대표자였으며, 시몬 볼리바르의 저서를 최초로 편찬한 사람이다. 1850년대 이후 노예 폐지법 초안 작성에 참여했다.

라마르, 호세 데(José de la Mar, 1776-1830) 페루의 군사 지도자이자 정치인으로 페루의 제3대 대통령을 역임했다. 스페인 군대에 입대해 왕당파에서 싸웠으나 카야오에서 독립운동에 가담했다. 산마르틴은 그를 사단장 칭호를 수여했고, 1822년 페루의 대원수로 임명되었다.

라바투, 페드로(Pedro Labatut, 1776-1849) 프랑스 칸에서 태어난 용병이자 장군으로 유럽에서 나폴레옹 전쟁에 참전했고, 남미로 건너가 콜롬비아에서 시몬 볼리바르와 함께 싸웠다. 이후 브라질 독립운동에 참여해 '평화군'을 조직하고 피라하 전투에서 군대를 승리로 이끌었다.

라세르나, 호세 데(José de la Serna, 1770-1832) 알토 페루의 총독, 즉 마지막 부왕이자 아야쿠초 전투에서 스페인군 사령관이었다. 스페인 헤레스 데 라 프론테라 출신인 그는 1790년 세우타 방어전에 참전했다. 스페인으로 돌아간 후 그라나다의 총사령관이자 왕실 총리 대신이 되었다.

라소, 라파엘(Rafael Lasso, 1764-1831) 파나마 출신의 사제이자 에콰도르로 귀화했으며, 1815년부터 1828년까지 메리다의 제5대 주교를, 1828년부터 1831년까지 키토의 제28대 주교를 역임했다. 1821년 트루히요에서 시몬 볼리바르를 만나 독립 아메리카의 첫 번째 주교로 임명되었다.

라토레, 미겔 데(Miguel de la Torre, 1786-1843) 스페인의 장군이자 총독으로 스페인, 베네수엘라, 콜롬비아, 푸에르토리코에서 복무했다. 14세에 오렌지 전쟁에 참전했으며, 대령으로 모리요가 이끄는 남미 군사 원정에 참여했다. 라빅토리아 보병 연대를 지휘했고, 누에바그라나다 재정복에 참여했다.

라파예트 후작(Gilbert du Motier, Marquis de Lafayette, 1757-1834) 프랑스의 사상가이자 장교로서 남부 프랑스 오베르뉴 레지옹의 오트루아르주의 샤비냑 출신 귀족이다. 미국 독립전쟁에 참가한 장군이며, 프랑스혁명 중에는 국민위병의 지휘를 맡았다. 이로 인해 프랑스와 미국에서 환영을 받았다.

로도, 호세 엔리케(José Enrique Rodó, 1871-1917) 우루과이의 작가이자 정치인으로, 그리스-라틴 전통에 대한 찬사를 바탕으로 한 이념 운동인 아리엘리즘을 창시했으며, 모더니즘의 전형인 세련되고 시적인 문체로 세기말 히스패닉계 미국인의 불안을 표현했다.

로드리게스, 시몬(Simón Rodríguez, 1769-1854) 새뮤얼 로빈슨으로 알려진 로드리게스는 베네수엘라의 철학자이자 교육자다. 특히 시몬 볼리바르의 가정교사이자 멘토이면서 저서 『미국 사회』를 통해 미국 공화국 건국을 위한 정치적, 경제적, 교육적 프로젝트를 설명했다.

로딜, 호세 라몬(José Ramón Rodil, 1789-1853) 스페인 자유당의 장군이자 정치가. 법학도였으나 입대해 1817년 페루에 파견되어 독립을 지지하는 민족주의 세력과의 전투에 장교로 참전했다. 1842년 1년간 스페인 총리를 역임하기도 했고, 페르난도 7세에 의해 설립된 카라비네로스 군단을 이끌기도 했다.

로베스피에르, 막시밀리앵 드(Maximilien de Robespierre, 1758-1794) 프랑스의 부르봉 왕조와 대혁명기의 정치인, 철학자, 법률가, 혁명가, 작가이다. 프랑스혁명을 주도한 혁명 정치가로, 법학자이기도 하다. 공포정치를 행하다가 되려 테르미도르의 쿠데타로 반대파에 의해 처형당했다.

로사스, 후안 마누엘 데(Juan Manuel de Rosas, 1793-1877) 아르헨티나의 목장주, 군인, 정치인. 1829년 마르케스 전투에서 후안 라바예 장군을 물리친 후 부에노스아이레스 주지사 및 연방의 주요 지도자가 되었으며, 아르헨티나 역사에 미친 영향력이 커서 그가 국정을 맡았던 시기를 로사스 시대라고 부른다.

루크, 제임스(James Rooke, 1770-1819) 영국의 군인으로 나폴레옹 전쟁과 베네수엘라, 콜롬비아 독립전쟁에 참전했다. 1791년 프랑스혁명 전쟁에 참전하여 영국군에 입대했고, 워털루 전투에도 참여했다. 나폴레옹 전쟁 후 시몬 볼리바르의 군대에 합류해 싸우다가 1819년 바르가스 습지 전투에서 사망했다.

리바스, 호세 펠릭스(José Félix Ribas, 1775-1815) 베네수엘라의 독립 지도자이자 독립전쟁의 영웅. 1808년 음모에 가담해 포로로 잡히기도 했고, 1810년 혁명 당시 스페인 통치 반대 시위에 동참을 호소하기도 했다. 임시정부의 정치적 역할 외에 많은 전투에 참여했다.

리에고, 라파엘(Rafael Riego, 1784-1823) 스페인의 장군이자 자유주의 정치가. 자유주의 삼국통일 수립에 핵심적인 역할을 했으며, 스페인-미국 독립전쟁에 참여했으나 자유주의 사상 때문에 추방당하기도 했다. 친구 산미구엘이 그를 기리기 위해 쓴 노래가 스페인 1~2공화국의 국가가 되었다.

리카우르테, 안토니오(Antonio Ricaurte, 1786-1814) 콜롬비아와 베네수엘라 독립의 애국자이자 볼리바르 군대의 대장. 자신을 불태워 적의 요새를 폭파한 영웅적인 행동을 한 산마테오 전투의 순교자로 기억된다. 그의 영웅적 행동은 콜롬비아 국가 마지막 구절에서도 기억되고 있다.

마라, 장폴(Jean-Paul Marat, 1743-1793) 스위스 태생의 프랑스인으로 프랑스혁명에서 급진적인 언론인이자 정치가로 잘 알려진 내과 의사, 철학자, 정치 이론가, 과학자다. 혁명 발발 후 자코뱅 클럽의 산악파에 참가해 공포정치를 추진했다. 마라는 지롱드파 지지자였던 샤를로트 코르데에 의해 암살되었다.

마리뇨, 산티아고(Santiago Mariño, 1788-1854) 베네수엘라의 군 장교이자 정치인. 총사령관을 역임한 라틴아메리카 독립 영웅이다. 1813년 베네수엘라 동부를 해방시킨 작전을 지휘해 동부 해방자란 칭호를 받았고, 1835년에는 베네수엘라 대통령을 역임하기도 했다.

맥그리거, 그레고어(Gregor MacGregor, 1786-1845) 스코틀랜드 출신의 군인이자 모험가 그리고 사기꾼. 1803~1810년 영국군 장교로 복무했고 이후 베네수엘라 독립 전쟁에서 공화파에 가담했다. 1821년 영국으로 돌아온 후 가상의 중앙아메리카 영토 '포이야스' 투자이민으로 사기를 치기도 했다.

맨체스터 공작(5th Duke of Manchester, William Montagu, 1771-1843) 1788년까지 맨더빌 자작으로 불렸으며, 영국의 귀족, 군인, 식민지 행정관, 정치인이다. 1808~1827년 자메이카 총독을 지냈으며, 맨체스터 교구는 그의 이름을 따서 명명되었다.

**먼로, 제임스**(James Monroe, 1758-1831) 미국의 5번째 대통령이자 먼로 독트린을 선언한 것으로 유명하다. 이는 1823년 대통령이 의회에 제출한 연두교서의 내용으로, 유럽과 미주 대륙 간 상호 불간섭과 유럽의 미주 대륙에 대한 식민지 건설 배격이 주요 내용이다.

**멘데스, 루이스 로페스**(Luis López Méndez, 1758-1841) 베네수엘라의 변호사이자 외교관. 1777년 카라카스 왕립대학교와 교황청립대학교에서 철학 교수로 재직했고, 1797년에는 카라카스의 일반 시작으로 임명되었다. 1810년 볼리바르와 함께 런던 사절단으로 파견되었다.

**모랄레스, 프란시스코 토마스**(Francisco Tomás Morales, 1781-1845) 스페인의 군인으로 베네수엘라 독립전쟁 동안 야전 원수 계급까지 올랐다. 1823년 마라카이보 전투에서 패배를 인정했으며, 베네수엘라의 마지막 왕당파 거점이었던 푸에르토카베요가 독립군에게 함락되었다.

**모리요, 파블로**(Pablo Morillo, 1775-1837) 카르타헤나 백작이자 라푸에르타 후작. 나폴레옹 전쟁과 스페인-미국 독립전쟁에 참전한 스페인군 장교였다. 1814년 베네수엘라의 반란을 진압하기 위한 총사령관으로 임명되어 싸웠고, 1820년 볼리바르와 휴전 협정을 맺은 후 1821년 스페인으로 돌아왔다.

**모스케라, 호아킨**(Don Joaquín Mosquera, 1787-1878) 콜롬비아의 정치인이자 건국의 아버지로 알려진 인물. 콜롬비아 공화국의 건국에 참여한 독립운동가이자 정치인으로 콜롬비아 대통령을 역임했으나 1830년 라파엘 우르다네타 장군의 쿠데타로 대통령직에서 축출되었다.

몬탈보, 후안(Juan Montalvo, 1832-1889) 에콰도르의 수필가이자 소설가. 독재자 대통령에 대한 반대 성향을 강하게 드러냈으며, 1880년에 출간한 『라스카틸리나스(*Las Catilinarias*)』가 유명하다. 여러 문학 및 정치 잡지를 창간했으며, 현재 에콰도르 5센타보 동전에 그의 모습이 새겨져 있다.

몬테베르데, 도밍고(Domingo Monteverde, 1773-1832) 베네수엘라 독립전쟁에서 스페인군 총사령관. 베네수엘라 제1공화국의 몰락을 초래한 군사 작전을 지휘했고, 1813년 볼리바르의 '탁월한 군사 작전'에서 패배했다. 1813년 말 푸에르토카베요에서 자신의 장교들에 의해 해임되었다.

몬틸라, 마리아노(Mariano Montilla, 1782-1851) 베네수엘라 독립전쟁 당시 군대 소장. 스페인군에 입대해 오렌지 전쟁에 참전했으며, 1808년부터 베네수엘라 독립을 위한 혁명에 적극 참여했다. 1813년 이후 볼리바르 군대에 합류해 싸웠고, 이후 막달레나주 사령관으로 임명되었다.

뮈라, 조아생(Joachim Murat, 1767-1815) 프랑스 군인이자 전 나폴리 왕국의 국왕. 나폴레옹 측근 중 한 명으로 친인척이기도 했다. 나폴레옹의 측근 중 장 란과 더불어 2인자였으며, 그의 기병은 전 유럽을 공포에 떨게 했다. 1815년 오스트리아 제국에 맞서 나폴리에서 반란을 일으켰으나 실패하고 결국 생포당해 총살형으로 생을 마감한다.

미란다, 프란시스코(Francisco Miranda, 1750-1816) 베네수엘라의 군사 지도자이자 혁명가. 미국의 독립전쟁, 프랑스혁명, 스페인-미국 독립전쟁에 참전했으며, 1806년 미국 지원병들과 함께 베네수엘라 해방 원정에 실패했다. 1810년 다시 카라카스로 돌아왔으나 공화국이 붕괴되자 휴전 협정을 체결했다.

바랄트, 라파엘 마리아(Rafael María Baralt, 1810-1860) 베네수엘라 외교관이자 가장 유명한 작가, 문헌학자, 역사가 중 한 명이다. 스페인 왕립학술원의 의장을 차지한 최초의 라틴아메리카인이기도 하다. 『베네수엘라 역사 이력서』『안녕 나의 조국』 등을 출간했다.

바레이로, 호세 마리아(José María Barreiro, 1793-1819) 스페인 군인으로 포병 훈련을 받은 중위다. 마드리드 방어전과 카디스의 반도 전쟁에 참여했으며, 1815년 중령으로 모리요 장군의 휘하에서 파견되었다. 보야카 전투에 참여해 마르티네스에게 패배하고 포로로 잡혔고, 산탄데르에 의해 총살당했다.

베르무데스, 호세 프란시스코(José Francisco Bermúdez, 1782-1831) 베네수엘라의 혁명가이자 군 장교. 시몬 볼리바르의 저명한 부관이었으며 베네수엘라 독립 전쟁에 참전해 장군까지 진급했다. 「죽음의 전쟁 포고령」 이후 모든 포로를 처형해 악명이 높았고, 이는 볼리바르에 대한 불만의 원인이 되었다.

베스푸치, 아메리고(Amerigo Vespucci, 1454-1512) 이탈리아의 탐험가. 현재의 북미와 남미 대륙을 지칭하는 '아메리카'라는 지명이 아메리고의 이름에서 유래했다. 1497년부터 1504년까지 3차례에 걸친 탐험을 통해 현재의 브라질을 지나 남미지역까지 살펴본 것으로 알려져 있다.

벨로, 안드레스(Andrés Bello, 1781-1865) 카라카스의 시인이자 학자였으며, 남미 지성의 아버지로 불린다. 특히 베르길리우스를 비롯한 고전 문학에 대한 그의 초기 독서가 문체와 이론 형성에 영향을 끼쳤다. 현재 베네수엘라의 2천 볼리바르 지폐와 2만 칠레 페소 지폐에 그의 모습이 그려져 있다.

보나파르트, 나폴레옹(Napoléon Bonaparte, 1769-1821) 프랑스 제1공화국의 군인이자 1804년부터 1814년까지 프랑스 제1제국 황제였다. 역사상 위대한 군 지휘관으로 여겨지나 식민지 노예 제도를 부활시키고 여성과 어린이의 시민권을 축소시키며, 세습 군주제와 귀족제를 도입했다는 비판이 있다.

보나파르트, 조제프(Joseph Bonaparte, 1768-1844) 나폴레옹의 형으로, 나폴리와 시칠리아의 국왕으로 있었으며, 나폴레옹의 몰락 후 자신을 쉬르빌리에 백작으로 칭하고 미국으로 이주하여 델라웨어강이 내려다보이는 뉴저지주 보든타운 근처에 정착했다.

보베스, 호세 토마스(Jose Tomás Boves; José Tomás Rodríguez, 1782-1814) 평원의 사자, 말을 탄 짐승으로 알려진 베네수엘라 독립 전쟁의 왕당파 지도자. 왕립군의 자칭 사령관이자 야네로스의 지도자였다. 하층민의 분노를 이용해 독립군에 공세를 폈고, 베네수엘라 공화주의자들의 진정한 위협이 되었다.

볼리바르, 후안 비센테(Juan Vicente de Bolívar y Ponte, 1726-1786) 카라카스 출신의 스페인 상인이자 군인. 시몬 볼리바르의 아버지이다. 부모로부터 상당한 재산을 물려받아 베네수엘라에 많은 유산을 가지고 있었으며, 스페인 제국 식민지에서도 가장 부유한 사람 중 한 명이었다.

브레송, 샤를 조셉(Charles-Joseph Bresson, 1798-1847) 프랑스 외교관. 프랑스 국왕 루이-필리프의 세 자녀인 왕자, 루이즈 도를레앙 공주, 몽팡시에 공작의 결혼을 성공적으로 주선해 국왕의 신임을 얻었다. 그러나 가족과 정치적 압력에 의해 1847년 자살하고 말았다.

브리온, 루이스(Luis Brion, 1782-1821) 베네수엘라 독립 전쟁에 참전한 네덜란드-베네수엘라 군인이자 상인. 베네수엘라 해군과 구 콜롬비아 공화국에서 해군 제독으로 진급했다. 1813년 독립 운동에 참여했고, 아이티에서 볼리바르를 만나 다령으로 승진하고 원정을 수행한 함대를 조직했다.

사마노, 후안 데(Juan de Sámano, 1753-1821) 스페인 군인으로 누에바그라나다 부왕령의 마지막 부왕독이다. 1794년 누에바그라나다에 처음 부임하였고, 독립 전쟁 당시 아메리카의 왕당파를 지휘했다. 1817년 재건된 누에바그라나다 부왕령의 총독으로 임명되었고, 바레이로의 보야카 전투 패배 후 카르타헤나로 도주했다.

산마르틴, 호세 데(José de San Martín, 1778-1850) 아르헨티나의 독립 영웅이자 군사지도자로 스페인의 지배를 받던 남아메리카의 남부 지역에서 독립운동을 전개해 성공시켰다. 아르헨티나는 그를 국부이자 해방자로 칭하며, 안데스를 넘어 칠레를 해방시키고 페루 독립을 주도했다. 볼리바르와 더불어 라틴아메리카 독립의 양대 지도자로 평가된다.

산타크루스, 안드레스 데(Andrés de Santa Cruz, 1792-1865) 페루의 임시 대통령을 지낸 볼리비아의 장군이자 정치인. 독립 전쟁에 참전하고 페루의 임시 대통령과 볼리비아의 대통령, 이어 페루-볼리비아 연방의 최고 보호자로 인정되었으나 융가이 전투 후 해체되었다.

산탄데르, 프란시스코 데 파울라(Francisco de Paula Santander, 1792-1840) 콜롬비아의 군인이자 정치인. 국민적 영웅이었으며, 1832~1837년까지 대통령직을 맡았다. 콜롬비아를 독립시키는 과정에서 독립 전쟁에 참여하여 여러 애국자와 함께 싸웠고, 누에바그라나다 공화국의 초대 대통령이 되었다.

살롬, 바르톨로메(Bartolomé Salom, 1780-1863) 베네수엘라 푸에르토 카베요 태생의 장군이자 독립 전쟁의 애국 지도자로서 베네수엘라와 페루에서는 국가적 영웅이다. 스페인-미국 독립 전쟁에 참전했으며, 발렌시아 전투부터 콜롬비아 독립 전쟁, 페루 독립 전쟁 등에 참여했다.

살리아스, 프란시스코(Francisco Salias, 1785-1834) 베네수엘라 혁명가로 카라카스 대성당 문 앞에서 비센테 데 엠파란 장군을 막아서서 의회로 돌아가라고 명령한 사람으로 유명하다. 이 행동은 식민지 질서와의 확실한 단절을 가져왔다. 미란다 장군의 부관으로 복무했다.

세데뇨, 마누엘(Manuel Cedeño, 1780-1821) 베네수엘라의 뛰어난 영웅이자 장교로 소장 계급까지 올랐다. 1813~1817년 사이의 모든 전투와 동부의 공화주의 저항에 참여했으며, 1821년 카라보보 전투에서 사망했다. 볼리바르는 남부 전역에서 영웅적인 활약을 펼친 기병대에게는 '세데뇨'라는 칭호를 수여했다.

세바요스, 호세(José Ceballos) 베네수엘라 독립 전쟁 당시 스페인의 준장이었으며, 1810년 혁명이 발발했을 때는 코로의 총독이었다. 비센테 엠파란 장군의 제자였고, 스페인-미국 독립 전쟁 때도 스페인에 충성했다. 모리요 장군은 내분으로 해임될 때까지 세바요스를 카라카스의 임시 총독으로 임명했다.

세아, 프란시스코 안토니오(Francisco Antonio Zea, 1766-1822) 누에바그라나다의 언론인, 식물학자, 외교관, 정치가였으며, 볼리바르 대통령 밑에서 콜롬비아 부통령을 역임했다. 영국 주재 콜롬비아 대사였다. 군사 활동은 거의 하지 않았지만 광범위한 지식으로 인해 볼리바르의 측근 고문이 되었다.

수크레, 안토니오 호세 데(Antonio José de Sucre, 1795-1830) 군사지도자이자 정치인이며, 시몬 볼리바르의 절친한 동료였다. 스페인 식민 통치에 맞선 남미 독립 전쟁에서 중추적 역할을 했으며, 아야쿠초의 대원수로 불리기도 한다. 볼리비아의 2대 대통령으로 역임했으며, 1830년에 암살당했다.

아리스멘디, 후안 바우티스타(Juan Bautista Arismendi, 1775-1841) 베네수엘라 독립 전쟁의 장군. 혁명이 발발했을 때 애국자들을 지휘해 모리요를 누에바그라나다와 베네수엘라 지역에서 몰아냈다. 볼리바르가 아리스멘디를 마르가리타로 추방하기도 했으나 파에스의 반란 당시 볼리바르 편에 서기도 했다.

아이메리히, 멜키오르(Melchior Aymerich, 1754-1836) 스페인의 장군이자 지방 행정관으로 키토의 왕립의회의 마지막 의장을 역임했다. 1821년에는 안토니오 호세 데 수크레의 군대와 맞서야 했으며, 피친차 전투에서 완전히 패배하고 즉시 항복했다. 이후 에콰도르에서 추방되어 쿠바로 보내졌다.

안소아테기, 호세 안토니오(José Antonio Anzoátegui, 1789-1819) 베네수엘라와 콜롬비아 독립 전쟁에 참전한 베네수엘라 장교. 해방군의 가장 중요한 군인 중 한 명이자 볼리바르의 의장대 지휘관이었다. 보야카 전투에서 소장으로 진급했다. 1909년 바르셀로나주는 안소아테기주라는 이름을 제정했다.

애덤스, 존 퀸시(John Quincy Adams, 1767-1848) 미국의 정치인이자 제6대 대통령. 먼로 대통령 임기 동안 국무장관을 지냈으며, 라틴아메리카 독립 전쟁 시 중립을 지지했다. 그러나 스페인 제국이 계속 분열되자 미국과 라틴아메리카 간 '공감의 사슬'이 있음을 지적하고 남미 국가들의 독립을 인정했다.

야녜즈, 호세 안토니오(José Antonio Yáñez, 18C-1814) 베네수엘라 독립 전쟁에 참여한 왕당파 지도자. 카나리아제도 라관차 출신이었으며, 1805년 카라카스에서 잡화점 주인으로 정착했다. 바리나스에서 군인으로 입대해 왕당파에서 싸웠고, 라푸에르타 제1차 전투에서 사망했다.

엘리아스, 후안 비센테 캄포(Juan Vicente Campo Elías, 1759-1814) 베네수엘라 독립의 대령이자 영웅. 1810년 카라카스에서 시작된 혁명 운동에 가담했고, 독립 전쟁 중 바르불라 전투의 승리로 인해 중령으로 진급된다. 한편 칼라보소에서는 마을 인구 3천 명을 처형하는 잔혹 행위를 하기도 했다.

엠파란, 비센테(Vicente Emparan, 1747-1820) 스페인의 장군. 1792~1804년까지 쿠마나 총독을 맡았다가 1809년 다시 총독으로 부임했다. 베네수엘라 독립 시 평의회를 세우라는 시민들의 시위로 인해 의회로 돌아갔고, 카라카스 평의회에 의해 축출되었다.

예카테리나 2세(Екатерина II, 1729-1796) 러시아 제국의 황제. 로마노프 왕조의 8번째 군주로, 프로이센 슈테틴 출신의 독일인이다. 무능한 남편 표트르 3세를 대신해 섭정을 맡았고, 1762년 남편 표트르 3세를 축출하고 러시아 제국 제8대 차르가 되었다.

오리어리, 다니엘 플로렌스(Daniel Florence O'Leary, 1801-1854) 시몬 볼리바르 휘하의 군 장군이자 보좌관. 아일랜드 코크에서 태어나 1817년 남미로 이주했다. 1830년 볼리바르 사후 생애 대부분을 장군의 개인 문서를 정리하는 데 바쳤고, 방대한 회고록을 남겼다.

오이긴스, 베르나르도(Bernardo O'Higgins Riquelme, 1778-1842) 칠레 독립 전쟁에서 싸운 독립운동가이자 총독. 아버지가 페루 부왕이 되고 런던 유학에서 독립운동가의 길을 걸었다. 1814년 칠레 남부가 스페인에 점령되자 아르헨티나로 망명했고, 산마르틴의 활약 덕에 돌아와 행정 수반이 되었다.

우르다네타, 라파엘(Rafael Urdaneta, 1788-1845) 콜롬비아의 제5대 대통령이자 라틴아메리카 독립 영웅. 베네수엘라의 장군이며, 군사 쿠데타로 호아킨 모스케라 대통령을 전복시킨 후 그란콜롬비아의 대통령을 역임했다. 볼리바르의 열렬한 지지자였다.

우스타리스 후작(Jerónimo Enrique de Uztáriz, 1735-1809) 스페인의 귀족이자 정치가이며, 시몬 볼리바르의 교사였다. 평생 다양한 직책을 맡았는데, 코르도바의 행정관, 에스트레마두라의 행정관, 세비야의 보좌관, 최고전쟁위원회의 장관 등을 맡았다.

워싱턴, 조지(George Washington, 1775-1783) 미국 독립 전쟁에서 대륙군 총사령관이자 미국 초대 대통령. 평화로운 정권 교체의 정치적 전통을 만들었으며, 군주가 될 수 있는 초대 대통령임에도 그렇게 하지 않았다. 미국이 민주주의를 지속할 수 있었던 데는 워싱턴의 공이 크다.

이투르비데, 아구스틴 데(Agustín de Iturbide, 1783-1824) 멕시코의 정치가로서 독립 전쟁의 지도자이자 멕시코 제1제국의 초대 황제. 모랄레스 신부가 이끄는 독립군을 격파하는 데 앞장섰던 스페인 정부군 소속이었으나 1821년 반기를 들고 멕시코를 스페인 식민지에서 독립시켰다.

자라자, 페드로(Pedro Zaraza Manrique, 1775-1825) 독립 전쟁 시 베네수엘라 군인. 1810년 독립운동에 참여하여 군사적 활약 덕분에 동부 평원을 장악하고 지도력과 카리스마로 병사들의 존경을 받았다. 그러나 건강 문제로 카라보보 전투 이후 은퇴하여 카라카스에 정착했다.

카르네발리, 아틸라노(Atilano José Carnevali Parilli, 1895-1987) 베네수엘라의 변호사, 정치인, 외교관. 전차 운전사 파업을 지지하는 시위에 참여해 체포되었고, 고메스 장군의 정권에 반대하는 활동으로 투옥되기도 했다. 『우리의 해방자와 아르헨티나의 볼리바르 도시』 외 다양한 저서를 펴냈다.

카를로스 4세(Carlos IV, 1748-1819) 부르봉 왕가의 스페인 왕. 왕권신수설을 신봉했으며, 자신이 신성한 존재라는 신념을 가지고 있었으나 지극히 무능하여 정치에는 무관심했다. 왕비와 그녀의 정부인 고도이가 권력을 잡고 국정을 농단했으나 이를 방관했다.

카스티요, 마누엘 델(Manuel del Castillo y Rada, 1781-1816) 스페인으로부터 누에바그라나다의 독립을 위해 싸운 장군. 1810년 산타페의 국민대대에 대위로 입대했고, 1812년 볼리바르의 군대에 합류했다. 1815년 산펠리페성 지하 감옥에 수감되었다가 1816년 2월 총살당했다.

카이세도, 도밍고(Domingo Caicedo, 1783-1831) 콜롬비아의 정치가로 그란콜롬비아와 누에바그라나다 공화국의 부통령을 지냈다. 콜롬비아 대통령 권한대행을 총 11번이나 역임했고, 베네수엘라와 에콰도르가 분리된 후에는 누에바그라나다 공화국을 건국한 공로도 인정받았다.

카히갈, 후안 마누엘(Juan Manuel Cagigal, 1757-1823) 스페인군 총사령관이자 쿠바의 총사령관. 1767년 아스투리아스 보병 연대에 입대해 1799년 카라카스로 파견되었다. 1804년 베네수엘라 동부 뉴안달루시아 지방 총독을 지냈고, 1817년 베네수엘라 총사령관으로 임명되었다.

칸테라크, 호세 데(José de Canterac, 1786-1835) 스페인령 아메리카 독립 전쟁에 참전했던 프랑스 출신 스페인 장군. 1816년 모리요의 군대에 입대해 마르가리타섬 원정에 참여했다. 후닌 전투와 아야쿠초 전투에서 패배 후 애국군에게 항복했다.

캠벨, 패트릭(Patrick Campbell, 1779-1857) 스코틀랜드 군 장교이자 외교관. 군인 가문에서 태어나 서인도제도에서 군 복무를 시작했다. 스페인 군대에 자원해 군 생활을 마치고 1823년 외교관으로 입대했다. 1826년 콜롬비아 공사관 서기로 임명되었다.

케로, 후안 네포무세노(Juan Nepomuceno Quero, 1733-?) 카라카스에서 태어난 크리오요 군인으로 카라카스 기병대의 기수로 복무했다. 공화파가 몰락하자 왕당파를 지원하며 돌아섰고, 모리요 장군에 의해 누에바그라나다 툰하 지방의 총독으로 임명했다.

코르도바, 호세 마리아(José María Córdova Muñoz, 1799-1829) 콜롬비아, 페루, 볼리비아의 독립 전쟁 당시 그란콜롬비아 군대의 장군. 애국군의 장군으로 1814~1829년까지 많은 전투에 참가했고, 페루에서 아야쿠초 전투에 승리하면서 아야쿠초의 영웅이라는 칭호를 받았다.

코크런, 알렉산더(Sir Alexander Cochrane, 1758-1832) 프랑스혁명 전쟁과 나폴레옹 전쟁에 참전한 영국 해군 장교이자 정치인. 1814년 북미 주둔지의 부제독이자 총사령관이 되었고, 1819년에 제독으로 진급하면서 플리머스 해군 기지의 총사령관이 되었다.

콜럼버스, 크리스토퍼(Christopher Columbus, 1451-1506) 이탈리아 제노바 출신 탐험가이자 항해가. 1492년 스페인 왕실의 후원을 받아 서쪽 항로 개척에 나섰다가 아메리카 대륙을 탐험하게 되고, 결국 당대 유럽인들이 알지 못했던 새로운 대륙이 있음을 알리는 역할을 했다.

클레이, 헨리(Henry Clay, 1777-1824) 미국의 정치가로 켄터키주 하원의원과 상원의원을 지낸 휘그당의 정치인. 제7대 하원의장과 제9대 국무장관을 지냈고, 전국공화당과 휘그당 창당에 기여했다. 지역 갈등을 해소하는 데 기여한 공로로 '위대한 타협가'라는 칭호를 얻었다.

토레스, 페드로 레온(Pedro León Torres, 1788-1822) 라틴아메리카의 독립 전쟁 당시 베네수엘라 군인. 1813년 볼리바르가 '해방 전역'을 시작했을 때 형제들과 함께 군대에 합류했다. 토레스 장군의 여섯 형제가 민족 해방을 위해 목숨을 바쳐서 '독립의 일곱 마카베오'로 일컬어진다.

토로 후작(Francisco Rodríguez del Toro, 1761-1851) 베네수엘라 해방군 소장. 델 토로의 3대 후작이자 카라카스의 일반 시장. 1808년부터 애국주의 운동에 참여했고, 1810년 코로 원정을 이끌었다. 1823년 베네수엘라 행정관과 카라카스 군사 사령관 등을 역임했다.

 **토로, 마리아 테레**(María Teresa Toro, 1781-1803) 스페인 태생의 시몬 볼리바르의 아내. 약혼 2년, 결혼 8개월 만에 만 21세에 황열병으로 사망했다. 토로의 죽음은 볼리바르가 다시는 결혼하지 않겠다는 맹세와 아울러 삶의 전환점이 되었으며, 라틴아메리카 해방자의 길로 인도했다.

  **파에스, 호세 안토니오**(José Antonio Páez, 1790-1873) 베네수엘라의 독립운동가이자 베네수엘라의 제1대 대통령. 스페인으로부터의 독립 과정에서 중요한 군사적, 정치적 역할을 했으며, 세 번이나 대통령을 역임했다. 연방전쟁 이후에는 아르헨티나와 미국으로 망명했다.

 **팔라시오스, 카를로스**(Carlos Palacios, 1762-1805) 시몬 볼리바르의 가정교사이자 외삼촌 중 한 명. 1792년 볼리바르의 어머니가 사망하자 법원이 팔라시오스를 보호자로 지정했다. 열렬한 왕당파였고, 결혼하지 않았으며, 후손을 남기지도 않았다.

 **퍼거슨, 윌리엄**(William Owen Ferguson, 1800-1828) 콜롬비아 독립 전쟁에 참전한 영국 군인. 1818년 영국군에 징집되었고 시몬 볼리바르와 함께 싸우기 위해 남미로 파견되었다. 1824년 대령으로 진급했고, 1828년 9월 25일 볼리바르를 암살하려는 음모로 인해 사망했다.

 **페르난도 7세**(Fernando VII, 1784-1833) 19세기 초 스페인 국왕. 1808년 아란후에스 폭동 후 왕위에 올랐는데, 1813년 다시 권력을 잡은 후 절대 군주제를 재수립하고 1812년의 자유주의 헌법을 거부했다. 그의 통치 기간에 아메리카 대륙의 거의 모든 영토를 잃었다.

페수엘라, 요아킨 데 라(Joaquín de la Pezuela, 1761-1830) 스페인의 귀족이자 군인, 정치인. 제39대 페루 총독과 뉴카스티야 총독을 역임했다. 1813년 알토 페루 원정에 나서기도 했으며, 1816년 페루 총독으로 임명되었다. 1821년 호세 데 라세르나 장군이 이끄는 자유당 지도자들에 의해 축출당했다.

페시옹, 알렉상드르(Alexander Pétion, 1770-1818) 아이티 혁명의 지도자이자 남부 아이티 공화국의 초대 대통령. 프랑스군 출신으로 혼혈이다. 1815년 볼리바르에게 망명과 군사적 지원을 제공하여 라틴아메리카 해방에 기였다.

푸아, 막시밀리앵 세바스티앵(Maximilien Sébastien Foy, 1775-1825) 제1제정 시기 프랑스 사단 장군이자 정치인. 15세 나이로 라페르 포병학교에 입학했고, 16세에 포병연대 소위로 임명되었다. 생루이 기사작위와 레지옹 드뇌르 훈장을 받았으며, 나폴레옹의 두 번째 퇴위 후 활동을 중단했다.

푸에이레돈, 후안 마르틴 데(Juan Martín de Pueyrredón, 1777-1850) 아르헨티나의 군 장교이자 정치인. 리오데라플라타 연방의 최고 지도자를 지냈다. 상인으로 상당한 재산을 모았었고, 영국의 침략 직전에 부에노스아이레스로 돌아왔다. 1816년에는 투쿠만 의회의 지지로 연방 최고 지도자가 되었다.

프라트, 몽시뇰 드(Monsignor de Pradt, 1759-1837) 프랑스의 성직자이자 대사. 1804년 나폴레옹의 비서관이 되었고, 1805년 푸아티에의 주교가 되었다. 1808년 메헬렌 대주교로 임명되었고, 1812년 바르샤바 주재 프랑스 대사로 임명되었으며, 이어 1813년 콩코르다트를 준비했다.

프레이테스, 안토니오 마리아(Antonio María Freites, ?-1814) 민병대 장교로 1810년 소론도 전투, 1813년 쿠마나 지방 탈환, 1814년 서부 전투에 참여했다. 그 외에 여러 전투에 참여했으며, 라푸에르타 전투에서 바르셀로나 대대를 지휘하던 중 적의 손에 넘어가는 걸 피하기 위해 권총으로 자살했다.

플라사, 호세 마리아(José María Plaza y Moncada, 1792-1857) 아르헨티나 독립 전쟁과 칠레, 페루의 해방 작전에 참전한 군인. 산마르틴 장군이 조직한 안데스 군대에 입대해 싸웠고, 1820년 페루 원정대에 합류했다. 1835년 페루 해방에 기여한 공로로 페루 출생으로 선언되었다.

피아르, 마누엘(Manuel Piar, 1774-1817) 베네수엘라 독립 전쟁 동안 스페인과 싸운 군대 총사령관. 1804년 퀴라소 면병대에 합류했고, 1810년 베네수엘라 초기 반란에 가담했다. 1814년 준장이 되어 여러 전투에 참가했고, 소장으로 진급하여 볼리바르와 함께 원정에 참전했다.

히라르도, 아타나시오(Atanasio Girardot, 1791-1813) 누에바그라나다 출신의 군인이자 독립 전쟁의 영웅이다. 바르불라 언덕에 공화국기를 꽂으려다 전사했다. 1810년 독립 전쟁 발발 후 자신의 부대와 함께 애국단에 합류했고, 수많은 전투에서 공훈을 세웠다.

색인

ㄱ

가르시아 167, 168, 258
고도이 27, 258, 272
공공안전위원회 43
공화정부 56, 198
과나레 60, 254
과리코주 86
과야나 61, 110, 112, 114, 117, 128, 224, 278
과야킬 152, 153, 161, 165, 167, 168, 171, 174~176, 181, 208, 209, 211, 214, 219~221, 226, 229, 249, 256
국민대표회의 74
군주제 23, 101, 125, 144~147, 172, 198, 199, 224, 225, 252, 266, 275
그란콜롬비아 132, 136, 140, 141, 143, 144, 146~148, 152, 153, 155, 159, 160, 164, 170, 171, 175, 176, 179, 180, 181, 183, 185, 186, 194, 196, 198, 202, 210, 213, 215, 219, 220~222, 226~229, 231~235, 238, 239, 249, 255~257, 271~273
그리스인 6, 7
기푸스코아무역회사 24

ㄴ

노트르담 대성당 22, 253
누도 데 로스 파스토스 165, 166
누에바그라나다 17, 47, 50~53, 59, 63, 65, 66, 71, 72, 75, 82, 89~93, 96~98, 109, 111, 120, 122, 128, 132~141, 144, 156, 159, 161, 162, 165, 183, 205, 207~210, 214, 221, 224, 228, 234, 236, 256, 257, 260, 267~269, 272, 273, 277
누에바그라나다의 해방자 136
누에바에스파냐 14, 19, 97, 98, 109
니키타오 59~61

ㄷ

더들리 백작 223, 258
데팔라시오스 18, 258
독립운동 16, 17, 25, 33~36, 41, 46, 55, 61, 74, 86, 97, 98, 108, 114, 147, 159, 170~172, 174, 175, 256, 259, 263, 267, 271, 272, 275
독립파 172
독재자 22, 123, 195, 214, 255, 256
돈키호테 249, 250
둘시네아 250

ㄹ

라과이라 39, 42, 43, 45, 63, 79, 254
라과이라항 19, 35, 43, 62, 253
라라사발 103, 127, 259
라마르 220, 221, 246, 259
라바투 47, 259
라빅토리아 41, 42, 60, 77, 78, 81, 83, 86, 118, 260
라세르나 180, 185, 188, 259, 276

라소 45, 47, 58, 105, 203, 230, 254, 259, 277
라스 케세라스 델 메디오 전투 130
라오가사 전투 117, 118, 151
라카라카 43, 44
라토레 118, 119, 148, 151, 153~155, 240, 255, 260
라틴아메리카 6, 12, 13, 16, 17, 25, 35, 47, 98, 99, 102, 138, 141, 147, 150, 189, 192, 201, 219, 234, 240, 241, 246, 249, 254, 256, 262, 265, 275
라파예트 후작 260
라푸에르타 85, 118
라푸에르타 전투 77, 78, 86, 255, 270, 277
라플라타강 98, 102, 172, 240
라플라타 부왕령 172, 179
라플라타 연방 119, 172, 276
랑카과 전투 173, 174
런던 26, 33~35, 43, 146, 172, 253, 263, 271
렉싱턴 콩코드 전투 191
로도 135, 238, 260
로드리게스 18, 23, 73, 253, 260
로딜 185, 188, 189, 194, 198, 240, 260
로베스피에르 199, 252, 261
로사리오 데 쿠쿠타 155
로사스 102, 103, 261
로스 파스토스 165, 166, 170
루크 133, 261
뤼네빌 조약 21
리마 17, 97, 174, 179~182, 184, 185, 188, 190, 194, 198, 208, 256, 257
리바스 29, 47, 60~62, 66, 69, 77, 78, 84~86, 89~91, 261
리에고 143, 261
리카우르테 54, 81~83, 262

ㅁ

마그달레나강 52, 229
마드리드 19~22, 28, 253, 265
마라 199, 262
마라카이보 33, 34, 37, 38, 55, 59, 60, 65, 131, 154, 204, 229, 263
마르가리타섬 96, 106, 107, 109, 112, 114, 255, 273

마르차 178
마리뇨 61~63, 74, 76, 82~86, 89, 91, 106~108, 110~112, 115, 119, 120, 121, 129, 138, 158, 201, 222, 228, 262
마이포 전투 174
만투아노 18
맥그리거 108, 262
맨체스터 공작 221, 262
먼로 169, 170, 263, 269
메리다주 54
메스티소 12~14, 16
멕시코시티 15, 17, 19
멘데스 33, 35, 253, 263
멘도사 173, 174
모랄레스 65, 74, 77, 79, 88, 90, 96, 97, 119, 180, 255, 263, 271
모리요 94~98, 107, 111, 114, 117, 118, 129, 130, 133, 142~145, 147~151, 174, 209, 240, 243, 255, 256, 260, 263, 265, 268, 269, 273
모스케라 231, 235, 263, 271
몬탈보 246, 248, 264
몬테베르데 38~43, 46, 55, 57, 59, 62~65, 73, 254, 264
몬틸라 140, 164, 171, 264
물라토 13
뮈라 28, 264
미란다 24~26, 32, 35~37, 41~45, 149, 172, 239, 254, 258, 264, 268
민심 39, 66, 71, 89, 170, 201, 204, 247

ㅂ

바랄트 79, 265
바랑키야 236
바레이로 134, 135, 138, 139, 265, 267
바르셀로나 87~89, 109~111, 121, 128, 255, 269, 277
바르키시메토 40, 60, 68, 70
바리나스 60, 61, 68, 76, 77, 128, 132, 229, 270
바이욘 사건 28
바젤 조약 24
발렌시아 37, 38, 41, 60~62, 68, 69, 83, 84, 86, 87, 107, 118, 201, 203,

226, 229, 255, 268
발렌시아 계곡 77
범아메리카 68, 71~73, 162
베네수엘라 국립묘지 239
베네수엘라 독립선언문 37
베네수엘라 제1공화국 32, 35, 37, 264,
베라크루스항 19
베루에코스 233, 257
베르무데스 90, 96, 107, 108, 110, 113, 115,
129, 158, 201, 242, 265
베스푸치 131, 265
벨로 33, 35, 253, 265
보나파르트 20, 36, 266
보베스 57, 65, 73, 74, 76,~79, 81~88, 90,
113, 116, 150, 155, 255, 266
보야카 134, 136, 166, 168, 187, 189
보야카 전투 135, 156, 256, 265, 267, 269
볼리바르 공화국 197
볼리비아 172, 179, 185, 192, 196~198, 218,
219, 236, 257, 267, 269, 273
봄보나 167, 168, 175, 178, 187, 189, 256,
258
부에노스아이레스 13, 34, 96, 103, 147,
170, 172, 197, 261, 276
부왕령 16, 17, 132, 172, 173, 179, 267
브레송 223, 266
브리온 105~109, 112, 267

ㅅ

사략선 34, 214
사마노 134, 137, 267
사크라멘토 평원 186
산마르틴 147, 152, 158, 171~176, 179, 180,
246, 249, 256, 259, 267, 271, 277
산마테오 81~83, 254, 255, 262, 280
산카를로스 41, 58, 60, 61, 69, 119, 155,
216, 254
산크리스토발 54, 60, 254
산타마르타 92, 93, 236, 239, 257
산타아나 142, 148~150, 174
산타크루스 177, 267
산타페 92, 98, 111, 272
산탄데르 132, 137~140, 143, 159, 180,
199, 201, 202, 207~210, 212, 213,
215, 217, 243, 256, 265, 267

산토도밍고 17, 24
산티아고 17, 61, 173, 174, 262
살롬 198, 268
살리아스 31, 268
섭정위원회 31, 34
세데뇨 156, 245, 268
세르반테스 250
세바요스 68~70, 83, 84, 155, 254, 268
세비야 29, 271
세아 128, 140, 268
소레다드 236
소시에다드 파트리오티카 36
수크레 112, 152, 153, 161, 167~169, 171,
175, 178~181, 184, 187~189, 191,
194, 196, 197, 218~220, 225, 227,
233, 234, 239, 245, 256, 257, 269
스페인과 식민지 최고 평의회 29
스페인 식민 통치 12, 269
스페인 헌법 144, 145
시민 7, 9, 24, 28, 29, 31, 35, 44, 49~56,
75, 86, 87, 90, 97, 108, 120,
123~125, 128, 134, 136, 137, 139,
159~161, 170, 176, 181, 200~202,
204, 208, 209, 214, 224~226, 231,
232, 237, 247, 248, 253, 254, 266,
270
시키시케 38
신성동맹 105, 255

ㅇ

아라과 88, 252, 255
아라과 계곡 118
아라우레 60, 69, 155
아라우레의 정복자 70
아라우레 전투 68, 70, 254
아레키파 196
아르헨티나 13, 34, 102, 104, 147, 152, 161,
171~173, 176, 180, 255~257, 261,
267, 271, 272, 275~277
아리스멘디 96, 107, 109, 138, 139, 269
아미앵 조약 24, 253
아벤티노 언덕 23
아야쿠초 전투 190~192, 195, 219, 222,
256, 259, 273
아야쿠초 평원 188, 189

아우디엔시아 16
아이메리히 169, 269
아푸레 117, 118, 130
아푸레강 117, 118
안데스산맥 60, 134, 165, 166, 170, 173, 254, 256
안데스 제국 198
안소아테기 87, 134, 189, 245, 269, 281
안타이오스 243
알카발라 33
알토 페루 179, 185, 194, 196~198, 257, 259, 276
앙고스투라 110, 112, 113, 115, 116, 119, 121~124, 127, 128, 132, 138, 139, 143, 238, 255
애국자 30, 31, 43, 64, 68, 78, 160, 180, 191, 240, 262, 267, 269, 277
애국협회 36, 37
애덤스 170, 269
야네로 66~68, 71, 73, 74, 113, 116, 117, 121, 131, 133, 154, 156, 266
야네즈 68~70, 76, 77, 155, 270
엔코멘데로 16
엘리아스 66, 77, 78, 81, 270
엠파란 30~32, 268, 270
여론 16, 23, 35, 36, 47, 66, 98, 106, 117, 138, 144, 170, 176, 181, 221, 226, 236
연방군 총사령관 92
연방주의자 38
예카테리나 2세 45, 270
오르코네스 평원 61
오리노코강 60, 70, 108, 110, 113, 130, 131, 229
오리노코 계곡 38
오리어리 219, 222, 224, 235, 270
오이긴스 174, 175, 182, 271
오카냐 52, 212
오카냐 회의 210, 211, 213, 257
오쿠마레 77, 78, 82, 107, 108, 255
왕당파 34, 37~40, 47, 52, 54~56, 58~62, 65, 68, 70, 73, 76~81, 83~86, 89, 93, 96, 108~111, 113, 116, 118, 129, 130, 132~137, 139, 144, 145, 153~156, 158, 167~169, 173, 179~181, 185~189, 191, 194, 249,

254, 255, 259, 263, 266, 267, 270, 273, 275
우루과이 13, 135, 238, 257, 260
우르다네타 66, 68, 91, 235, 263, 271
우스타리스 후작 20, 271
워싱턴 8, 21, 25, 45, 199, 200, 206, 215, 231, 246~249, 252, 271
원주민 12~14, 16, 33, 55, 197, 220
웰링턴 96
이스무스 281
이스무스 회의 193
이탈리아왕국 23
이투르비데 147, 178, 199, 271
인디아스 평의회 14
인디펜디엔테스 172

ㅈ

자라자 117, 272
자메이카 서한 95, 98, 99, 103, 141
전쟁법 42
제3공화정 107
조공 33
조제프 27, 266
죽음의 전쟁 포고령 55~58, 63, 78, 107, 138, 254, 255, 255
중앙 평의회 28, 30, 31
지방 평의회 28, 29
지휘권 39, 52, 76, 92, 108, 115, 116, 120, 146, 151, 158, 182, 185, 188, 201, 214, 221, 222, 237, 254

ㅊ

차르카스 179
차카부코 전투 174
총독령 15, 23, 33, 162
최후의 포고문 230, 235, 237
추키사카 197
침보라소산 203

ㅋ

카나리아제도 57, 58, 79, 270
카디스 헌법 144
카라보보 63, 83~85, 156~158, 166, 168,

187, 189, 240, 245, 255, 256, 268, 272
카라보보 평원 155
카라카스 17~21, 23~25, 28~37, 39~46, 50, 51, 53, 56, 60, 62, 63, 65, 66, 69, 74, 75, 77~79, 82, 84~88, 90, 97, 109, 116, 118, 119, 128, 135, 145, 154, 158, 184, 189, 190, 198, 201, 204, 206~208, 226, 232, 233, 239, 252~257, 263~266, 268, 272~274
카라카스 대탈출 86, 87, 255
카라카스 시의회 29, 31, 253
카라카스 평의회 28, 32~35, 254, 270
카루파노 89, 107
카르네발리 21, 272
카르타헤나 17, 48, 52, 89, 91, 93, 96, 97, 106, 137, 140, 144, 149, 164, 171, 209, 229, 230, 232, 233, 235, 236, 243, 255, 263, 267
카르타헤나 선언 46, 47, 51, 53, 72, 254
카를로스 4세 15, 20, 26~28, 258, 272
카사나레 128, 256
카스티요 93, 272
카야오 176, 181, 182, 185, 188, 189, 194, 198, 256, 259
카이세도 227, 231, 232, 235, 272
카히갈 84, 85, 88, 97, 155, 255, 273
칸테라크 186, 187, 189, 273
칼라보소 73, 74, 86, 117~119, 255, 270
칼리 44, 165
캄포냐 기푸스코아 24
캠벨 223, 258, 273
케로 88, 273
케세라스 델 메디오 130, 278
코로 26, 27, 33, 34, 37, 38, 47, 50, 59, 68, 69, 73, 83, 163, 204, 268, 274
코르도바 189, 219, 221~23, 271, 273
코린토스 103, 193
코크런 26, 28, 174, 274
콜럼버스 12, 38, 274
콜롬비아 공화국 38, 127, 137, 139, 140, 143, 152, 155, 156, 159, 162, 237, 255, 256, 263, 267
콜롬비아의 시대 38
쿠마나 61, 89, 97, 119~121, 128, 255, 270

277
쿠스코 17, 180, 188, 196, 197
쿠엥카 171
쿠쿠타 52, 60, 65, 155, 180, 254
쿠쿠타 헌법 159, 214, 215, 222, 256
쿤디나마르카 140, 141, 203, 229
퀴라소 45, 47, 58, 105, 254, 277
크리오요 13, 16, 24, 31, 66, 253, 273
클라리네스 109, 255
클레이 147, 170, 274
키토 17, 140, 141, 144, 152, 153, 161, 165, 166, 168~171, 175, 179, 181, 203, 220, 221, 229, 230, 233, 256, 259, 269
키토 왕국 170
킹스턴 98, 255

ㅌ

타과네스 62
테네리페섬 254
토레스 117, 189, 274
토로 21, 68, 82, 107, 158, 161, 163, 181, 184, 220, 221, 224, 233, 238, 253, 255, 275
토로 후작 20, 29, 274
통합 72, 73, 76, 103, 114, 139, 140, 159, 161, 162, 166, 170, 171, 174~176, 198, 203, 208, 210, 211, 233, 237, 239
투무슬라 196
툰하 52, 91, 92, 273
트루히요주 54, 55
트리니다드섬 24, 25, 61

ㅍ

파나마 의회 193
파비우스 막시무스 129
파스토 165~170, 175, 181, 220
파스투소 166
파에스 113, 115~119, 121, 122, 129, 130, 132, 133, 143, 150, 154, 156, 158, 189, 198, 200~208, 220, 222, 226~228, 234, 242, 245, 269, 275
팔라시오스 18, 19, 258, 275

팜플로나 52
퍼거슨 216, 275
페루 부왕령 17, 173, 179
페루의 수호자 171, 174, 176
페루의 해방자 178, 181, 191
페르난도 7세 27~29, 33, 34, 40, 95, 142, 143, 153, 260, 275
페수엘라 180, 276
페시옹 106, 255, 276
평화의 중재자 92
포르토프랭스 109
포토시 17, 185, 196, 197, 244
포파얀 170, 229
푸아 160, 276
푸에르토카베요 41, 42, 44, 56, 57, 62~65, 68, 69, 73, 76, 84, 97, 158, 203, 204, 254, 263, 264, 268
푸에이레돈 119, 276
프라트 101, 161, 276
프레이테스 86, 277
플라사 157, 245, 277
피아르 89, 90, 107, 110~112, 114, 115, 205, 243, 255, 277
피친차 전투 169, 175, 178, 179, 187, 256, 269
피친차 화산 168

ㅎ

할론 86
해방자 6, 9, 52, 54~56, 59, 64, 66, 67, 72, 91, 93, 103, 127, 136, 137, 143, 152, 160, 168, 177~179, 182, 188, 191, 194, 195, 197, 200~202, 204, 205, 210, 215, 216, 227, 228, 230, 234, 235, 238, 254, 262, 267, 272, 275
해방자 대통령 142, 181, 213, 214
헌법제정회의 192, 203, 204, 221
화해위원회 145
후닌 전투 185, 187, 188, 256, 273
후닌 평원 186
후안 비센테 18, 19, 253, 258, 266, 270
히라르도 54, 55, 61, 64~66, 245, 277

번호

1812년 카라카스 지진 39, 254

남미 **해방자**, 다섯 국가의 **아버지**, 비운의 **혁명가**
시몬 볼리바르

초판 1쇄 인쇄 2025년 11월 10일
초판 1쇄 발행 2025년 11월 25일

지은이 기예르모 안토니오 셔웰
옮긴이 이만휘
펴낸이 임태순
펴낸곳 도서출판 행복
출판등록 2018년 5월 17일 제2018-000087호
주소 경기도 고양시 일산서구 탄현로 136
전자우편 hang-book@naver.com
블로그 blog.naver.com/hang-book
전화 031-979-2826
팩스 0303-3442-2826

값 19,800원

ⓒ 2025, 도서출판 행복

ISBN 979-11-988173-3-4 03990

- 잘못된 책은 바꿔드립니다.
- 이 책의 전부 또는 일부 내용을 재사용하려면 사전에 저작권자와 도서출판 행복의 동의를 받아야 합니다.